# 우리 주변에서 신기한 숫자와 도형을 찾아보세요

혹시 수학이 교과서에만 있다고 생각하나요?
수학은 밤하늘의 별자리나 자주 사용하는 동전,
매일 걷는 횡단보도와 가위바위보처럼 생활 곳곳에 숨어 있답니다.
복잡해 보이는 계산도 원리를 알면 재미있는 놀이가 될 거예요.
종이를 잘라 만들어 보기도 하고, 일상에서 숫자를 발견해 보세요.
수학과 친해질 기회가 아주 많답니다.

짝수일까요? 홀수일까요? • 25쪽

어디가 밖이에요? 뫼비우스의 띠 • 26쪽

시곗바늘은 왜 오른쪽으로 돌까요? • 20쪽

+, −, ×, ÷는 어떻게 만들어졌을까요? • 19쪽

옛날에는 무엇으로 계산했을까요? • 44쪽

아르키메데스가 목욕하다가 알아낸 것은? • 63쪽

보지 않고도 트럼프 카드의 숫자를 맞혀요 • 62쪽

삼각 타일로 모양 만들기 • 87쪽

길이를 몸으로 표현해 봐요 • 22쪽

테이블 둘레에 몇 명이 앉을 수 있을까요? • 136쪽

몇 가지 방법으로 색칠할 수 있을까요? • 205쪽

칠교놀이로 여러 가지 모양을 만들어요 • 72쪽

쾨니히스베르크 마을의 7개 다리 • 39쪽

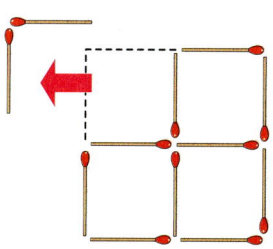
성냥개비를 움직여 정사각형 수를 바꿔요 • 99쪽

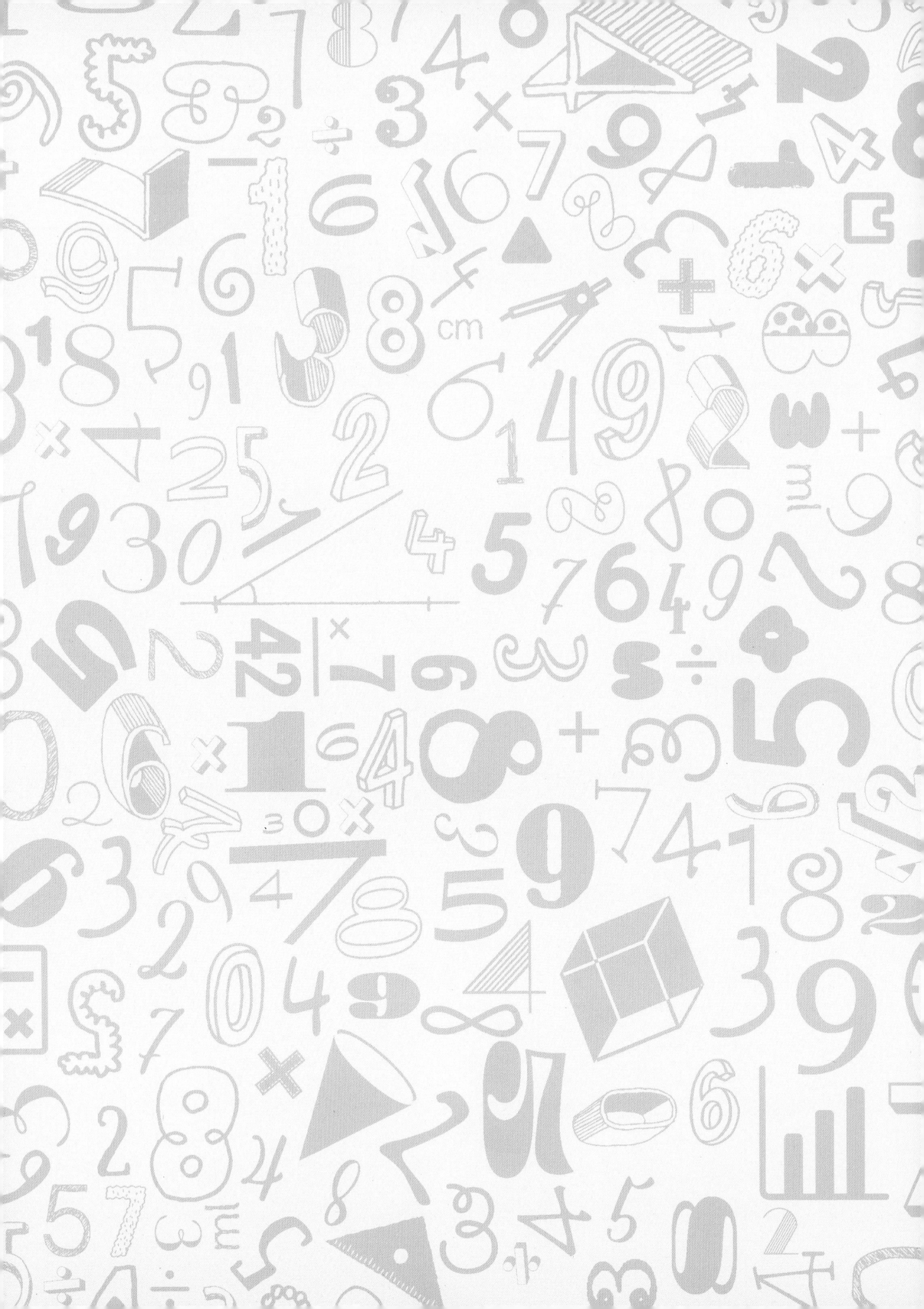

# 초등학생을 위한 수학실험 365

1학기

**SANSU-ZUKI NA KO NI SODATSU TANOSHII OHANASHI 365**
Copyright © 2016 by Japan Society of Mathmatical Education
All rights reserved.
Original Japanese edition published by Seibundo Shinkosha Publishing Co., Ltd.
This Korean edition is published by arrangement with Seibundo Shinkosha Publishing Co., Ltd., Tokyo
in care of Tuttle-Mori Agency, Inc., Tokyo through BC Agency, Seoul.
Korean Translation Copyright © 2018 BONUS Publishing Co.

이 책의 한국어판 저작권은 BC 에이전시를 통한 저작권자와의 독점 계약으로 보누스출판사에 있습니다.
저작권법에 의해 보호를 받는 저작물이므로 무단전재와 무단복제를 금합니다.

# 초등학생을 위한 수학실험 365 1학기

개념과 원리를 바로잡는 수학 사전

수학교육학회연구부 지음 | 천성훈 감수 | 김소영 옮김

바이킹

이 책을 읽는 여러분께

# 우리 주변의 숫자와 도형이 신기한 수학 체험의 장으로 변해요

정사각형 색종이가 아닌 마름모꼴 종이로 학을 접어 본 적 있나요? 저는 '학을 정말 접을 수 있을까?', '어떤 학이 나올까?' 하는 기대감으로 직접 접어 본 적 있어요. 그랬더니 머리와 꼬리가 길거나, 두 날개가 커다란 학 등 생각지도 못한 모양이 나왔습니다. 재미있게도 처음에 어떤 형태의 종이를 접느냐에 따라 완성된 모습이 달라졌지요.

그다음에는 "왜일까?" 하고 원인이 궁금해졌어요. 다 만든 학을 펼쳐 접힌 부분을 보면서 "아, 대각선 길이 때문이구나!" 하고 새로운 사실을 깨달았습니다. 대각선 길이가 똑같은 정사각형으로 종이접기를 했을 때는 몰랐지만, 마름모꼴 종이로 종이접기를 했을 때는 대각선 부분이 학의 머리나 꼬리, 날개 부분이 되었어요.

이어서 '정사각형이나 마름모와 마찬가지로 대각선이 수직으로 만나는 연꼴은 어떨까?' 하고 또 새로운 호기심이 생겼습니다. 곧 저도 모르게 '아마 머리나 꼬리가 아주 긴 학이나 날개가 한쪽만 긴 학이 될 거야.' 하고 예상하면서 연꼴 종이로 직접 접어 확인해 보고 있더군요. '거 봐, 그렇지!' 하며 눈으로 확인했을 때 느꼈던 감동은 지금도 기억이 난답니다. 더 나아가 '그럼 직사각형이면?', '삼각형이면?', '원이면?' 하고 한밤중에 두근거리는 마음으로 종이접기에 몰두했어요.

이 책은 수학교육학회연구부의 전문가들이 '수학을 좋아하는 어린이가 많아졌으면 좋겠다'는 마음을 담아 펴냈습니다. 수학을 좋아하려면 먼저 가까운 곳에서 신기한 규칙이나 도형을 찾는 것이 중요해요. 제가 종이접기를 하며 도형을 깨우쳤듯이 말이지요. 예를 들어 달력을 볼 때나 슈퍼에서 과자를 계산할 때, 게임을 하며 주사위를 던질 때도 수학을 떠올려 보세요. 다양한 곳에 숨어 있는 수학을 발견하고, 실험하듯이 직접 탐구 활동에 열중하다 보면 수학이 재미있어질 거예요.

    이 책에는 하루에 하나씩 366가지(2월 29일 포함) 수학 이야기를 담았습니다. 주제를 골고루 담아 각각 1월부터 6월까지와 7월부터 12월까지로 나누었습니다. 마치 교과서에 1학기, 2학기 책이 있는 것처럼 말입니다. 날짜별 이야기는 하루에 10분이면 쉽게 읽어 나갈 수 있는 분량입니다. 하지만 날짜에 얽매이지 말고, 궁금하거나 좋아하는 수학 이야기를 먼저 찾아 읽어도 좋습니다.

    초등학교 저학년도 즐길 수 있지만, 수학의 본질을 바탕으로 한 내용은 수준이 높아서 어른과 아이 모두 충분히 즐길 수 있습니다. 어른이 아이에게 이 책을 읽어준다면 이야기보따리를 하나하나 풀 듯이 읽어 주기도 하고, 혹은 노트와 연필을 손에 들고 함께 고민해 보세요. 수학 이야기에 재미를 붙인 아이가 커서도 수학을 좋아하는 학생으로 자라나리라 장담합니다.

    수학은 지식만을 전달하는 과목이 아닙니다. 지금까지 익혔던 지식을 연결하면 새로운 사실을 발견하거나 창조해 낼 수 있는 신기한 학문이지요. 그 사실을 깨우치는 데 이 책이 도움이 되리라 믿습니다. 잔잔한 호수에 돌을 던져 물결이 점점 퍼져 나가듯이, 한 가지 이야기를 계기로 수학으로 생각하는 즐거움이 커지고 깊어지길 바랍니다.

호소미즈 야스히로

일본수학교육학회 상임이사

## 1학기 차례

이 책을 읽는 여러분께 4

이 책을 활용하는 법 14

# 1월

1. 주위를 둘러보면 여기에도 1, 저기에도 1 18
2. +, −, ×, ÷는 어떻게 만들어졌을까요? 19
3. 시곗바늘은 왜 오른쪽으로 돌까요? 20
4. 계산이 즐거워지는 상자 닫기 게임 21
5. 길이를 몸으로 표현해 봐요 22
6. 스키 점프의 점수를 공평하게 채점하는 방법은? 23
7. 엄지공주의 키는 얼마일까요? 24
8. 짝수일까요? 홀수일까요? 25
9. 어디가 밖이에요? 뫼비우스의 띠 26
10. ○○이란 무엇일까요? 28
11. 1×1, 11×11…로 나타낼 수 있는 아름다운 산 29
12. 사극에서 봤다고요? 조선 시대의 시각 30
13. 곱셈구구에 별 모양이 숨어 있어요 31
14. 같은 모양으로 신기한 작품 만들기 32
15. 고대 마야인은 어떻게 숫자를 표현했을까요? 33
16. 생일 맞히기 퀴즈 34
17. 짝수를 곱하면 짝수 답이 나와요 35
18. 장수를 기원하는 말은 몇 살을 나타낼까요? 36
19. 답이 바뀌지 않는 나눗셈의 법칙 37
20. 한붓그리기를 할 수 있나요? 38
21. 쾨니히스베르크 마을의 7개 다리 39
22. 코끼리와 고래는 몇 톤인지 비교해 볼까요? 40
23. 생일을 어떻게 알아맞혔을까요? 41
24. 같은 물건인데 다르게 세요 42
25. 25의 어마어마한 힘 43
26. 옛날에는 무엇으로 계산했을까요? 44
27. 무늬에 숨겨진 이런저런 수학 45
28. 받아내림 있는 뺄셈을 간단히 풀어요 46
29. 종이 오리기로 눈 결정을 만들어요 47
30. 반드시 이기는 돌 줍기 게임 48
31. 곱셈구구표에 숨은 일의 자릿수의 비밀 49

주변의 숫자에 관심을 기울여요 50

# 2월

1. 21번째 모양은 무엇일까요? 52
2. 달과 날의 숫자가 서로 같은 날의 규칙 53
3. 곱셈에 마법을 부리는 암산 54
4. 연필 12자루를 바꿔 불러요 55
5. 여러 나라의 돈 종류와 모양 56
6. 수 배열표에서 특별한 규칙 찾기 57
7. 바닥재로 정사각형을 만들어요 58
8. 서울특별시의 인구는 많을까요? 적을까요? 59
9. 곱셈구구에서 여러 가지 모양 찾기 60
10. 강수량은 밀리미터로 표현해요 61
11. 보지 않고도 트럼프 카드의 숫자를 맞혀요 62
12. 아르키메데스가 목욕하다가 알아낸 것은? 63
13. 튼튼한 상자를 만들어 봐요 64

- ⑭ 초콜릿을 어떻게 나눌까요? 66
- ⑮ 여러 가지 수 세기 67
- ⑯ 남은 성냥개비 수는? 68
- ⑰ 라디오 주파수의 비밀 69
- ⑱ 자가 없어도 길이를 잴 수 있어요 70
- ⑲ 옛날에는 수학을 다르게 불렀대요 71
- ⑳ 칠교놀이로 여러 가지 모양을 만들어요 72
- ㉑ 1부터 10까지 덧셈을 뚝딱 해치워요 73
- ㉒ 계산기를 사용하는 재미난 덧셈 2220 74
- ㉓ 코끼리 무게는 어떻게 잴까요? 75
- ㉔ 숫자 맞히기 게임 '히트 앤드 블로' 76
- ㉕ 아름다운 황금 직사각형 77
- ㉖ 우리나라 전통 수학의 슈퍼스타 홍정하 78
- ㉗ 도로에 쓰여 있는 글자는 왜 가늘고 길까요? 79
- ㉘ 암호 풀기 도전! 간너식너은너 푸너딩너 80
- ㉙ 윤년은 왜 있을까요? 81

여러 가지 주사위 모양 82

# 3월

- ① 용돈을 전날보다 2배씩 더 받는다면? 84
- ② 접으면 딱 겹쳐지는 도형은? 85
- ③ 지구 33번지는 어디일까요? 86
- ④ 삼각 타일로 모양 만들기 87
- ⑤ 1미터는 어떻게 정했을까요? 88
- ⑥ 수 배열표로 게임을 해요 89
- ⑦ 가짜 금화가 가득 찬 자루를 찾아라! 90
- ⑧ 나이만 알면 띠도 맞힐 수 있어요 91
- ⑨ 모눈종이를 사용하여 수직인 직선을 그어 봐요 92
- ⑩ 우유팩이 변신을 해요 94
- ⑪ 숨겨진 숫자는 몇일까요? 95
- ⑫ 돌 잡기 놀이 96
- ⑬ 오리고 비튼 다음 붙여요 97
- ⑭ 오늘은 원주율의 날 98
- ⑮ 성냥개비를 움직여 정사각형 수를 바꿔요 99
- ⑯ 단위에 익숙해지는 신기한 주문 100
- ⑰ 칼은 왜 썰 수 있을까요? 101
- ⑱ 지구에 밧줄을 두르면? 102
- ⑲ 우리나라 초등학생이 모두 한 줄로 서면? 103
- ⑳ 옛날에는 어떤 계산기를 썼을까요? 104
- ㉑ 천둥은 어디에 있을까요? 105
- ㉒ 갈릴레이는 대발명가? 106
- ㉓ 신호등 크기는 얼마만 할까요? 107
- ㉔ 평소 사용하는 종이에도 비밀이 있어요 108
- ㉕ 숫자를 나타내는 한자는 어떻게 생겼을까요? 109
- ㉖ 음료수는 mL로 표시할까요, g으로 표시할까요? 110
- ㉗ 여러 도형으로 만드는 아름다운 무늬 111
- ㉘ 맨홀 뚜껑은 왜 동그랗게 생겼을까요? 112
- ㉙ 한 손으로 몇까지 셀 수 있을까요? 113
- ㉚ 바둑돌을 전부 주울 수 있을까요? 114
- ㉛ 인도에서는 십구단 곱셈까지 외운대요 115

칼레이도 사이클을 만들어 봐요 116

## 4월

1. 10을 읽으면 십일까요, 열일까요? 118
2. 측정용 자와 커팅용 자는 다른가요? 119
3. 사다리 타기를 어떻게 만들까요? 120
4. 숫자 4로 1부터 5까지 만들기 121
5. 사탕을 등분해 봐요 122
6. 장난감 빠르기는 어떻게 비교할까요? 123
7. 달력으로 자를 만들어요 124
8. 조 다음은 무엇일까요? 큰 수 이야기 125
9. 뻥 뚫린 축구공을 만들어요 126
10. 생물 중에서는 누가 누가 클까요? 128
11. 수학으로 많은 사람을 구한 나이팅게일 129
12. 어느 것이 삼각형일까요? 130
13. 이집트의 밧줄 측량사 131
14. 컴퍼스로 동그랗게 원을 그려요 132
15. 우리나라 인구는 많나요? 적나요? 133
16. 나눗셈이 대체 뭐예요? 134
17. 의외로 친숙한 외국 단위 135
18. 테이블 둘레에 몇 명이 앉을 수 있을까요? 136
19. 가장 작은 숫자는 0이 아니라고요? 137
20. 목적에 맞게 간단히 지도를 그려요 138
21. 로마 숫자로 표현하기 139
22. 동전의 크기와 무게 이야기 140
23. 고대 이집트에서 분수가 만들어졌다고요? 141
24. 두루미와 거북은 몇 마리일까요? 142
25. 정사각형을 막대기 몇 개로 만들 수 있을까요? 143
26. 보는 위치를 바꾸면 어떻게 보일까요? 144
27. 불국사에 수학이 숨어 있다고요? 145
28. 두루마리 휴지 심을 잘라서 펼쳐 보면? 146
29. 마방진으로 하는 수학 게임 147
30. 축제에 나온 사람들은 어떻게 셀까요? 148

## 5월

1. 사다리 타기 가로선의 비밀 150
2. 1보다 작은 수는 어떻게 읽어요? 151
3. 제비뽑기에서 당첨되려면? 152
4. 우리나라에서 가장 높은 건물은? 153
5. 친구가 좋아하는 과일을 맞혀요 154
6. 분할 퍼즐로 정사각형을 변신시켜요 156
7. 유도 체급의 비밀 157
8. 위에서 보고 옆에서 보면 달라요 158
9. 지갑에 동전이 몇 개 있을까요? 159
10. 전통 시장에서 쓰는 옛날 부피 단위 홉·되·말 160
11. 없지만 있다고 생각하면 계산이 쉬워져요 161
12. 이쑤시개로 정삼각형을 만들어요 162
13. 백두산 정상에서 어디까지 보일까요? 163
14. 가로수 길의 거리를 구해요 164
15. 1L는 1mL의 몇 배일까요? 165
16. 그림과 식을 바꾸어 생각해요 166
17. 각설탕 둘레를 도는 로봇 경비원을 속여라 167
18. 1부터 5까지 사용한 덧셈 168
19. 경상북도와 서울 크기의 비밀 169
20. 나라마다 건물 층수를 부르는 방법이 달라요 170

- ㉑ 시력 1.0과 0.1 측정법의 원리 **171**
- ㉒ 주사위 모양 그리기 **172**
- ㉓ 찐빵을 둘이서 나눠요 **173**
- ㉔ 4색으로 모든 지도를 나누어 칠할 수 있어요? **174**
- ㉕ □5×□5 계산을 쓰지 않고 푸는 법 **175**
- ㉖ 도형을 사용해서 모양을 그려요 **176**
- ㉗ 강의 폭을 헤엄치지 않고 재려면? **177**
- ㉘ 숫자 카드로 덧셈하며 놀아요 **178**
- ㉙ 신기한 반사판 파라볼라 안테나 **179**
- ㉚ 스피드 계산 게임의 비밀 **180**
- ㉛ 숨어 있는 사각형을 찾아봐요 **181**

여러분의 우산은 몇 각형인가요? **182**

# 6월

- ① 실제 모양 맞히기 **184**
- ② 대동여지도의 축척은 얼마일까요? **185**
- ③ 유령의 키는? **186**
- ④ 우리 주변에서 정다각형을 찾아요 **187**
- ⑤ 받아올림 있는 덧셈을 쉽게 풀어요 **188**
- ⑥ 옛날 길이 단위를 아나요? **189**
- ⑦ 어떤 상자가 싸여 있었을까요? **190**
- ⑧ 왜 '몫'이라고 할까요? **191**
- ⑨ 정삼각형으로 입체도형을 만들어요 **192**
- ⑩ 시계는 어떻게 생겨났을까요? **194**
- ⑪ 시곗바늘의 길이가 같다면? **195**
- ⑫ 무게 단위 킬로그램의 탄생 **196**
- ⑬ 기호에 숨은 알쏭달쏭 규칙을 찾아봐요 **197**
- ⑭ 막대로 각도를 만들어요 **198**
- ⑮ 무거운 것을 들어 올리는 지렛대의 균형 원리 **199**
- ⑯ 0보다 크고 1보다 작은 소수는 왜 필요할까요? **200**
- ⑰ 어떻게 계산해도 반드시 495가 된대요 **201**
- ⑱ 숨어 있는 정삼각형을 찾아보세요 **202**
- ⑲ 태어난 달이 같은 사람은 반드시 있어요 **203**
- ⑳ 숫자 카드로 뺄셈하며 놀아요 **204**
- ㉑ 몇 가지 방법으로 색칠할 수 있을까요? **205**
- ㉒ 계단처럼 이어지는 연속된 수의 덧셈 **206**
- ㉓ 되를 사용해서 측정해요 **207**
- ㉔ 가장 멀리 돌아가는 길은? **208**
- ㉕ 최소한 몇 표를 얻으면 당선될까요? **209**
- ㉖ 돼지고기 1근과 상추 1근의 무게는 같을까요? **210**
- ㉗ 뉴턴을 어깨에 올린 거인 케플러 **211**
- ㉘ 피타고라스학파가 이름 붙인 완전수의 정체는? **212**
- ㉙ 어떻게 합체할까요? 변신하는 폴리오미노 **213**
- ㉚ 방향을 바꿔서 생각해 봐요 **214**

찾아보기 **215**

## 2학기 차례

## 7월

1. 여러 가지 물건으로 선물 세트를 만들어요 16
2. 1년의 정확히 가운데 날은 몇 월 며칠? 17
3. 피라미드 높이를 어떻게 측정했을까요? 18
4. 뺄셈이 쉬워지도록 수를 바꿔요 19
5. 발자국 리듬 놀이의 발자국은 몇 개일까요? 20
6. 신호등의 LED 전구 수는 몇 개일까요? 21
7. 하늘에 떠 있는 삼각형 이야기 22
8. 모든 사람의 정답이 같아지는 계산 23
9. 천재 뉴턴은 계산의 달인이었대요 24
10. 불공평한 바구니 게임은 싫어요 25
11. 정사각형에서 신기한 도형이 나타나요 26
12. 수를 나타내는 말 테트라·트리·옥타 28
13. 원의 중심은 어떻게 움직일까요? 29
14. 7의 배수 알아내기 30
15. 게릴라성 집중 호우는 어느 정도? 31
16. 여러 가지 아이스크림 고르기 32
17. 돈의 크기와 무게를 살펴봐요 33
18. 롤러코스터가 떨어지지 않는 이유 34
19. 1초보다 짧은 시간을 어떻게 표시할까요? 35
20. 숫자 링 퍼즐 36
21. 변신하는 신기한 고리 37
22. 줄자 없이 100m를 재요 38
23. 종이를 계속 접으면 달까지 닿을까요? 39
24. 소리가 늦게 들리는 이유는? 40
25. 뺄셈 다음은 덧셈? 41
26. 카메라 삼각대는 왜 다리가 세 개? 42
27. 일본 오키나와에서는 몸무게가 줄어드나요? 43
28. 종이비행기가 나는 시간은? 44
29. 물을 세 종류 통으로 나눠 담아 보세요 45
30. 바다에서는 뜨기 쉬울까요? 46
31. 한 자릿수로 100을 만드는 계산은? 47

물에 가라앉는 신기한 얼음 48

## 8월

1. 벌집은 왜 육각형일까요? 50
2. 날짜와 단어에 숨은 숫자를 찾아라 51
3. 속담과 사자성어에 숨은 숫자를 찾아라 52
4. 상자를 높게 쌓아올려요 53
5. 하계 올림픽이 열리는 해 구분법 54
6. 3으로 나누어떨어지는 수는? 55
7. 토너먼트 시합은 모두 몇 번 열릴까요? 56
8. 주판으로 1부터 순서대로 더하면? 57
9. 마라톤 거리 42.195km를 재는 법 58
10. 비둘기 숨바꼭질 퍼즐 59
11. 공기 때문에 나무젓가락이 부러진다고요? 60
12. 누가 가위바위보를 잘할까요? 61
13. 가위나 테이프를 쓰지 않고 정사면체를 만들어요 62
14. 칙칙폭폭 기차에 몇 명씩 나누어 앉을까요? 64
15. 입체 4컷 만화를 만들어요 65
16. 곱셈구구표에서 홀수와 짝수 중 더 많은 것은? 66
17. 한 사람이 하루에 쓰는 물의 양은? 67

⑱ 둥그스름한 뢸로 삼각형 **68**
⑲ 휴대전화 번호를 알 수 있는 신기한 계산 **69**
⑳ 자꾸 불어나는 쌀알 **70**
㉑ 옛날 계산 도구 '네이피어의 뼈' **71**
㉒ 정사각형이나 직사각형으로 변신시켜 볼까요? **72**
㉓ 친구들이 좋아하는 스포츠를 표로 만들어요 **73**
㉔ 관객 수는 딱 5만 명? **74**
㉕ 십진법으로 나타낸 수를 이진법으로 바꿔 봐요 **75**
㉖ 탱그램과 비슷하지만 다른 '지혜의 판' **76**
㉗ 망가진 계산기로도 계산할 수 있다고요? **77**
㉘ 주사위 퍼즐을 만들어요 **78**
㉙ 반드시 6174가 되는 계산 **79**
㉚ 어느 종이컵을 고를까요? **80**
㉛ 0은 어떻게 생겨났을까요? **81**

수학으로 만든 미술 작품 갤러리 **82**

# 9월

① '나누기 9'의 나머지를 바로 알 수 있어요 **84**
② 삼각자로 여러 가지 각도를 만들어요 **85**
③ 땅의 단위 '평'을 들어 본 적 있나요? **86**
④ 정삼각형으로 늘어놓은 바둑돌의 개수는? **87**
⑤ 가장 빠른 마라톤 선수의 기록은? **88**
⑥ 정사각형 안의 정사각형 넓이 구하기 **89**
⑦ 무게를 잴 수 있을까요? **90**
⑧ 피자를 다른 모양으로 변신시켜요 **91**
⑨ 곱셈구구로 끝말잇기를 해요 **92**
⑩ 선생님도 깜짝 놀라게 한 계산 천재 가우스 **93**
⑪ 삼각 팽이를 만들어요 **94**
⑫ 평균으로 정확히 비교할 수 있을까요? **96**
⑬ 아무도 풀 수 없는 세 가지 문제 **97**
⑭ 달력은 왜 1월부터 12월까지 있을까요? **98**
⑮ 달은 얼마나 클까요? **99**
⑯ 곱셈구구표에 등장하는 수는? **100**
⑰ 직각삼각형 4개로 정사각형을 만들어요 **101**
⑱ 각도기로 여러 가지 별 모양 만들기 **102**
⑲ 곱셈구구에 무지개가 나타난다고요? **103**
⑳ 육상 경기에서 코스는 선수마다 달라요 **104**
㉑ 20×20과 21×19 중 어느 쪽이 더 클까요? **105**
㉒ 신기한 입체 도형 정다면체 **106**
㉓ 소책자의 쪽수에 숨은 비밀 **107**
㉔ 어떤 피자의 넓이가 가장 넓을까요? **108**
㉕ 가을철 밤하늘에 빛나는 페가수스의 사각형 **109**
㉖ 두 가지 색 테이프를 이어 하나로 만들려면? **110**
㉗ 정육면체는 모두 몇 개일까요? **111**
㉘ 가을의 시작은 어떻게 정했을까요? **112**
㉙ 곱셈구구표에서 사라진 수는 무엇일까요? **113**
㉚ 야구공과 쇠공 중에 빨리 떨어지는 것은? **114**

# 10월

1. 답이 반드시 1089가 되는 계산이 있대요 **116**
2. 주사위 눈과 보이지 않는 면의 진실 **117**
3. 사각형은 끝없이 이어져요 **118**
4. 앞에서 읽어도 거꾸로 읽어도 같은 숫자 **120**
5. 두 번째로 무거운 귤은 어느 것일까요? **121**
6. 마방진에는 신비로운 힘이 있다고요? **122**
7. 정사각형 속 삼각형의 넓이를 비교해요 **123**
8. 자전거 톱니바퀴의 톱니 개수 **124**
9. 옛날 곱셈구구는 오늘날 곱셈구구의 절반? **125**
10. 눈의 착각일까요? 신기한 도형 **126**
11. 쿠키 5개를 둘이서 먹으려면? **127**
12. 연속하는 수 100개의 덧셈에 도전해 보세요 **128**
13. 리터를 찾아봐요 **129**
14. 한 면만 더 있으면 주사위 모양? **130**
15. 숫자를 바꿔 넣어도 답이 같아요? **131**
16. 신기한 16번째 수 **132**
17. 직선을 늘여서 놀아요 **133**
18. 어떤 순서로 줄을 섰는지 맞혀 보세요 **134**
19. 가장 많이 쓰는 수는 몇일까요? **135**
20. 시각과 시간은 어떻게 구분할까요? **136**
21. 이 세상에 숫자가 3개뿐이라면? **137**
22. 화성 행차 행렬의 길이는? **138**
23. 똑똑하게 장도 보고 거스름돈도 받아요 **139**
24. 정육면체의 점에서 점까지 연결해요 **140**
25. 저울로 무게를 재서 가짜 동전을 찾아라! **141**
26. 1부터 6까지 수로 나누어떨어지는 수 **142**
27. 셋이 모이면 몇 살일까요? **143**
28. 삼각형 내각의 크기는? **144**
29. 다른 계산을 해도 답은 같을까요? **145**
30. 같을까요, 다를까요? **146**
31. 그래프를 그리면 여러 가지 사실이 보여요 **147**

수가 가진 신비로운 힘 **148**

# 11월

1. 연하장을 사러 가요 **150**
2. 학교 운동장은 얼마나 넓을까요? **151**
3. 더해서 1이 되는 분수 계산 **152**
4. 종이를 접은 선의 개수는? **153**
5. 인도에서 온 편리한 계산 '삼수법' **154**
6. 상자 안에 들어갈 물의 양은? **155**
7. 바둑돌 문제로 나머지를 알아봐요 **156**
8. 물건에 붙은 바코드에 많은 정보가 있어요 **157**
9. 곱셈구구 퍼즐을 해요 **158**
10. 분모를 배로 하면 영원히 이어지는 모양 **160**
11. 숫자 피라미드를 만들어요 **161**
12. 하노이의 탑 퍼즐에 도전해요 **162**
13. 4등분한 크기는 얼마만큼일까요? **163**
14. 주사위를 펼치려면? **164**
15. 거짓일까? 진실일까? 알 수 없는 패러독스 **165**
16. UFO로 신기한 표 계산을 해요 **166**
17. 롤러코스터는 생각만큼 빠르지 않아요? **167**

- ⑱ 늘어나는 정사각형 퍼즐 **168**
- ⑲ 대각선 수는 몇 개일까요? **169**
- ⑳ 나눗셈에서 '0 떼기'는 무슨 말일까요? **170**
- ㉑ 정사각형 2개를 겹치면? **171**
- ㉒ 낙타를 나누려면 분수가 필요해요 **172**
- ㉓ 감추면 어긋나 보이는 착시의 함정 **173**
- ㉔ ○☆△◎◇▫는 1부터 9 중에 어떤 숫자일까요? **174**
- ㉕ 이집트 계산은 오른쪽부터 해요 **175**
- ㉖ 결투로 목숨을 잃은 천재 수학자 갈루아 **176**
- ㉗ 단순하지만 심오한 계산 퍼즐 '메이크텐' **177**
- ㉘ 때로는 넓게, 때로는 좁게 느껴져요 **178**
- ㉙ 9를 네 개 가지고 1~9 만들기 **179**
- ㉚ 1부터 9까지 숫자가 들어 있는 사자성어 **180**

# 12월

- ① 자동차 타이어 이야기 **182**
- ② 직선으로 곡선을 그려 봐요 **183**
- ③ 오늘은 3만 일 중의 하루 **184**
- ④ 정2.4각형이 뭘까요? **185**
- ⑤ 주차장 요금, 어느 쪽이 이득일까요? **186**
- ⑥ 고깔모자를 만들어요 **187**
- ⑦ 판 초콜릿 게임을 해요 **188**
- ⑧ 판 초콜릿 게임에서 반드시 이기는 방법 **190**
- ⑨ 숫자가 없던 먼 옛날 양을 어떻게 셌을까요? **191**
- ⑩ 하트 퍼즐을 하며 놀아요 **192**
- ⑪ 돈의 탄생과 물건의 가치 **193**
- ⑫ 둘레 길이가 12cm인 넓이 **194**
- ⑬ 한붓그리기로 모든 칸을 지나요 **195**
- ⑭ 하루의 시작은 언제일까요? **196**
- ⑮ 솔방울과 나뭇가지 수에 숨은 피보나치수열 **197**
- ⑯ 자축인묘 진사오미 신유술해는 십이지 **198**
- ⑰ 평행일까요? 아닐까요? **199**
- ⑱ 100원 동전을 빙 돌리면? **200**
- ⑲ 숫자 3개 중 신기한 가운데 수 **201**
- ⑳ 겨울철 밤하늘에 떠 있는 다이아몬드 **202**
- ㉑ 짝수와 홀수 중 어느 쪽이 더 많을까요? **203**
- ㉒ 변의 길이를 2배로 늘리면? **204**
- ㉓ 나라마다 써서 계산하는 방법이 달라요 **205**
- ㉔ 케이크의 크기 '~호'가 뭘까요? **206**
- ㉕ 크리스마스는 무슨 날일까요? **207**
- ㉖ 승차율이 뭘까요? **208**
- ㉗ 자르고 붙이기 퍼즐 **209**
- ㉘ 긴 시간은 어떻게 표현할까요? **210**
- ㉙ 나라마다 시간이 달라서 생기는 시차 **211**
- ㉚ 1층부터 6층까지 몇 분? **212**
- ㉛ 제야의 종은 원래 108번 쳤대요 **213**

찾아보기 **214**

# 이 책을 활용하는 법

**분야별 아이콘** — 초등학교 수학 교육 과정의 주요 영역인 '수와 연산', '측정', '도형', '규칙성', '확률과 통계'를 다루면서 아이들이 수학을 친근하게 여길 수 있도록 여러 가지 이야기와 놀이를 함께 다루었습니다.

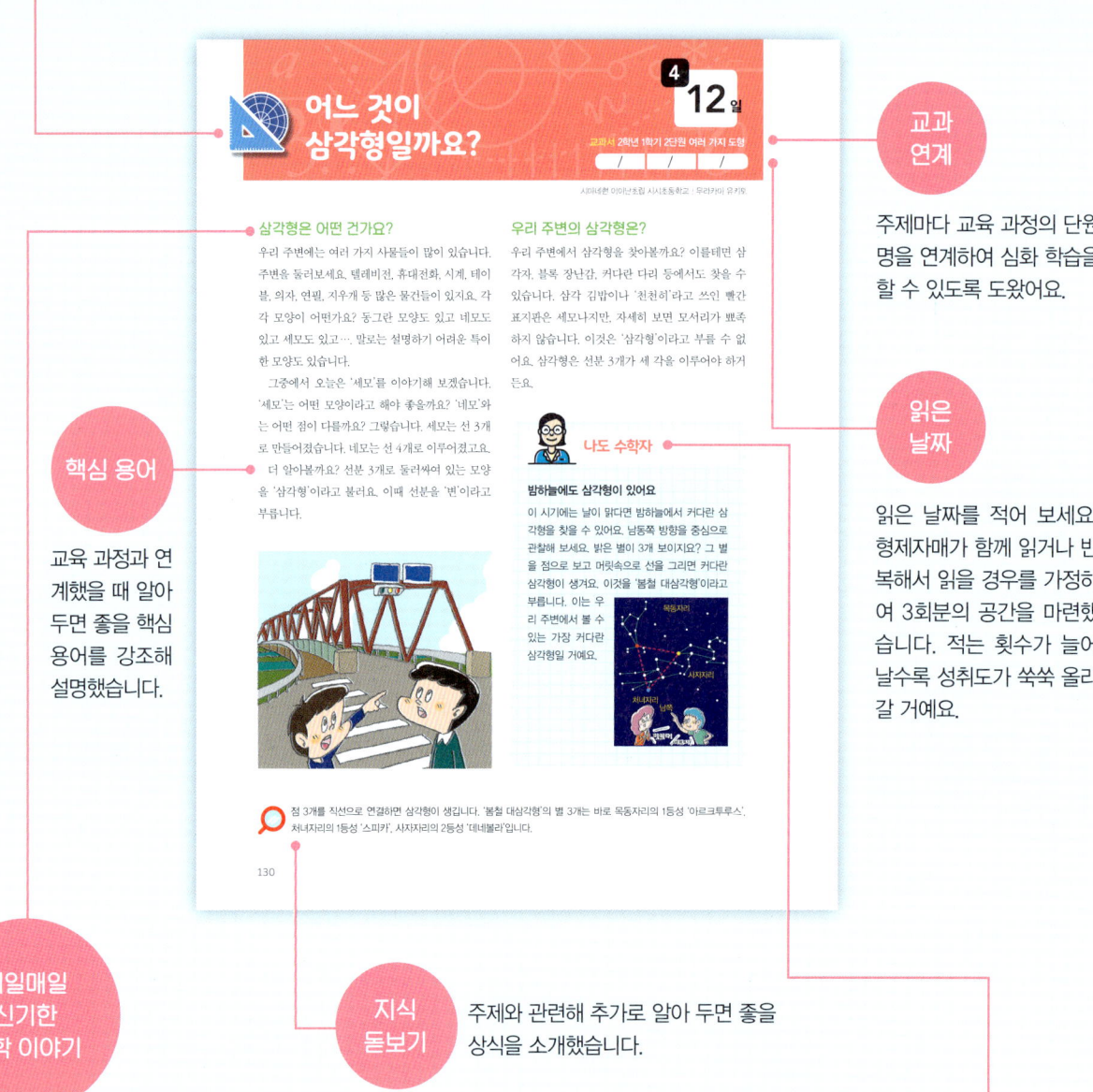

**교과 연계** — 주제마다 교육 과정의 단원명을 연계하여 심화 학습을 할 수 있도록 도왔어요.

**핵심 용어** — 교육 과정과 연계했을 때 알아 두면 좋을 핵심 용어를 강조해 설명했습니다.

**읽은 날짜** — 읽은 날짜를 적어 보세요. 형제자매가 함께 읽거나 반복해서 읽을 경우를 가정하여 3회분의 공간을 마련했습니다. 적는 횟수가 늘어날수록 성취도가 쑥쑥 올라갈 거예요.

**매일매일 신기한 수학 이야기** — 초등학교 현장에서 아이들을 가르치는 선생님들이 모여 수학 이야기를 재미있게 풀어냈습니다. 교육 과정에서 중요하게 다루는 영역을 다루는 한편, 수학을 친근하게 여길 수 있도록 '수학의 역사'와 '생활 수학', '수학 위인' 이야기를 함께 실었습니다. 무엇보다 몸을 움직이며 익힌 개념은 기억에 쏙쏙 남지요. '수학 놀이', '숫자·도형 만들기'를 하며 '수와 도형'의 개념을 재미있게 깨칠 수 있어요.

**지식 돋보기** — 주제와 관련해 추가로 알아 두면 좋을 상식을 소개했습니다.

**나도 수학자** — 하나의 주제마다 어린이들이 수학과 관련한 활동을 직접 해 볼 수 있도록 도움말을 마련했습니다. 어린이들이 수학자가 된 것처럼 참여하고 체험할 수 있어요.

# 분야별 아이콘

**수와 연산**
수의 표현 방법이나 뜻, 계산 방법이나 법칙과 관련된 이야기입니다. 초등학교 수학에서는 '수와 연산' 영역에 해당합니다.

**단위·측정**
길이나 무게 등 친숙한 단위와 측정법에 관한 이야기입니다. 초등학교 수학에서는 '측정' 영역에 해당합니다.

**규칙 찾기**
그래프 사용법, 변화하는 수나 양을 보고 법칙을 찾거나 생각하는 이야기입니다. 초등학교 수학에서는 '규칙성', '확률과 통계' 영역에 해당합니다.

**도형**
삼각형이나 사각형, 주사위 같은 정육면체나 흔히 볼 수 있는 상자 같은 사물의 형태까지 모두 포함한 이야기입니다. 초등학교 수학에서는 '도형' 영역에 해당합니다.

**수학의 역사**
수나 계산에 대해 조상들은 어떻게 생각했을까요? 수학이 어떻게 발전되어 왔는지 알 수 있어요.

**생활 수학**
일상생활 속에서 볼 수 있는 친숙한 일들을 수학적으로 생각해 봅니다.

**수학 위인**
수학 역사상 알아 둬야 할 위인이나 에피소드를 소개합니다. 역사상 훌륭한 인물들이 수학을 이용해 어떤 일이나 연구를 했는지 알 수 있어요.

**수학 놀이**
게임이나 마술 등을 통해 즐겁게 놀면서 수나 도형의 재미를 직접 느낄 수 있습니다. 종이나 연필, 트럼프나 계산기를 손에 들고 읽어 보세요.

**숫자·도형 만들기**
만들기를 하면서 수나 도형의 재미를 몸소 체험할 수 있습니다. 종이와 가위, 풀이나 투명 테이프 등을 준비하세요.

**일러두기**

- 이 책은 우리나라 독자를 위해 몇몇 꼭지의 내용을 대부분 또는 일부 변경하였습니다. 우리나라 교과 과정에 맞춰 내용을 변경한 경우라도 주제 제공의 공을 생각해 원저술자의 이름과 소속을 변경하지 않았습니다.
- 현행 우리나라 학기제에 따라 '1학기'와 '2학기'로 나누되, 시기별로 찾아보기 쉽도록 각각 1월부터 6월까지, 7월부터 12월까지로 나누고 각 권을 날짜별로 구성했습니다.
- 주제마다 연계한 단원명은 2018년에 개정된 초등학교 교과서를 기준으로 하였습니다.
- 이 책에 참여한 전문가들의 소속과 이름을 모두 밝혀 두었습니다.

# 1월

스키를 타고 급경사면을 내려오다가 점프! 동계 올림픽 경기 종목인 스키 점프는 점프 후 착지할 때까지 비행 거리와 자세가 점수를 매기는 데 중요하답니다. 그런데 어떻게 점수를 매겨야 공평할까요? 심사 위원 점수를 모두 더하기만 해서는 현명하게 순위를 매길 수 없습니다. 자료를 가지고 통계를 활용하는 법을 알아보세요.

➜ 1월 6일 23쪽

# 주위를 둘러보면 여기에도 1, 저기에도 1

**1일**

교과서 1학년 1학기 1단원 9까지의 수

메이세이대학 객원교수 | 호소미즈 야스히로

## 새해 첫날은 언제일까요?

1월 1일은 모든 나라에서 1년을 시작하는 날입니다. '신정'이라고 부르지요. 하지만 우리나라에는 '구정'이라고 부르는 새해 첫날도 있습니다. 둘 다 새해 첫날인데, 왜 달력에 적힌 날짜가 서로 다를까요? 게다가 구정은 해마다 날짜가 바뀌고, '설날'이라고 부르며 명절로 기념합니다.

우리나라에서는 예전에 달이 지구를 한 바퀴 도는 시간을 기준으로 날짜를 셌어요. 이것이 달력에 작은 글씨로 적힌 날짜인 '음력'입니다. 한편 서양에서는 지구가 태양의 둘레를 한 바퀴 도는 시간을 기준으로 '태양력', 즉 '양력'을 썼어요. 근대에 들어 한국에서도 새로운 시간 체계로 양력을 쓰기 시작했습니다. 그런데 일제강점기부터 1980년대까지 나라에서는 음력을 옛날 문화로 취급하며 없애려 했어요. 그래서 음력으로 셌을 때 새해 첫날을 '구정'이라 부르고, 공휴일로 인정하지 않았답니다. 하지만 국민들에게는 음력으로 세는 구정이 오랫동안 지켜온 문화이기에 신정은 물론 구정에도 설을 지냈어요. 결국 1985년에 음력설은 '민속의 날'이란 이름으로 다시 공휴일로 지정됐고, 1989년에 '설'이란 이름을 되찾았습니다.

## 처음에 오는 숫자 1

시작을 나타내는 1은 수학 분야에서도 아주 의미가 깊은 숫자입니다. 왜냐하면 1은 자연수 중 가장 처음에 오는 숫자이며 숫자 체계는 모두 1을 기초로 정해져 있기 때문입니다. 예를 들어 1은 숫자를 셀 때 가장 처음에 오기 때문에 1이 없으면 숫자를 셀 수 없습니다.

### 나도 수학자

**주변에서 1을 찾아보세요**

'하나를 알면 열을 안다', '천 리 길도 한 걸음부터', 일생에 단 한 번뿐인 기회라는 뜻의 '일기일회'(一期一會) 등 속담이나 사자성어에도 1이 들어간 것을 많이 볼 수 있어요.
여러분 주변에서도 1을 한번 찾아보세요.

1은 3×1=3, 3÷1=3처럼 다른 숫자에 곱하거나 나눠도 그 숫자가 변하지 않는다는 특별한 성질이 있습니다.

# +, −, ×, ÷는 어떻게 만들어졌을까요?

**교과서 3학년 1학기 3단원 나눗셈**

시마네현 이이난초립 시시초등학교 | 무라가미 유키토

## '+'와 '−'의 유래는?

우리는 수학에서 '2 더하기 3', 또는 '6 빼기 5' 등 계산을 배웁니다. 식으로는 '2 + 3', '6 − 5'로 나타내지요. '+'나 '−' 기호처럼 우리가 평소에 자주 쓰는 사칙연산 기호는 어떻게 만들어졌을까요?

'−' 기호는 얼핏 보면 가로로 선을 찍 그은 것으로 보입니다. 이 기호는 뱃사람이 나무통에 든 물을 쓸 때 어디까지 썼는지 표시한 선에서 유래했대요.

물이 줄어들면 새로 물을 부어야겠지요? 물을 부으면 원래 있던 가로선 표시에 세로선을 넣어 지웠습니다. 이것이 '+'의 유래라고 합니다. 뱃사람에게 물은 아주 귀중했어요. 그래서 물이 얼마나 남았는지 항상 주의를 기울였나 봅니다.

## '×'와 '÷'의 유래는?

'×' 기호는 17세기 영국의 수학자 오트레드가 기독교의 십자가를 비스듬히 기울여 곱셈 기호로 쓴 것에서 유래했습니다. 그러나 영어 알파벳으로 쓰이는 X(엑스)와 비슷하다고 해서 '·'으로 나타내는 나라도 있어요. 우리가 쓰는 컴퓨터 키보드와 엑셀 프로그램에서는 '＊' 기호가 곱하기를 뜻합니다.

'÷' 기호는 17세기에 스위스의 수학자 란이 처음 사용했대요. 기호 가운데 가로선은 분수의 가로선, 위의 점은 분자를 뜻하고 아래 점은 분모를 뜻한다고 합니다. 어떤 나라에서는 '/'나 ':'를 써요.

### 나도 수학자

**기호를 쓰는 순서는?**

'+, −, ×, ÷' 기호는 보통 아래와 같은 순서로 씁니다.

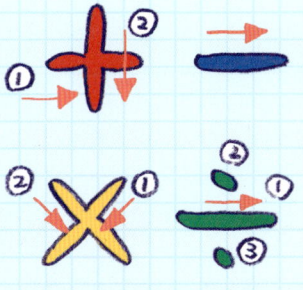

앞에서 소개한 '+', '−', '×', '÷' 기호의 유래는 일부일 뿐입니다. 각 기호의 유래에는 그 밖에도 여러 가지 설이 있습니다. 직접 찾아보면 또 다른 재미가 있지 않을까요?

# 시곗바늘은 왜 오른쪽으로 돌까요?

**1 / 3 일**

교과서 1학년 2학기 4단원 시계 보기

학습원 초등과 | 오오사와 다카유키

## 시곗바늘이 오른쪽으로 돌게 된 이유

유럽에서는 13세기에 처음 기계 시계가 생겼대요. 시계는 처음 생겼을 때부터 시곗바늘이 오른쪽으로 돌았습니다. 그 비밀을 파헤치려면 옛날 옛적 바빌로니아 시대로 거슬러 올라가야 합니다.

해시계는 기원전 5000년에서 3000년경 바빌로니아 또는 이집트에서 발명됐다는 이야기가 있습니다. 해시계라고 해도 봉 하나가 땅에 우뚝 선 모양이었는데, 하루의 시각을 새긴다기보다는 달력을 만들기 위해 생긴 것으로 보입니다. 낮과 밤의 길이를 측정하거나 정오를 관측하여 오전과 오후를 나누는 역할을 했지요.

## 비밀은 해시계에 있어요

기원전 2050년에는 제법 훌륭한 해시계가 완성됐습니다. 이 해시계가 오른쪽으로 돌았어요. 태양은 동쪽에서 뜨고 하늘의 남쪽을 거쳐 서쪽으로 집니다. 그림자는 처음에 오른쪽에 생겼다가 왼쪽으로 점점 이동하지요. 이 움직임을 본떠서 만든 것이 바로 기계 시계입니다.

### 나도 수학자

**해시계로 확인해 볼까요?**

간단한 해시계를 만들어 정말 오른쪽으로 돌아가는지 확인해 보세요.

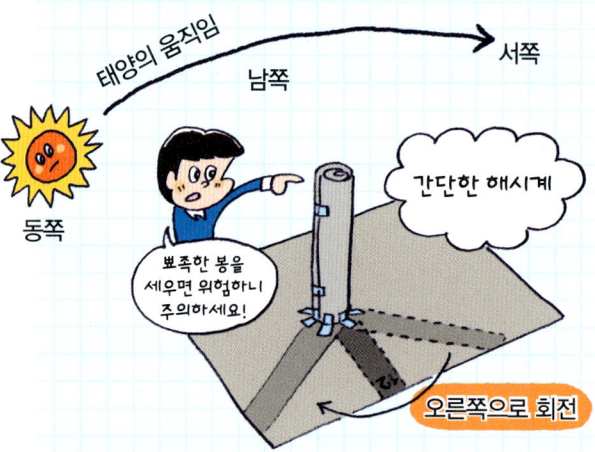

 해시계는 북반구에서만 오른쪽으로 돕니다. 남반구에서는 왼쪽으로 돌지요. 또한 벽에 걸 수 있는 '평면 해시계'는 북반구에서도 왼쪽으로 돕니다.

# 계산이 즐거워지는 상자 닫기 게임

**1주 4일**

교과서 1학년 2학기 5단원 덧셈과 뺄셈(2)

오오이타현 오오이타시립대부속 니시초등학교 | 니오미야 다카아키

## 주사위만 있으면 돼요

여러분은 '상자 닫기 게임'을 알고 있나요? '상자 닫기 게임'이란 예부터 여러 나라에서 사랑받아 온 계산 게임입니다. 규칙은 간단해서 주사위만 있으면 바로 할 수 있어요. 둘이서 대결하는 게임이므로 친구나 가족과 함께해 보세요.

먼저 주사위 두 개를 준비하세요. 그다음 트럼프 카드만 한 크기로 자른 종이 카드를 9장 준비해서 1부터 9까지 숫자를 하나씩 적습니다. 트럼프 카드를 1부터 9까지 그대로 사용해도 좋습니다.

## 규칙은 간단해요

게임 규칙을 알아볼까요? 먼저 숫자가 보이도록 카드를 나란히 놓습니다. 순서를 정해 한 사람씩 주사위를 던져 카드를 뒤집을 거예요. 첫 번째 순서인 사람이 주사위 두 개를 던져 나온 숫자를 더합니다. 그러면 더한 숫자가 되도록 카드를 2장이나 1장 뒤집습니다. 만약 주사위를 던져서 2와 4가 나왔다면 합계는 6이 되지요. 그럴 때는 6번 카드 한 장만 뒤집어도 좋고, 1과 5나 2와 4 또는 1과 2와 3, 이렇게 두 장이나 세 장을 뒤집어도 좋아요. 어떤 식으로 뒤집을지는 스스로 정합니다.

이어서 차례대로 주사위를 던져 카드 뒤집기를 반복합니다. 게임 도중 1부터 6 사이의 카드만 남으면 주사위를 하나만 던지세요. 뒤집을 수 있는 카드가 없어지면 끝이 납니다. 뒤집은 카드 숫자의 합이 더 큰 사람이 승리하는 게임입니다.

### 나도 수학자

**'상자 닫기 게임'을 직접 만들어 해 보세요**

네모난 나무판이나 나무토막, 천을 가지고 나만의 독창적인 '상자 닫기 게임'을 만들어 보세요. 그림물감으로 오색 빛깔 색을 칠한 다음 마지막으로 니스를 바르면 깔끔하게 완성됩니다.

직접 만든 상자 닫기 게임 세트
자료 : 니노미야 다카아키

🔍 상자 닫기 게임은 규칙을 직접 만들어도 재미있어요. 예를 들어 '카드를 3장 뒤집는다.'(규칙 1)라거나 '주사위 숫자가 3이 나오면 뺄셈을 할 수 있는 수를 뒤집는다.'(규칙 2)라고 정할 수 있지요. 규칙 2에 따르면 3은 '9-6'으로 얻을 수 있는 수이므로 '9와 6'을 뒤집을 수 있어요.

# 길이를 몸으로 표현해 봐요

**1 / 5 일**

교과서 2학년 1학기 4단원 길이 재기

오차노미즈여자대학 부속초등학교 | 구가야 아키라

## 옛날에는 몸으로 길이를 쟀어요

잠깐! 이 책의 세로 길이는 얼마일까요? 갑자기 이런 질문을 던지면 자로 재보고 대답하겠지요? 그러나 길이를 정확히 측정할 때 쓰는 '자' 같은 도구가 없었던 시절, 사람들은 과연 어떻게 길이를 재고, 어떻게 다른 사람에게 알려 줬을까요? 먼 옛날 사람들은 가장 가까이에 있는 무언가를 사용해 길이를 쟀습니다. 그 무언가는 바로 손과 발 같은 자신의 몸이었습니다.

## 기억해 두면 편해요

우리나라에서는 옛날부터 숫자 세는 법이나 길이 단위에 손을 사용한 표현이 많았습니다. 예를 들면 다음과 같은 단위가 있어요.

- 촌 또는 치 : 손가락 한 마디의 길이.(그림 1)
- 뼘 : 엄지손가락과 다른 손가락을 한껏 펴서 벌렸을 때 두 끝 사이의 거리.(그림 2)
- 발 : 양팔을 힘껏 뻗었을 때 한쪽 손가락 끝에서 반대쪽 손가락 끝까지의 길이.(그림 3)

어때요? 몸은 사람마다 다르니까 정확한 기준이 될 수 없어요. 하지만 정확한 기준이 없던 옛날에는 몸을 활용해 길이를 쟀답니다. 하지만 직접 자기 몸으로 재 본 다음 대충 몇 cm인지 기억해 두면 의외로 편하지 않을까요? 물론 어린이 여러분은 몸이 자라니까 잴 때마다 조금씩 차이는 생길 거예요.

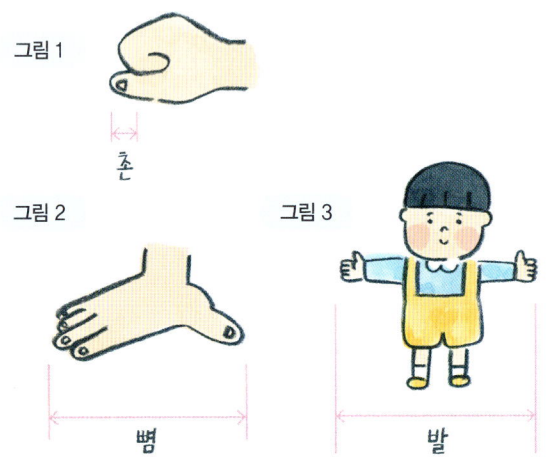

그림 1 촌
그림 2 뼘
그림 3 발

### 나도 수학자

**고대 이집트의 단위 '큐빗'**

고대 이집트에서는 왕의 팔(팔꿈치에서 손가락 끝까지) 길이를 '1큐빗'이라고 부르며 길이의 단위로 썼습니다. 따라서 왕이 바뀔 때마다 1큐빗의 길이도 달라졌다고 합니다. 다행히 대부분 길이는 50cm였습니다. 피라미드 같은 무덤도 1큐빗이라는 길이 단위를 바탕으로 만들어졌다고 해요.

큐빗

 미국이나 영국에서 옛날부터 지금까지 사용하는 단위에는 '풋'(복수는 피트)이 있습니다. 이는 발가락 끝부터 발뒤꿈치까지 잰 길이에서 유래했다고 합니다. 1풋은 약 30cm를 뜻해요. 발이 참 크지요?

# 스키 점프의 점수를 공평하게 채점하는 방법은?

**1** **6**일

교과서 5학년 2학기 6단원 자료의 표현

가나가와현 가와사키시립 쓰치하시초등학교 | 야마모토 나오

## 스키 점프 경기의 득점

여러분은 스키 점프 경기를 알고 있나요? 겨울철에 열리는데, 올림픽처럼 큰 대회의 한 종목입니다. 높은 곳에서 스키를 타고 내려와 점프하는데, 얼마나 멀리 날아갔는지 매기는 비행 거리 점수와 얼마나 아름답게 날아갔는지 매기는 자세 점수를 합산해서 겨룹니다.

이때 선수가 점프를 할 때마다 심판 다섯 명이 자세 점수를 매기는데, 불공평하지 않도록 최고점과 최하점을 준 심판의 점수를 빼고 나머지 심판 세 명이 매긴 점수를 합산하는 방식으로 진행해요.

## 최고점과 최하점을 빼는 이유

단순한 채점 상황을 가정해 볼까요? 심판 한 사람이 10점 만점으로 채점한다고 생각해 보세요. 그러면 최고점은 다섯 명이 모두 10점을 매겼을 때인데, 최고점도 최하점도 모두 10점이기 때문에 10점을 두 개 뺀 세 명의 점수를 합쳐 30점을 득점해요.

그러면 표에 나온 경우는 어떨까요? (A) 선수는 다섯 명의 합계가 41점이지만 최고점과 최하점을 빼면 24점입니다. 그러나 (C) 선수의 합계는 40점이라 (A) 선수보다 낮지만, 득점은 25점이기 때문에 세 선수 가운데 (C) 선수가 가장 좋은 점수를 얻었습니다. 이런 점을 염두에 두고 경기를 보면 더 재미있지 않을까요?

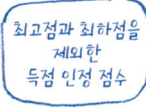

| 선수 | 심판① | 심판② | 심판③ | 심판④ | 심판⑤ | 합계 | 득점 |
|---|---|---|---|---|---|---|---|
| (A) | 10 | 9 | 8 | 7 | 7 | 41 | 24 |
| (B) | 10 | 9 | 8 | 6 | 6 | 39 | 23 |
| (C) | 9 | 9 | 8 | 8 | 6 | 40 | 25 |

최고점과 최하점을 제외한 득점 인정 점수

### 나도 수학자

**어떻게 점수를 매겨야 공평할까요?**

점수 차이가 많이 날 때를 생각해 보세요. (D) 선수가 아래 표와 같은 점수를 얻었다고 생각해 볼까요? 그러면 최고점과 최하점을 뺀 점수는 29점이라 거의 만점에 가깝습니다. 그러나 5명의 점수를 합치면 40점이기 때문에 (A) 선수보다 득점이 낮아집니다. 즉 심판 5명 가운데 4명이 잘했다고 생각하더라도 한 명이 일부러 낮은 점수를 매겨 결과를 바꾸려는 일이 발생할 가능성도 있습니다. 불공평한 결과가 나오지 않도록 최고점과 최하점을 빼는 거예요.

| 선수 | 심판① | 심판② | 심판③ | 심판④ | 심판⑤ | 합계 | 득점 |
|---|---|---|---|---|---|---|---|
| (D) | 10 | 10 | 10 | 9 | 1 | 40 | 29 |

득점 인정 점수

'왜?'라는 궁금증이 생긴다면 아주 좋을 때와 아주 나쁠 때를 비교해 생각해 보세요. 그러면 그 이유나 뜻이 잘 이해될 거예요.

# 엄지공주의 키는 얼마일까요?

**1 / 7일**

교과서 5학년 2학기 5단원 여러 가지 단위

/ / /

오차노미즈여자대학 부속초등학교 | 구가야 아키라

## 엄지공주는 엄지손가락 크기?

덴마크의 작가 안데르센 동화 중에는 엄지손가락만큼 작은 '엄지공주' 이야기가 있지요. 일본에도 이와 비슷하게 아주 작은 아이 '일촌법사' 이야기가 있대요. 도깨비에게 꿀꺽 삼켜졌는데도 싸워 이긴다는 전래동화의 주인공이에요. 일촌법사의 이름에 들어간 '촌'(寸)이란 우리나라에서도 예부터 쓰던 길이 단위입니다. 엄지손가락의 마디를 기본으로 만들어졌지요.(22쪽 참조) 1촌은 1치라고도 하며 약 3cm를 뜻해요. 서양의 1인치(3.03cm)와 같습니다. 일촌법사는 몸집이 아주 작았다는 사실을 짐작할 수 있겠지요. 또한 '한 치 앞도 보이지 않는다'는 말이 있는데, 바로 3cm 앞도 안 보이면 얼마나 깜깜한 어둠을 가리키는지 알겠지요?

## 척이나 촌에서 m나 cm로

길이나 부피, 무게 또는 이를 측정하는 기구와 단위들을 '도량형'이라고 해요. '도'는 길이를 측정하는 자, '량'은 부피 또는 부피를 재는 되, '형'은 무게 또는 무게를 재는 저울을 뜻합니다. 모두 합쳐 부르는 도량형은 측정의 기준이 되는 단위도 뜻합니다.

예전에는 사람 몸의 일부분을 기준으로 촌(치), 척(자), 발, 뼘 등을 썼는데, 이는 정확하지 않다는 단점이 있지요. 점차 나라마다 서로 다른 기준을 세워 도량형을 정해 썼는데, 우리나라에서는 고려 시대에 중국의 도량형 제도를 들여왔어요. 1902년 대한제국 때에는 서양에서 쓰는 '미터법'을 받아들였지요. 그때부터 길이의 단위인 'm'(미터)나 'cm'(센티미터)를 쓰기 시작했습니다. 현재 쓰는 미터법은 1964년에 법으로 시행했고, 1983년부터 표기를 통일했어요. 이렇게 예전에 쓰던 '촌, 척' 등의 단위는 점점 사라졌답니다.

1촌은 1척의 10분의 1 / 약 3cm

### 나도 수학자

**1척은 몇 cm인가요?**

'척'(尺)이란 '자'라고도 하며, 1촌의 10배입니다. 약 30cm를 뜻해요.

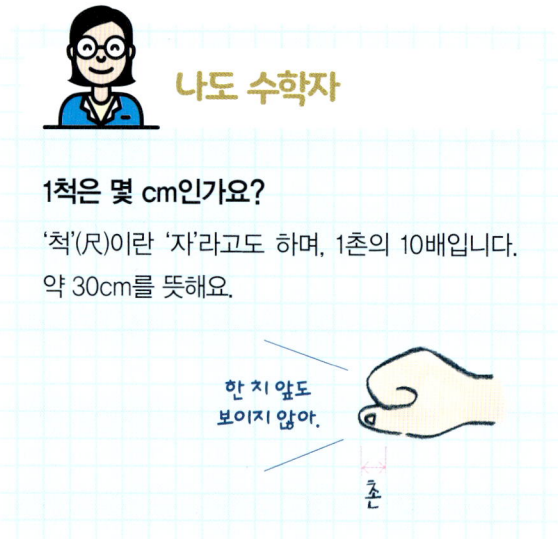

한 치 앞도 보이지 않아. / 촌

🔍 '천 리 길도 한 걸음부터'라는 말이 있지요. '천 리'에 해당하는 길은 얼마만큼일까요? 1리는 약 393m, 즉 0.393km를 뜻합니다. 1,000리는 약 400km를 뜻하니, 얼마나 먼 길을 말하는지 알겠지요.

# 짝수일까요? 홀수일까요?

**1** **8**일

교과서 5학년 1학기 1단원 약수와 배수

오차노미즈여자대학 부속초등학교 | 오카다 히로코

## 짝수와 홀수

여러분은 짝수와 홀수라는 말을 들어 본 적이 있나요? 2로 나눴을 때 나누어떨어지는 수를 '짝수', 나누어떨어지지 않는 수를 '홀수'라고 해요.

## 짝수와 홀수 중 무엇이 더 많을까요?

주사위 눈은 짝수와 홀수 중 무엇이 더 많을까요? 주사위 눈은 1, 2, 3, 4, 5, 6입니다. 이 중 짝수는 2, 4, 6이고 홀수는 1, 3, 5이므로 사이좋게 3개씩 있어요.

여기에서 문제 나갑니다. 크기가 다른 주사위 2개를 던졌을 때 나온 숫자의 합은 짝수와 홀수 중 무엇일 때가 많을까요? 예를 들어 주사위 눈이 1과 1이라면 1+1=2이므로 짝수입니다. 그러면 주사위 2개를 던졌을 때 나올 수 있는 숫자 조합을 모두 적어 볼까요? 표로 정리하면 겹치거나 빠뜨리는 일 없이 셀 수 있습니다.(그림 1)

이 표를 보면 합이 짝수인 경우는 18가지, 홀수인 경우도 18가지라는 사실을 알 수 있습니다. 따라서 합이 짝수와 홀수인 경우가 같다고 볼 수 있겠네요. 그런데 전부 다 쓰지 않아도 알 수 있는 방법이 있습니다. 짝수+짝수=짝수, 짝수+홀수=홀수, 홀수+짝수=홀수, 홀수+홀수=짝수가 된다는 사실은 그림 2를 보면 알 수 있어요.

그림 1

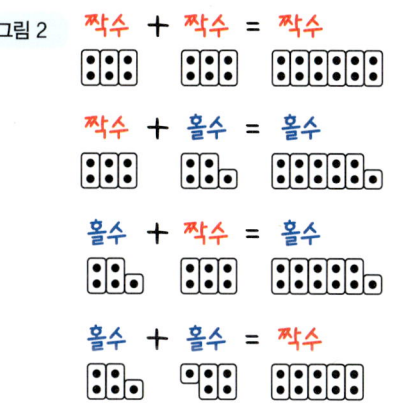

그림 2

짝수 + 짝수 = 짝수
짝수 + 홀수 = 홀수
홀수 + 짝수 = 홀수
홀수 + 홀수 = 짝수

짝수일까?
홀수일까?

 주사위 2개를 던져 나온 눈의 수를 곱하면, 답은 짝수와 홀수 어느 쪽이 많을까요? 정답은 35쪽 이야기에 있어요.

# 어디가 밖이에요? 뫼비우스의 띠

**1** / **9** 일

교과서 4학년 1학기 4단원 평면도형의 이동 심화

／　／　／

오차노미즈여자대학 부속초등학교 | 구가야 아키라

 '뫼비우스의 띠'는 안과 밖이 구별되지 않는 신기한 모양입니다. 만들기는 아주 쉬워요. 가늘고 기다란 직사각형의 한쪽 끝을 반 바퀴 회전한 다음 다른 한쪽 끝에 붙이면 돼요.

**준비물**
▶ 종이  ▶ 연필
▶ 가위  ▶ 자
▶ 풀

## 이것이 바로 뫼비우스의 띠!

가늘고 기다란 띠가 중간에 비틀어져 있어 바깥쪽을 따라 걷고 있는 줄 알았더니 어느새 안쪽을 걷고 있네요. 뫼비우스의 띠는 이렇게 신기한 성질이 있어요.

## 뫼비우스의 띠를 만들어 봐요

직접 뫼비우스의 띠를 만들어 볼까요?

 → 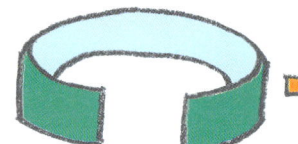 →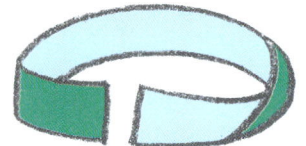

가늘고 기다란 종이를 준비합니다.　　종이를 둥글게 구부립니다.　　종이 한쪽을 반 바퀴 돌려 다른 한쪽에 풀로 붙이면 완성입니다.

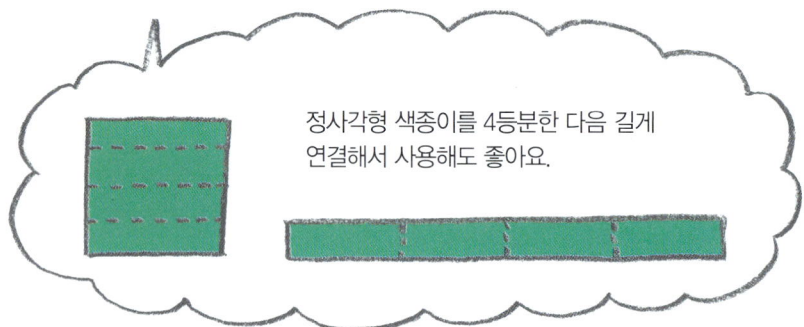

정사각형 색종이를 4등분한 다음 길게 연결해서 사용해도 좋아요.

 '뫼비우스의 띠'라는 이름은 이 개념을 처음으로 만든 독일 수학자 아우구스트 페르디난트 뫼비우스의 이름을 따서 붙였어요.

## 뫼비우스의 띠를 자르면 어떻게 될까요?

뫼비우스의 띠의 중간 부분을 가위로 자르면 어떻게 될까요?

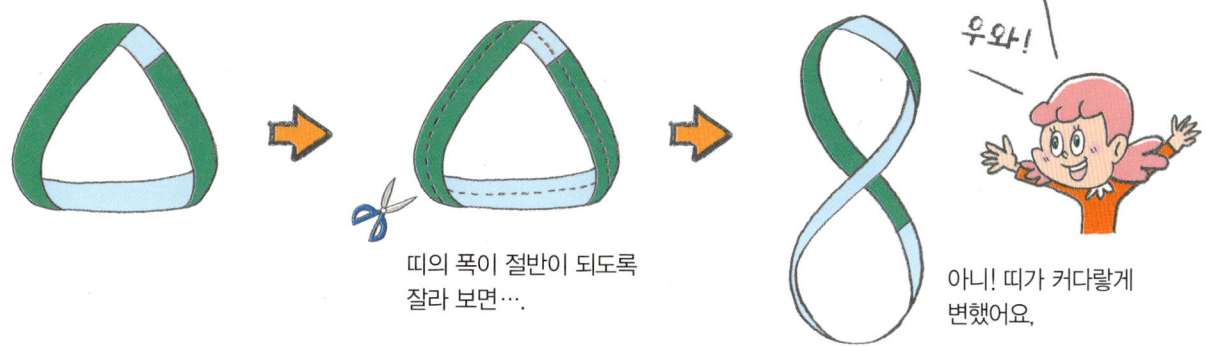

## 한 바퀴 돌린 띠를 자르면 어떻게 될까요?

뫼비우스의 띠는 종이를 반 바퀴 돌렸지요. 이번에는 종이를 한 바퀴 돌린 띠를 만든 후 잘라 볼까요?

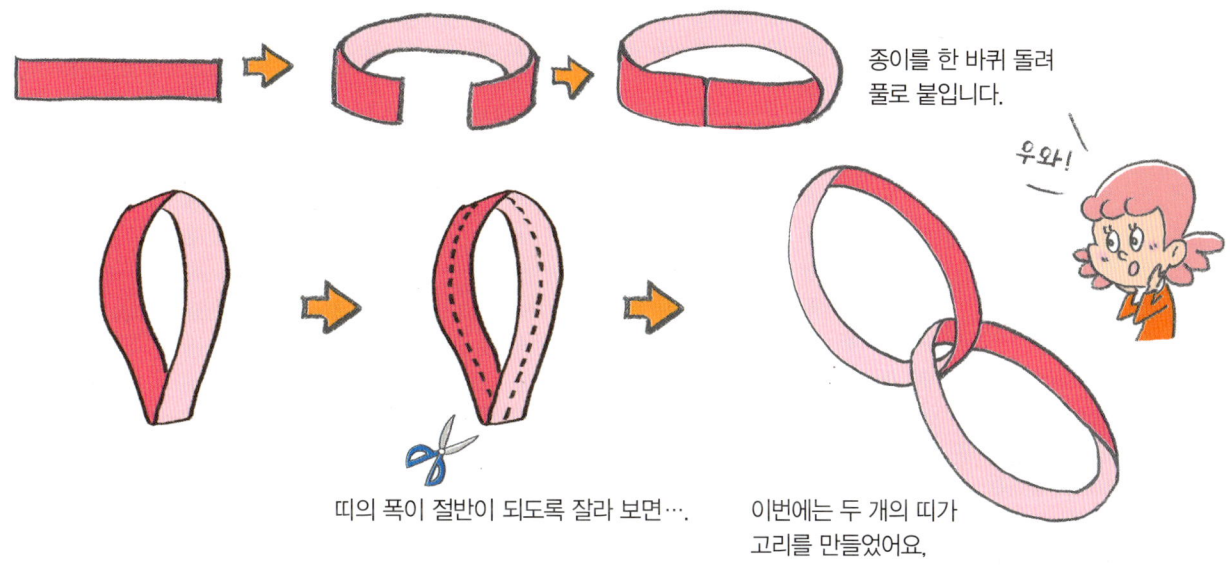

## 뫼비우스의 띠를 3등분하면 어떻게 될까요?

마지막으로 뫼비우스의 띠를 3등분해 볼까요? 이번에는 어떤 모양일까요?

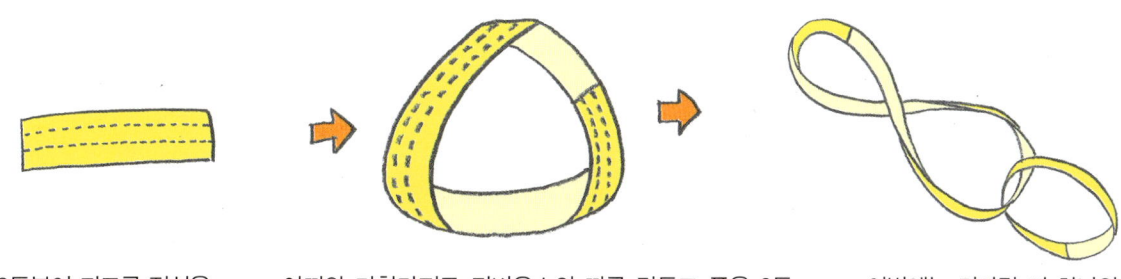

# 0이란 무엇일까요?

**1 10일**

교과서 1학년 1학기 3단원 덧셈과 뺄셈

쓰쿠바대학 부속초등학교 | 세이야마 다카오

## 바구니 안에 귤은 몇 개 들어 있을까요?

바구니 안에 든 귤 5개를 순서대로 하나씩 꺼내면 마지막에 바구니가 텅 빕니다. 이때 바구니 안에 든 귤의 개수를 '0개'라고 정한다면 '0'이라는 숫자는 존재한다고 생각할 수 있겠지요.

바구니에서 젓가락으로 귤을 꺼내려 했지만 꺼내지 못했을 때, 귤 0개를 꺼냈다고 할 수 있어요. 이것을 식으로 만들면 5-0=5가 되지요. 자, 0의 뜻을 눈치챘나요?

## 곱셈에서 나타나는 0의 힘

뺄셈에서는 0이 계산에 아무런 영향도 끼치지 못했습니다. 곱셈에서도 0은 아무런 힘이 없을까요?

(1개의 값) × (살 물건의 개수) = (전체 금액)

이 계산으로 봤을 때 만약 1개의 값이 0원이라면 몇 개를 사도 전체 금액은 0원입니다. 반대로 1개의 값이 아무리 비싸도 살 물건 개수가 0개라면 전체 금액은 0원입니다. 곱셈에서 쓰이는 0은 답을 0으로 만드는 힘이 있어요.

우리 주변에서 0을 찾아보세요

등번호 0번
자릿수를 나타내는 0
온도계
0도
0점

| | | | |
|---|---|---|---|
| A팀 | 0 | 1 | 0 | 0 |
| B팀 | 0 | 0 | 2 | 0 |

### 나도 수학자

**나눗셈에서 0을 계산하면?**

나눗셈도 곱셈과 마찬가지로 0을 어떤 수로 나누든 0이 된다는 사실을 알 수 있습니다. 0÷2=0, 0÷100=0에서도 볼 수 있지요. 그러면 식을 반대로 해서 2÷0=0이라는 식은 가능할까요? 2÷0=0이라는 식을 반대로 계산하면 0×0=2라는 식이 생기므로 0으로 나누는 식은 존재하지 않습니다.

 0은 약 1500년 전에 발견되었다고 해요.

# 1×1, 11×11…로 나타낼 수 있는 아름다운 산

교과서 4학년 1학기 3단원 곱셈과 나눗셈

후쿠오카현 다가와군 가와사키초현립 가와사키초등학교 | 다카세 다이스케

## 규칙을 찾아볼까요?

1×1, 11×11, 111×111… 이렇게 1로만 이루어진 곱셈식을 풀어 보세요. 그림 1처럼 곱셈식과 답을 쭉 써 내려가다 보면 아름다운 산 모양이 나타납니다. 어떤 규칙이 보이나요?

① 두 자릿수끼리 곱하면(11×11) 답은 121.
② 세 자릿수끼리 곱하면(111×111) 답은 12321.

곱하는 두 수의 자릿수가 커질수록 답도 좌우대칭을 이루면서 커집니다. 이 규칙을 사용하면 직접 써서 계산하지 않아도 이어서 계산할 수 있어요. 즉 네 자릿수의 곱은 1234321, 다섯 자릿수의 곱은 123454321이 나옵니다.

어떻게 이런 규칙적인 숫자 배열이 나올까요? 다섯 자릿수로 된 11111×11111을 직접 써서 계산해 보세요. 다섯 자릿수일 때는 그림 2처럼 1이 죽 늘어섭니다. 여섯 자릿수, 일곱 자릿수도 같은 방식으로 정답이 나오지요. 그 결과 그림 3과 같이 아름다운 산 모양이 나와요.

## 여기서 문제 들어갑니다

단, 이 규칙도 특정 자릿수까지만 나타납니다. 그 특정 자릿수를 넘으면 숫자 배열의 규칙이 깨져요. 과연 그 자릿수는 몇 자리일까요? 직접 써서 풀어보거나 계산기를 이용하세요. 정답은 돋보기에 있습니다.

그림 1

그림 2

그림 3

🔍 규칙적인 수 배열이 깨지는 것은 열 자릿수부터입니다. 1이 10개 모이면 받아올림을 하기 때문이에요. 계산해 보면 1111111111×1111111111=1234567900987654321입니다. 답을 왼쪽부터 살펴보면 7 다음에 9가 올 뿐더러 답의 가운데에 0이 두 개 생겼네요.

# 사극에서 봤다고요? 조선 시대의 시각

**1 / 12일**

교과서 2학년 2학기 4단원 시각과 시간

학습원 초등과 | 오오사와 다카유키

## 옛날 시각은 어떻게 측정했을까요?

지금은 시각을 말할 때 '몇 시 몇 분'이라고 말하지요. 1시간은 60분, 1분은 60초로 정해 두고 표현합니다. 그러면 시계가 없던 옛날에는 시간을 어떻게 표현했을까요?

조선 시대에 시각을 표현하는 방법은 두 가지였습니다. 하나는 십이간지인 자, 축, 인, 묘, 진, 사, 오, 미, 신, 유, 술, 해로 나타내는 '십이시진'이에요. 두 시간마다 시각이 바뀝니다. 예를 들면 새벽녘인 5시부터 7시까지를 묘시, 해가 지는 5시부터 7시까지를 유시라고 정했어요. 여름에는 낮이 길고 겨울에는 낮이 짧아지는 계절 변화에 상관없이, 시간대가 똑같다는 것이 특징이지요. 시각이 늘 정해져 있기에 '정시법'이라고도 한답니다.

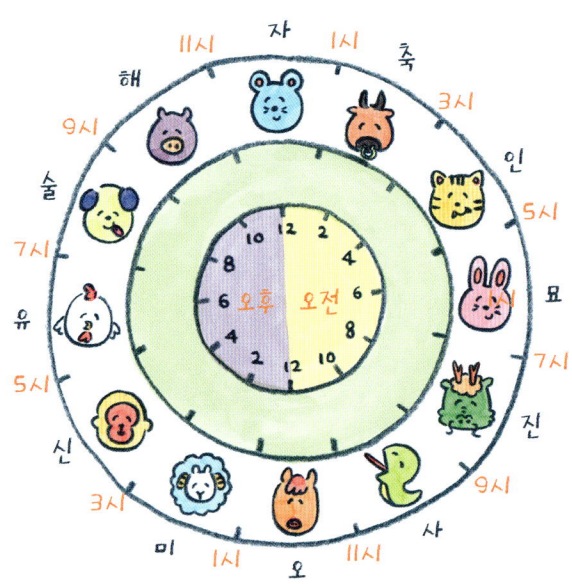

## 밤에는 5경법을 썼어요

십이시진은 주로 낮 동안에만 썼습니다. 묘시부터 유시까지만 사용했지요. 대신 밤 시간은 1경(초경)과 2경, 3경, 4경, 5경으로 5등분하는 '5경법'을 썼어요. 초경 전에 해가 진 후 별이 보이기 시작할 때까지는 '혼각', 5경 후에 별이 보이지 않을 때부터 해가 뜨기 전까지는 '신각'이라 했습니다.

### 나도 수학자

**조선 시대에 시각을 어떻게 알렸을까요?**

조선 시대에는 성문을 열고 닫는 시간을 명확히 하기 위해 성문을 열 때와 닫을 때 종을 쳐 시각을 알렸습니다. 기록에 따르면 약 밤 10시인 1경 3점에 종을 28번 치고 성문을 닫았대요. 이렇게 종을 쳐 통행금지를 알리는 일을 '인정'(人定)이라고 해요. 통행금지 해제를 알리는 일은 '파루'(罷漏)라고 하여, 새벽 4시인 5경 3점에 종을 33번 치고 성문을 열었습니다. 이 사이에 통행은 철저히 금지했대요.

새해 첫날이 밝는 12월 31일 자정이 되면 서울 종로 보신각에서 제야의 종을 33번 치지요. 이것은 조선 시대에 통행금지 해제를 알리는 타종, 즉 파루를 33번 친 데서 유래했어요.

# 곱셈구구에 별 모양이 숨어 있어요

**1 13일**

교과서 2학년 2학기 6단원 규칙 찾기

도쿄도 스기나미구립 다카이도 제3초등학교 | 요시다 에이코

## 3의 단 곱셈구구로 해 봐요

3의 단 곱셈구구를 적어 볼까요?

$3 \times 1 = 3$
$3 \times 2 = 6$
$3 \times 3 = 9$
$3 \times 4 = 12$
$3 \times 5 = 15$
$3 \times 6 = 18$
$3 \times 7 = 21$
$3 \times 8 = 24$
$3 \times 9 = 27$

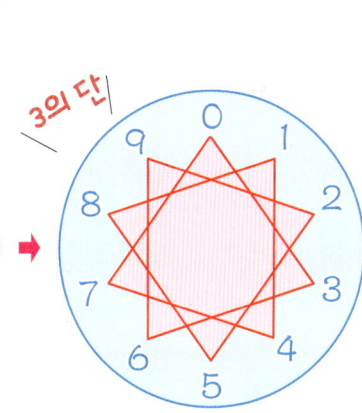

3의 단 곱셈구구의 곱에서 일의 자릿수를 시계 모양 그림에서 순서대로 찾아 직선으로 연결합니다. 0부터 시작하여 3, 6, 9. 그다음에는 $3 \times 4 = 12$이므로 2, $3 \times 5 = 15$이므로 5…. 이렇게 순서대로 전부 선을 잇습니다. 다 마친 후 지금까지 그은 선이 어떤 모양인지 살펴보세요. 선을 전부 이어 나가니 그림처럼 이렇게 예쁜 별 모양이 생겼나요? 그럼 다른 단은 어떤 모양이 생길까요?

4의 단 곱셈구구로 예를 들면, 이어 나갈 숫자는 0, 4, 8, 2, 6, 0, 4, 8, 2 6입니다. 과연 어떤 모양일까요?

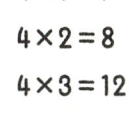

$4 \times 1 = 4$
$4 \times 2 = 8$
$4 \times 3 = 12$
$4 \times 4 = 16$
$4 \times 5 = 20$
$4 \times 6 = 24$
$4 \times 7 = 28$
$4 \times 8 = 32$
$4 \times 9 = 36$

3의 단과 4의 단에서 곱의 일의 자릿수를 연결하면 다양한 모양이 생깁니다. 다른 단으로도 도전해 보세요. 4의 단을 넘어가면 어떻게 될까요?(60쪽 참조)

# 같은 모양으로 신기한 작품 만들기

**1월 14일**

교과서 4학년 1학기 4단원 평면도형의 이동

/    /    /

가나가와현 가와사키시립 쓰치하시초등학교 | 야마모토 나오

## 같은 모양으로 채워요

그림 1은 같은 모양으로 빈틈없이 채워 만들었어요. 자세히 보면 모양도 크기도 모두 같고 서로 들어맞는 조각들이 빼곡하게 들어서 있다는 사실을 알 수 있습니다. 이러한 모양은 어떻게 만들었을까요? 그림에서 조금 떨어져 찬찬히 살펴보면 왠지 정사각형이 쭉 늘어서 있는 듯 보입니다.

이와 같은 그림은 간단한 모양을 기본으로 쉽게 만들 수 있어요. 원래 빽빽이 들어선 간단한 모양에서 일부에만 살짝 변화를 주는 것이지요.

## 원래 모양은 정사각형이나 직사각형?

사진 1은 초등학교 6학년생이 만든 작품이에요. 신기한 모양의 생물이 빈틈없이 꽉 차 있는 듯 보입니다. 이 형태도 정사각형이나 사다리꼴 같은 사각형을 바탕으로 만들었습니다. 사각형의 일부를 자르고 움직여서 다른 부분에 붙이는 것이지요. 이 행동을 몇 번 반복하면 재미난 모양이 생깁니다.

곡선이나 복잡한 모양으로 잘라 내면 만들기가 어렵지만, 더 신기한 모양으로 만들 수 있습니다. 또한 어디에다 붙일지 이리저리 궁리해 보면 모양이 반대쪽을 향하거나 회전하기도 해요. 여러분도 같은 방법으로 작품 만들기에 도전해 보세요.

**그림 1**
자료 : 스기하라 고키치

**사진 1**
촬영 : 야마모토 나오
제작 : 요코하마국립대학 교육인간과학부 부속 요코하마초등학교 2002년 졸업생

### 나도 수학자

**자르고 붙이기를 반복해요**

아래 그림처럼 정사각형이나 직사각형의 일부를 잘라서 반대쪽 변에 붙이세요. 그러면 간단하게 모양을 바꿀 수 있습니다. 기본 도형을 바꾸거나 붙이는 부분을 이리저리 바꿔 보면서 재미있는 작품을 만들어 보세요.

 도형 하나가 아니라 정사각형과 삼각형 등 여러 가지 도형을 합쳐도 재미있는 모양을 만들 수 있어요.

# 고대 마야인은 어떻게 숫자를 표현했을까요?

**1 / 15일**

교과서 1학년 1학기 1단원 9까지의 수 심화

/ / /

이와테현 구지시 교육위원회 | 고모리 아쓰시

## 기호 3개로 숫자를 나타내요

아주 먼 옛날, 현재 멕시코 주변에 마야라는 나라가 있었어요. 망원경도 컴퓨터도 없던 시절에 별의 움직임을 정확히 관측하고 아주 정확한 달력을 만들 정도로 문명이 발달한 나라였습니다. 마야에서는 기호 3개로 숫자를 나타냈어요.(그림 1) 주판으로 수를 나타낼 때의 모양과 닮아 보이지요?

## 20이 되면 한 자릿수 올라가요

고대 왕국 마야에서는 숫자 한 자릿수가 숫자 20까지 나타냈습니다. 이는 오늘날 우리가 10이 모이면 자릿수를 하나 늘려서 숫자를 표현하는 것과는 다른 방식이지요.

마야에서 수를 셀 때는 5를 단위로 수를 나타내기도 했어요. 조개껍데기 모양의 기호가 0, 점이 1, 가로줄 하나가 5를 나타내고, 20이 되면 자릿수를 올려서 표시합니다.

따라서 '18'을 마야의 숫자 표현 방식으로 나타내면 그림 2와 같이 표현할 수 있습니다. 이처럼 마야인이 사용했던 '20'을 기본으로 한 숫자 표현 방법을 '20진법'이라고 합니다.

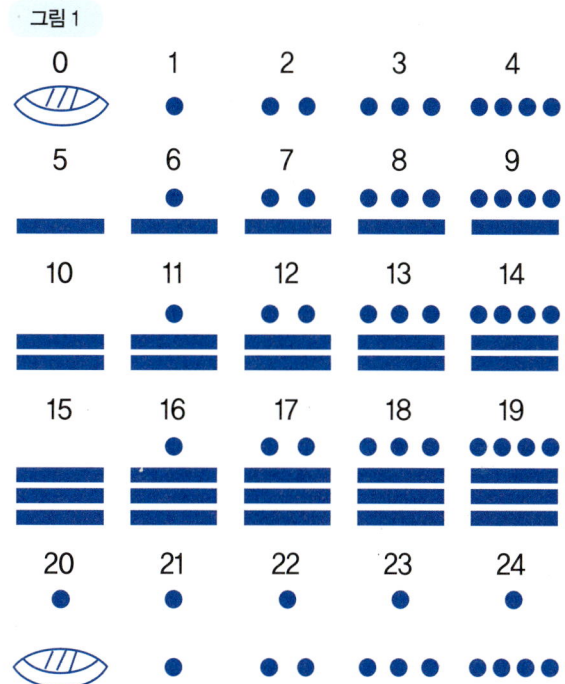

그림 1

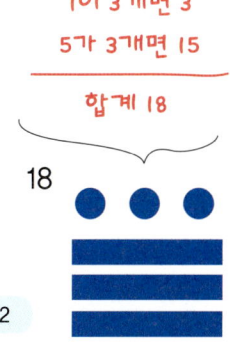

그림 2

### 나도 수학자

**여러 가지 고대의 숫자 표현 방법**

먼 옛날부터 세계 여러 나라에서는 숫자를 표현하는 방식이 각각 달랐습니다. 여러분은 다음 중 몇 가지를 알고 있나요?

| 메소포타미아 문명(설형문자) | 𒐕 | 𒐖 | 𒐗 | 𒐘 | 𒐙 |
|---|---|---|---|---|---|
| 고대 로마 | I | II | III | IV | V |
| 마야 문명 | • | •• | ••• | •••• | — |
| 중국 문명 | 一 | 二 | 三 | 四 | 五 |
| 아라비아 숫자 | 1 | 2 | 3 | 4 | 5 |

 20을 기본으로 한 숫자 표현 방식은 지금도 세계 곳곳에 남아 있습니다.

# 생일 맞히기 퀴즈

**1월 16일**

교과서 3학년 1학기 4단원 곱셈

도쿄학예대학부속 고가네이초등학교 | 다카하시 다케오

## 짝꿍의 생일을 맞혀 보아요

다른 사람의 생일을 맞힐 수 있는 마술을 소개하겠습니다. 짝꿍과 함께 퀴즈 형식으로 즐길 수 있어요. 먼저 짝꿍에게 계산기를 줍니다. 그리고 그림 1의 지시에 따라 계산하도록 지시합니다. 물론 짝꿍에게 생일이 며칠인지 미리 말하지 않도록 주의를 주세요.

①②③을 계산한 결과를 짝꿍이 가르쳐 주면, 당신은 짝꿍의 생일을 맞힐 수 있습니다.

그림 1

① 먼저 당신이 태어난 달에 4를 곱해서 나온 답에 8을 더하세요.
② ①번 답에 25를 곱한 후 태어난 날짜를 더하세요.
③ ②번 답에서 200을 빼세요.

자, 그것이 바로 당신의 생일이군요!

## 7월 15일생인 경우

실제 생일이 7월 15일인 사람은 어떨까요?

① 7(태어난 달) × 4 + 8 = 28 + 8 = 36
② 36 × 25 + 15(태어난 날짜) = 900 + 15 = 915
③ 915 − 200 = 715

정확히 7월 15일이 나왔네요.(그림 2) 아마 짝꿍도 깜짝 놀라겠지요? 친구, 가족과 함께해 보세요.

그림 2

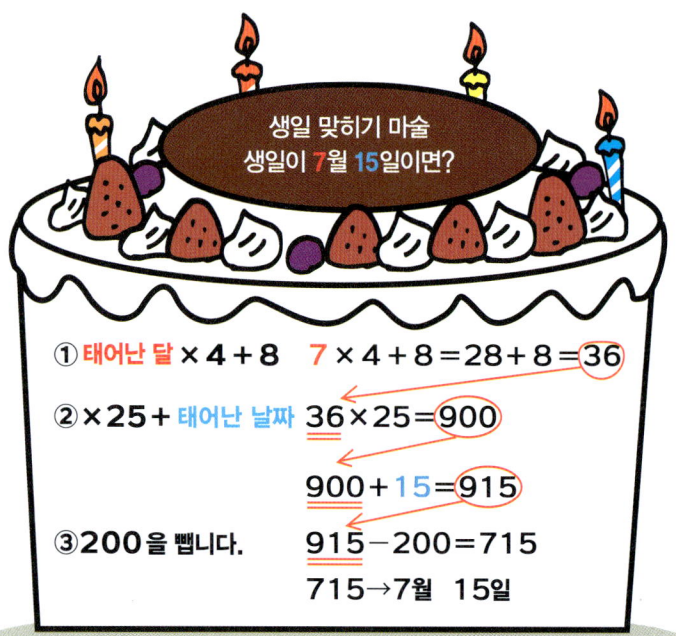

생일 맞히기 마술 생일이 7월 15일이면?

① 태어난 달 × 4 + 8    7 × 4 + 8 = 28 + 8 = 36
② × 25 + 태어난 날짜   36 × 25 = 900
                      900 + 15 = 915
③ 200을 뺍니다.        915 − 200 = 715
                      715 → 7월 15일

이렇게 계산하면 어떤 원리로 생일이 답으로 나오는 걸까요? 그 이유를 꼭 생각해 보세요.(41쪽 참조)

34

# 짝수를 곱하면 짝수 답이 나와요

**1 / 17일**

교과서 5학년 1학기 1단원 약수와 배수

/ / /

오차노미즈여자대학 부속초등학교 | 오카다 히로코

## 짝수와 홀수 중 어느 쪽이 많을까요?

주사위 눈에는 홀수인 1, 3, 5와 짝수인 2, 4, 6이 있습니다. 여기에서 문제를 낼게요. 색깔이 다른 주사위 두 개를 던졌을 때 나온 수를 곱하면 정답은 짝수와 홀수 중 어느 쪽이 많을까요?

예를 들어 주사위 눈이 1과 2라면 곱해서 나오는 수는 $1 \times 2 = 2$로 짝수입니다.(그림 1)

주사위 두 개를 던졌을 때 나올 수 있는 조합을 모두 적어 보세요. 표로 정리하면 겹치거나 빠뜨리는 일 없이 셀 수 있습니다. 그림 2의 표를 보면 답이 짝수인 조합이 27가지, 답이 홀수인 조합이 9가지라는 사실을 알 수 있지요. 따라서 짝수가 나오는 경우가 더 많습니다.

그런데 전부 다 쓰지 않아도 셀 수 있는 방법이 있습니다. 짝수×짝수=짝수, 짝수×홀수=짝수, 홀수×짝수=짝수, 홀수×홀수=홀수이므로 짝수가 나오는 경우가 많습니다.

## 만약 주사위가 10개라면?

주사위를 10개 던져서 나온 숫자를 모두 곱한다면 짝수와 홀수 중 어느 쪽이 많을까요? 전부 다 적어서 알아보기란 보통 힘든 일이 아니지요. 다 적지 않아도 많은지 적은지는 금세 알 수 있어요. 곱해서 짝수가 나온다는 말은 주사위 10개 가운데 하나라도 짝수가 섞여 있으면 답은 짝수가 된다는 뜻입니다.

예를 들어 주사위를 던져 나온 숫자 가운데 하나가 6이라면, 6은 2×3이라는 식으로 바꿀 수 있지요. 식으로 바꾸었을 때 중간에 ×2가 들어가면 답은 반드시 짝수가 됩니다. 따라서 답이 짝수로 나올 때가 훨씬 더 많아요.

그림 1

그림 2

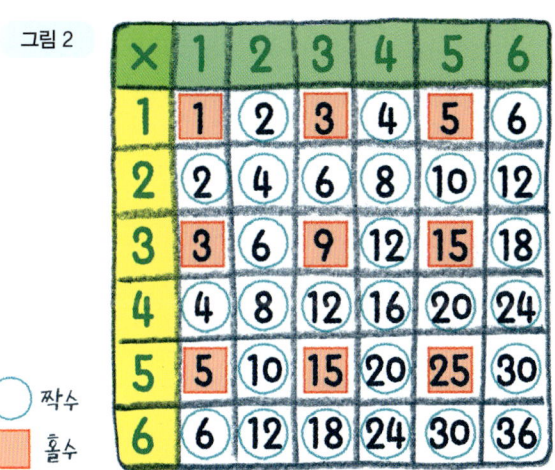

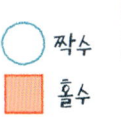 짝수
☐ 홀수

(예) 하나라도 2, 4, 6이 섞여 있으면 짝수
$1 \times 1 \times 1 \times 3 \times 3 \times 3 \times 5 \times 5 \times 5 \times 2$ → 짝수

(예) 전부 1, 3, 5만 나오면 홀수
$1 \times 1 \times 1 \times 3 \times 3 \times 3 \times 5 \times 5 \times 5 \times 5$ → 홀수

 일본의 주사위 눈 색깔은 우리나라와 다르대요. 1을 뜻하는 점 1개짜리가 빨간색이래요. 한 회사가 일본 국기처럼 점 1개짜리를 빨갛게 칠했더니 인기가 생겼기 때문이랍니다.

# 장수를 기원하는 말은 몇 살을 나타낼까요?

**1 / 18일**

교과서 1학년 2학기 1단원 100까지의 수 심화

/ / /

아오모리현 산노헤초립 산노헤초등학교 | 다네이치 요시다케

## 미수, 백수는 몇 살을 나타낼까요?

일본에서 '미수'(米壽), '백수'(白壽), '황수'(皇壽)라는 말은 어떤 나이를 나타냅니다. 과연 몇 살을 표현한 말일까요?

한자 '미수'를 살펴보세요. '쌀 미'(米)라는 한자를 따로 떨어뜨려 보면 팔십(八十)과 팔(八)이 돼요. 그래서 미수는 88세를 뜻합니다. 한자를 따로 떨어뜨린다는 점이 중요해요.

'백수'(白壽)는 몇 살을 표현한 말일까요? 한자 '백수'를 살펴보세요. '흰 백'(白)이라는 한자는 '일백 백'(百)이라는 한자에서 한 일(一) 자를 뗀 것이지요. 따라서 $100-1=99$라고 생각하면 됩니다. 즉, 백수는 99세를 가리킵니다. 뺄셈을 이용한다는 점이 중요해요.

## 한자를 분해해서 생각해 보아요

그럼 '황제가 누리는 나이'라는 뜻의 '황수'(皇壽)는 몇 살을 뜻할까요? '임금 황'(皇)이라는 한자를 따로따로 떨어뜨려 보면 흰 백(白)과 한 일(一)과 열 십(十)과 한 일(一)이 나와요. 이들을 전부 합쳐 보면 $99+1+10+1$, 이렇게 111세를 뜻해요.

오늘 소개한 말들은 전부 장수를 기원할 때 쓰는 말입니다. 덧셈과 뺄셈이 이렇게도 사용되다니, 정말 재미있지요? 우리나라에서는 나이를 뜻하는 말에 무엇이 있는지 조사해 보세요.

미 수
米壽
'쌀 미'(米)라는 한자를 분해해 보려무나.

백 수
白壽
'일백 백'(百)에서 '한 일'(一)을 빼면 '흰 백'(白)이구려.

황 수
皇壽
임금 황(皇)을 분해하면 흰 백(白), 한 일(一), 열 십(十), 한 일(一)이 나오지 않느냐.

 환갑 잔치라는 말을 들어 보았나요? 환갑은 61세를 뜻해요. 예전에는 61(還甲)세까지 사는 사람이 많지 않아 환갑이 되는 날 잔치를 열었어요. 고희(古稀)는 70세를, 팔순(八旬)은 80세를 뜻합니다.

# 답이 바뀌지 않는 나눗셈의 법칙

**1 / 19일**

교과서 3학년 1학기 3단원 나눗셈

/ / /

도쿄도 스기나미구립 다카이도 제3초등학교 | 요시다 에이코

### 생각하면서 해 볼까요?

나눗셈 계산을 해 보세요.

- **문제 1** $24 \div 4$는 얼마일까요?

- **문제 2** $48 \div 8$은 얼마일까요?

- **문제 3** $60 \div 10$은 얼마일까요?

$6 \div 1 = 6$
$12 \div 2 = 6$
$18 \div 3 = 6$
$24 \div 4 = 6$
$30 \div 5 = 6$
$36 \div 6 = 6$
$42 \div 7 = 6$
$48 \div 8 = 6$
$54 \div 9 = 6$

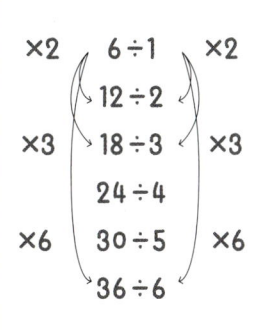

정답이 모두 6이네요. 그 밖에도 정답이 6인 나눗셈식이 있는지 찾아 모두 나열해 볼까요?

### 법칙을 찾아보세요

나누는 수를 1부터 순서대로 나열하면 법칙이 보여요. 나눗셈에는 '나뉘는 수와 나누는 수에 같은 수를 곱하거나 나눠도 정답은 바뀌지 않는다'는 법칙이 있습니다. 이 법칙을 사용하면 더 많은 식을 찾아낼 수 있어요.

$6 \div 1$이라는 식에서 6과 1에 10을 곱하면 $60 \div 10$이므로 정답은 6입니다. 그렇다면 100을 곱해서 $600 \div 100$으로 해도 정답은 6이지요. 1000을 곱해도 마찬가지입니다. 더 많이 만들 수도 있어요.

 **나도 수학자**

#### 암산으로 가능할까요?

나눗셈의 법칙을 사용하여 암산이 가능한 식으로 바꿀 수 있을까요?

$48 \div 12$

48과 12를 각각 2로 나눌 수 있지요.

$48 \div 12 = 24 \div 6$

아직 더 나눌 수 있습니다.

$24 \div 6 = 12 \div 3$

2로는 나눌 수 없지만 3으로는 나눌 수 있지요.

$12 \div 3 = 4 \div 1$

$4 \div 1 = 4$

정답은 4입니다.
이제 암산으로
계산할 수 있겠네요!

 암산이 가능한 식은 '나도 수학자'에 나온 것처럼 나머지가 나오지 않는 식뿐입니다. 나머지가 나오는 나눗셈으로는 이 계산을 할 수 없으니 주의하세요.

# 한붓그리기를 할 수 있나요?

교과서 6학년 2학기 6단원 여러 가지 문제 심화

도쿄도 도시마구립 다카마쓰초등학교 | 호소가야 유코

## 교점을 눈여겨봐요

여러분, 한붓그리기를 아나요? '한붓그리기'란 연필이나 펜 등의 필기도구를 종이에서 한 번도 떼지 않고 도형을 그리는 것을 말합니다. 물론 선은 딱 한 번씩만 지나갈 수 있습니다.

한붓그리기에 도전해 보세요. 그림 1에 나온 ①~④를 한붓그리기로 그릴 수 있을까요? 정답을 알려줄게요. ① ② ③은 가능, ④는 불가능입니다. 한붓그리기가 가능한지 불가능한지는 직접 그려 보지 않고 도형만 보고도 알 수 있습니다. 왜냐하면 한붓그리기가 가능한 도형에는 규칙이 있거든요.

눈여겨봐야 할 부분은 교점입니다. '교점'은 둘 이상의 선과 선이나 선과 면이 만나 생기는 점을 뜻해요. 교점으로 모이는 직선의 개수가 2개, 4개, 6개…, 이렇게 짝수 개면 '짝수점', 1개, 3개, 5개…, 이렇게 홀수 개면 '홀수점'이라고 부릅니다.

## 짝수점과 홀수점을 구분해요

그림 2를 볼까요? ①과 ③처럼 모든 교점이 짝수점일 때는 한붓그리기가 가능합니다. 또한 ②처럼 홀수점이 2개고 나머지가 모두 짝수점일 때도 한붓그리기가 가능합니다. 단, 이때는 어느 부분에서 시작하느냐에 따라 가능하거나 불가능해요. 짝수점에서 출발하면 한붓그리기가 불가능합니다. 그러나 홀수점에서 시작하면 한붓그리기가 가능합니다. 따라서 ②와 같은 도형은 홀수점에서 시작해야 해요.

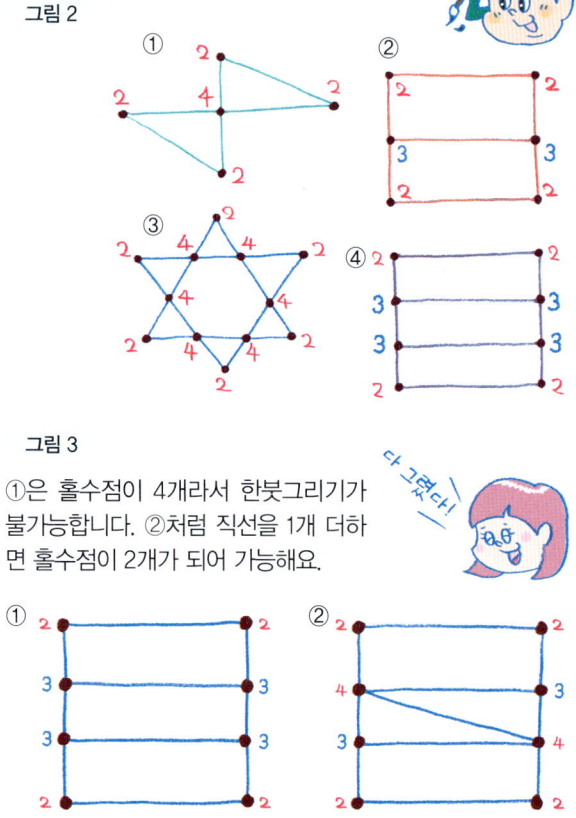

그림 3

①은 홀수점이 4개라서 한붓그리기가 불가능합니다. ②처럼 직선을 1개 더하면 홀수점이 2개가 되어 가능해요.

18세기 초, 쾨니히스베르크 마을 사람들이 '쾨니히스베르크의 7개 다리' 문제에 도전했습니다. 독일의 수학자인 오일러는 그 문제를 한붓그리기로 생각하여 해결했어요. (39쪽 참조)

# 쾨니히스베르크 마을의 7개 다리

**1 21일**

교과서 6학년 2학기 6단원 여러 가지 문제 심화

도쿄도 도시마구립 다카마쓰초등학교 | 호소가야 유코

## 불가능을 증명하다?

18세기 초쯤에 있었던 일입니다. 프로이센 왕국에 쾨니히스베르크라는 마을(현재 러시아의 칼리닌그라드)이 있었습니다. 그 마을의 중심에는 프레겔강이 흐르고 있었고, 그 강으로 둘러싸인 섬에 다리 7개가 놓여 있었어요.(그림 1) 마을 사람들 사이에서는 이 다리 7개를 놓고 '각각 다리를 한 번만 지나서 7개를 모두 건널 수 있을까?' 하는 의문이 불거졌습니다. 수많은 사람들이 이 문제에 도전했지만, 문제를 풀어 낸 사람은 없었어요. 또한 왜 불가능한지 설명할 수 있는 사람도 없었지요.

## 한붓그리기가 힌트

어느 날 그 문제에 정답을 제시한 사람이 나타났습니다. 나중에 대수학자가 된 레온하르트 오일러입니다. 오일러는 육지 부분을 점으로, 다리 부분을 선으로 표현했어요.(그림 2) 이렇게 했더니 쾨니히스베르크의 7개 다리 문제를 한붓그리기 문제로 여길 수 있었습니다. 이 도형을 한붓그리기로 그릴 수 있다면 7개 다리 문제도 가능하다는 뜻이지요. 하지만 이 도형에는 직선이 교차되는 교점에서 홀수점이 4개 있기 때문에 한붓그리기가 불가능합니다.(38쪽 참조) 즉, '각 다리를 한 번만 지나서 모든 다리를 건너는 방법은 없다'는 사실이 증명되었습니다.

그림 1 쾨니히스베르크의 7개 다리 지도

그림 2 한붓그리기 문제로 만든 그림

 오일러는 쾨니히스베르크의 7개 다리 문제를 풀다가 한붓그리기가 가능한 경우의 규칙을 발견했습니다. 오늘날 한붓그리기가 가능한 그래프를 '오일러 그래프'라고 부릅니다.

# 코끼리와 고래는 몇 톤인지 비교해 볼까요?

교과서 5학년 2학기 5단원 여러 가지 단위

쓰쿠바대학 부속초등학교 | 나카타 도시유키

## 지구상에서 가장 무거운 생물은?

같은 학년 친구 중에서도 몸무게가 많이 나가는 친구가 있는가 하면 적게 나가는 친구도 있지요. 몸무게는 사람마다 제각각입니다. 그렇다면 지구상에 있는 생물 가운데 가장 무거운 생물은 무엇일까요?

몸집이 큰 생물 하면 떠오르는 코끼리의 무게는 아프리카 코끼리가 8,000kg 정도입니다. 몸집이 더 큰 코끼리는 10,000kg을 넘는대요. 이렇게 무게가 많이 나가면 0이 많아서 몇 kg인지 잘 모르겠지요? 그래서 kg의 1,000배 단위인 톤(t)을 사용해서 무게를 나타냅니다. 즉, 아프리카 코끼리는 대략 8톤입니다.

## 깜짝 놀랄 고래 무게!

코뿔소의 무게는 2톤에서 3톤 정도 나간대요. 목이 기다란 기린 중에도 2톤을 넘을 만큼 무거운 기린이 있다고 합니다. 인도 남부나 호주 북부에 서식하는 세상에서 가장 큰 악어는 몸의 길이가 6m를 넘고, 체중도 1톤을 넘는다고 해요.

육지에 사는 생물 중에서는 코끼리가 가장 무겁지만, 지구상에 있는 생물을 모두 생각하면 바다에 사는 고래가 가장 무겁습니다. 고래 가운데서도 가장 큰 대왕고래는 100톤이 넘으며, 200톤 가까이 되는 고래도 있어요. 고래는 바다에 살기 때문에 몸집이 커도 살아갈 수 있어요.

### 나도 수학자

**1톤은 4학년 어린이가 몇 명이 모여야 같은 무게가 될까요?**

초등학생이 몇 명 모여야 1톤이 될까요? 초등학교 4학년생의 평균 몸무게는 약 30kg입니다. 33명이 모이면 약 1톤이 되지요. 33명이 한데 모인 교실은 매일 1톤이나 되는 무게를 지탱하고 있군요.

1톤 = 4학년생 33명

대왕고래가 180톤이라고 했을 때, 180톤이 되려면 4학년 어린이가 약 6천 명 필요합니다.

# 생일을 어떻게 알아맞혔을까요?

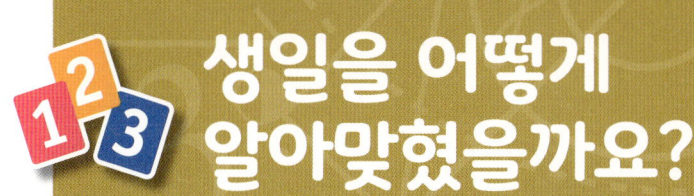

교과서 3학년 1학기 4단원 곱셈

도쿄도 도쿄학예대학부속 고가네이초등학교 | 다카하시 다케오

## 퀴즈 맞히기에 이런 비밀이 있었어요

생일 맞히기 퀴즈(34쪽 참조)에서 소개한 방법, 기억하나요? 이 퀴즈의 정답에 어떻게 생일이 나왔을까요? 바로 생일을 앞에서 두 자리와 뒤에서 두 자리, 이렇게 네 자릿수로 생각하는 데 비밀이 있습니다.(그림 2) 따라서 정답이 '태어난 달'×100+'태어난 날짜'가 되도록 계산합니다.

## 12월 31일생은 어떻게 될까요?

이해하기 쉽도록 비밀을 파헤쳐 보겠습니다. 그림 1을 보세요. ①에서 '태어난 달'에 4를 곱하고, ②에서 25를 곱했기 때문에 '태어난 달'에 100을 곱한 셈입니다. 12월 31일생이라면 ①에서 12×4+8이 나옵니다. ②에서 (12×4+8)×25를 계산한 후 태어난 날짜인 31을 더합니다.

이 식을 자세히 보면 태어난 달인 12와 태어난 날짜인 31이 식 안에 포함되어 있다는 사실을 알 수 있습니다. 200은 방해가 되므로 ③에서 200을 빼면 태어난 달과 태어난 날짜를 나타낸 숫자만 남습니다. 이 식을 계산하면 앞에서 두 자리에 태어난 달, 뒤에서 두 자리에 태어난 날짜가 나타나지요.(그림 3)

그림 1
① 먼저 '태어난 달'에 4를 곱한 후 8을 더하세요.
② 다음으로 ①에서 나온 답에 25를 곱한 다음 '태어난 날짜'를 더하세요.
③ 마지막으로 200을 빼세요. 생일이 맞나요?

그림 2
12월 31일에 태어났다면?
앞에서 두 자리  뒤에서 두 자리
12 / 31
↓
1200
+  31

그림 3
(12×4+8)×25+31
=(12×4×25)+(8×25)+31
=(12×100)+200+31

(12×100)+200+31−200
=(12×100)+31

가족이나 친구와 함께해 보세요. ①에서 더했던 8을 다른 숫자로 바꾸면 마지막에 뺄 숫자도 달라져요.

# 2 같은 물건인데 다르게 세요

교과서 1학년 1학기 1단원 9까지의 수 심화

1 24일

학습원 초등과 | 오오사와 다카유키

## 참치를 회로 먹으면?

물고기는 어떻게 셀까요? 그렇습니다. '한 마리, 두 마리'라고 세지요. 그런데 바다나 강에서 헤엄치던 물고기가 잡혀 식당에 음식으로 올라오면 '일 미, 이 미'로 셉니다.

참치처럼 커다란 생선은 회로 먹기 위해 네모난 덩어리로 잘라서 팝니다. 딱 집 문패 정도 크기이지요. 셀 때는 '한 덩어리, 두 덩어리' 하고 셉니다. 그 덩어리를 얇게 회로 뜨면 '한 점, 두 점' 하고 셉니다. 회를 밥에 올려 초밥으로 만들면 '한 개, 두 개'로 세고, 회덮밥으로 만들면 '한 그릇, 두 그릇'으로 셉니다.

## 새우 꼬치구이는?

새우는 생선처럼 '한 마리, 두 마리'라고 세지만, 새우 꼬치구이처럼 꼬챙이에 꽂으면 '한 꼬치, 두 꼬치' 하고 셉니다. 오징어도 '한 마리, 두 마리'라고 세지만, 오징어포로 만들면 '한 포, 두 포'입니다. 다른 모습으로 변신하면 세는 방법도 여러 가지로 바뀐다는 사실을 알 수 있지요?

 **나도 수학자**

### 2개에 세트인 것은?

2개를 짝지어 하나로 세는 것들이 있습니다. 젓가락은 2개에 '한 쌍'입니다. 장구채도 2개에 '한 쌍'입니다. 동물도 수컷과 암컷을 합쳐 '한 쌍', 양말이나 신발은 두 짝을 '한 켤레', 장갑도 두 장을 '한 켤레'라고 셉니다. 다른 말들도 알아보세요.

 마른 김은 100장 단위로 '톳'이라고 불러요. 물고기는 10마리씩 두 줄로 묶은 20마리를 '두름'이라고 부릅니다.

# 25의 어마어마한 힘

**1일 / 25일**

교과서 3학년 2학기 1단원 곱셈

/ / /

도쿄도 스기나미구립 다카이도 제3초등학교 | 요시다 에이코

## 어디까지 암산으로 풀까요?

암산으로 곱셈 문제를 풀어 볼까요? 첫 번째 문제입니다. $6 \times 8$은 얼마일까요? 그렇지요, 정답은 48입니다.

자, 두 번째 문제입니다. $13 \times 3$은? 조금 어려워졌네요? 정답은 39입니다.

이쯤 되면 '직접 써서 계산하는 게 좋은데.' 하고 슬슬 불안해지는 친구도 있겠지요? 그럼 세 번째 문제입니다. $24 \times 5$는?

이번에는 분명 '역시 써서 계산하는 게 낫겠어.' 하는 친구가 있을 거예요. 정답은 120입니다. 숫자가 꽤 커지니까 정답을 확인할 때까지 두근두근 떨리겠네요. 그럼 네 번째 문제입니다. $25 \times 12$는? 이제 써서 풀어야 할지도 몰라요. 정답은 300입니다.

## 25의 곱셈은 특별하다고요?

여기서 잠깐만요. 25는 조금 특별한 숫자입니다.

25는 2개 모이면 50입니다. 3개 모이면 75이지요. 4개 모이면 딱 100, 즉 $25 \times 4 = 100$입니다.

이 숫자의 특징을 이용하면 계산이 간단해질 수 있습니다. $25 \times 12$를 계산할 때, 곱하는 수인 12는 $4 \times 3$으로 나타낼 수 있지요. 따라서 12 대신 $4 \times 3$을 집어넣어서 '$25 \times 4 \times 3$'으로 표현하면 정답은 바뀌지 않고 암산은 쉬워집니다.(그림 2) 만약 25의 곱셈 문제가 나오면 곱하는 수가 4의 단에 있는 수인지 확인해 풀어 보세요.

**그림 2**

$25 \times 12$
$= 25 \times 4 \times 3$
$= (25 \times 4) \times 3$
$= 100 \times 3$

**그림 1**

```
   25
 × 12
 ────
   50
   25
 ────
  300
```

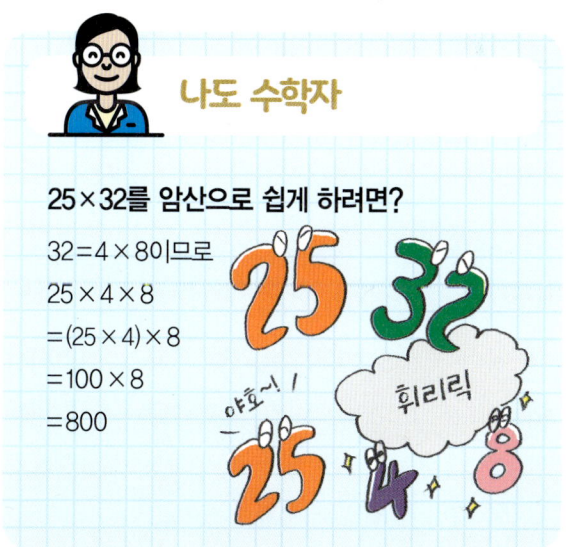

### 나도 수학자

**$25 \times 32$를 암산으로 쉽게 하려면?**

$32 = 4 \times 8$이므로
$25 \times 4 \times 8$
$= (25 \times 4) \times 8$
$= 100 \times 8$
$= 800$

$28 \times 25$는 얼마일까요? 같은 방법으로 계산하면 $7 \times 4 \times 25$입니다. $4 \times 25$를 먼저 계산하면 $7 \times 100$이므로 700이 나옵니다. $7 \times 4 \times 25$를 계산할 때 $4 \times 25$를 먼저 계산해도 결과가 같다는 법칙을 곱셈의 '결합 법칙'이라고 합니다.

# 옛날에는 무엇으로 계산했을까요?

**1월 26일**

교과서 1학년 2학기 3단원 덧셈과 뺄셈(1) 심화

오오이타현 오오이타시립대 니시초등학교 | 니노미야 다카아키

## 돌멩이나 동물의 뼈 그리고…

여러분은 주판을 사용해서 계산해 본 적 있나요? 써 본 적이 없는 친구라도 본 적은 있겠지요. 우리나라에서는 옛날부터 계산을 빨리하기 위해 주판을 사용했습니다. 우리나라의 주판은 원래 중국에서 전해진 것을 바탕으로 만들어졌어요. 그러나 주판이 생기기 훨씬 전부터 여러 나라에서는 도구를 사용해 계산하는 방법을 연구했습니다.

수천 년 전 먼 옛날, 사람들은 손가락을 사용해 숫자를 셌으리라 보여요. 그러나 숫자가 커지면 손가락만 가지고는 모자라지요. 그래서 작은 돌멩이를 쓰거나 동물의 뼈에 표시를 하는 등 도구를 사용했습니다. 숫자를 셀 뿐 아니라 더하거나 빼는 계산을 하면서 사용하는 도구에도 머리를 썼어요.

## 마름모꼴로 생긴 주판알

머나먼 옛날 메소포타미아에서는 모래에 선을 긋고 작은 돌멩이를 놓아 계산했습니다. 또한 머나먼 옛날 로마에서는 금속판에 홈을 여러 개 파서 위에 있는 홈에는 구슬 1개, 아래에 있는 홈에는 구슬 4개를 놓고 계산했어요.

이처럼 세계 곳곳에서 편리한 계산 도구를 사용하며 사람들은 셈을 빨리할 수 있었습니다. 특히 주판알은 알맹이가 마름모꼴로 생겨서 손가락으로 튕기기 쉬워 더 빨리 계산할 수 있어요.

먼 옛날 로마에서 쓰던 주판입니다. 현재의 주판과 생김새가 닮았네요.

### 나도 수학자

**여러 나라의 주판**

중국의 주판은 동그란 알이 위쪽에 2개, 아래쪽에 5개 있습니다. 그리고 러시아의 주판은 알이 10개 있는데, 가로로 움직여 사용합니다. 한국에서는 알이 위쪽에 1개, 아래쪽에 4개 있는 주판이 일반적입니다.

중국어로 주판은 '스안판'(算盤)이라고 발음합니다. 이 발음에서 '주판'이 되었다는 이야기가 있습니다. 주판은 고대 중국에서 시작되었어요. 우리나라에서는 삼국 시대 이후 산가지를 사용하다가 조선 중기에 주판이 들어와 사용하기 시작한 것으로 보입니다.

# 무늬에 숨겨진 이런저런 수학

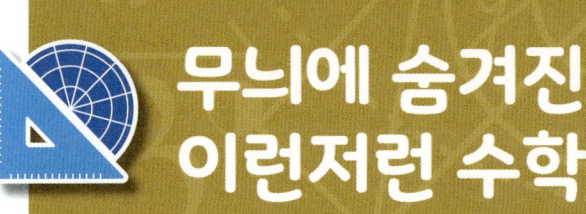

**1 | 27일**

교과서 4학년 2학기 3단원 다각형

후쿠오카현 다가와군 가와사키초립 가와사키초등학교 | 다카세 다이스케

그림 1 바둑판 무늬  그림 2 비늘 무늬  그림 3 거북이 등딱지 무늬  그림 4 화살 깃 무늬

## 옷의 무늬를 볼까요?

위 그림은 색종이를 접어 만든 옷입니다. 여러 가지 도형을 조합해 옷의 무늬를 만들어 넣었어요. 어떤 옷 무늬가 마음에 드나요? 각각의 무늬는 어떤 도형으로 만들었는지, 어떤 뜻이 있는지 살펴보세요.

- **바둑판 무늬(그림 1)**
  사각형이 가지런히 꽉 찬 무늬인데, 색상 조화도 가지각색입니다.

- **비늘 무늬(그림 2)**
  생선 비늘을 닮은 무늬입니다. 삼각형이 빼곡하게 차 있지요.

- **거북이 등딱지 무늬(그림 3)**
  한자로 쓰면 귀갑(龜甲)이라고 합니다. 거북이 등딱지라는 뜻이지요. 육각형이 가득 차 있습니다.

- **화살 깃 무늬(그림 4)**
  화살 모양인데, 예로부터 행운을 가져다주는 무늬라고 합니다. 평행사변형이 가득 차 있지요.

## 도형 하나로 만들 수 있어요

도형을 어떻게 조합하느냐에 따라 다양한 무늬가 나올 수 있다는 사실을 알아보았나요? 이번에는 같은 모양의 도형을 겹치지 않고 평면 공간을 완전하게 덮어 아래 그림처럼 무늬를 만들어 보세요. 이를 '테셀레이션'이라고 한답니다. 우리말로는 '쪽매맞춤'이라고 해요. 도형을 일정한 거리만큼 움직이거나, 모양을 뒤집거나, 회전해 만들 수 있어요.

 네덜란드 화가 에스허르가 테셀레이션을 미술 작품에 활용해 주목을 받았답니다. 스페인의 알람브라 궁전도 테셀레이션 무늬로 유명해요.

# 받아내림 있는 뺄셈을 간단히 풀어요

**1 / 28일**

교과서 2학년 1학기 3단원 덧셈과 뺄셈

오차노미즈여자대학 부속초등학교 | 오카다 히로코

## 10을 빌리는 받아내림

13에서 7을 뺄 수 있나요? 같은 자리의 수끼리 빼야 하는데, 3에서 7을 빼기란 어려워 보이지요. 이때 십의 자리에서 10을 빌려서 계산하는 것을 '받아내림'이라고 한답니다. 빌려온 10에서 7을 빼고 남은 수 3에 원래 있던 3을 더하면 6이 되지요.

'받아내림만 없으면 뺄셈이 쉬울 텐데…' 하고 생각하는 친구도 있겠지요. 여러분의 고민을 풀어 주고자, 받아내림이 있는 뺄셈을 받아내림이 없는 뺄셈으로 바꾸는 방법을 알려 줄게요.

## 받아내림을 없애요

17-9를 계산해 볼까요? 7에서 9를 뺄 수 없으니 받아내림이 필요합니다. 그러나 17-9라는 식을 살짝 바꾸면 받아내림이 없는 식으로 만들 수 있습니다. 17과 9에 각각 1을 더하면 18-10이 되지요. 빼지는 수와 빼는 수에 각각 같은 수를 더해도 정답은 바뀌지 않습니다. 따라서 18-10=8이라는 정답을 간단히 계산할 수 있어요.

이번에는 51-15를 계산해 보세요. 1의 자리끼리 뺄 때 1-5는 계산이 안 되지요? 따라서 빼는 수인 15에서 1의 자리가 0이 되도록 51과 15에 각각 5를 더합니다. 그러면 식은 56-20이 되지요. 이렇게 하면 36이라는 정답이 금세 나옵니다.

100-87은 어떻게 계산할까요? 받아내림이 두 번이나 필요해서 어려워하는 친구가 많지 않을까요? 100과 87에 각각 3을 더해 보세요. 103-90이 되므로 정답은 13입니다. 뺄셈을 빼기 좋은 숫자로 바꾸면 계산이 간단해져요. 뺄셈을 할 때 꼭 활용해 보세요.

받아올림이 있는 덧셈도 잘 활용하면 간단한 계산으로 만들 수 있습니다.(188쪽 참조)

# 종이 오리기로 눈 결정을 만들어요

**1 / 29일**

교과서 5학년 2학기 2단원 합동과 대칭

도쿄도 스기나미구립 다카이도 제3초등학교 | 요시다 에이코

## 종이를 접어 오려 보세요

색종이를 그림 1처럼 두 번 접습니다. 여기에 하트 모양을 그리고, 그 선을 따라 오린 다음 펼쳤더니, 그림과 같이 네잎클로버가 생겼어요.

종이 접는 방법에 변화를 주면 그림 2처럼 눈 결정을 만들 수 있습니다. 가족이나 친구와 함께 만들어 보세요. 종이를 다 접었으면 모양을 그린 다음 오립니다. 오릴 때는 얇은 부분도 있으니 조심하세요. 모양을 이리저리 바꿔서 여러 가지 눈 결정을 만들면 예쁘겠지요?

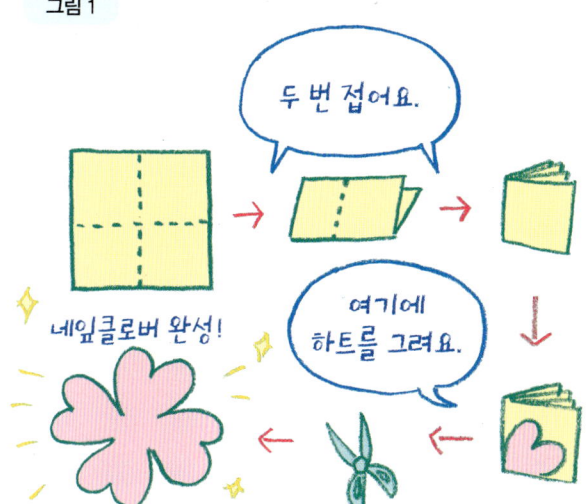

그림 1

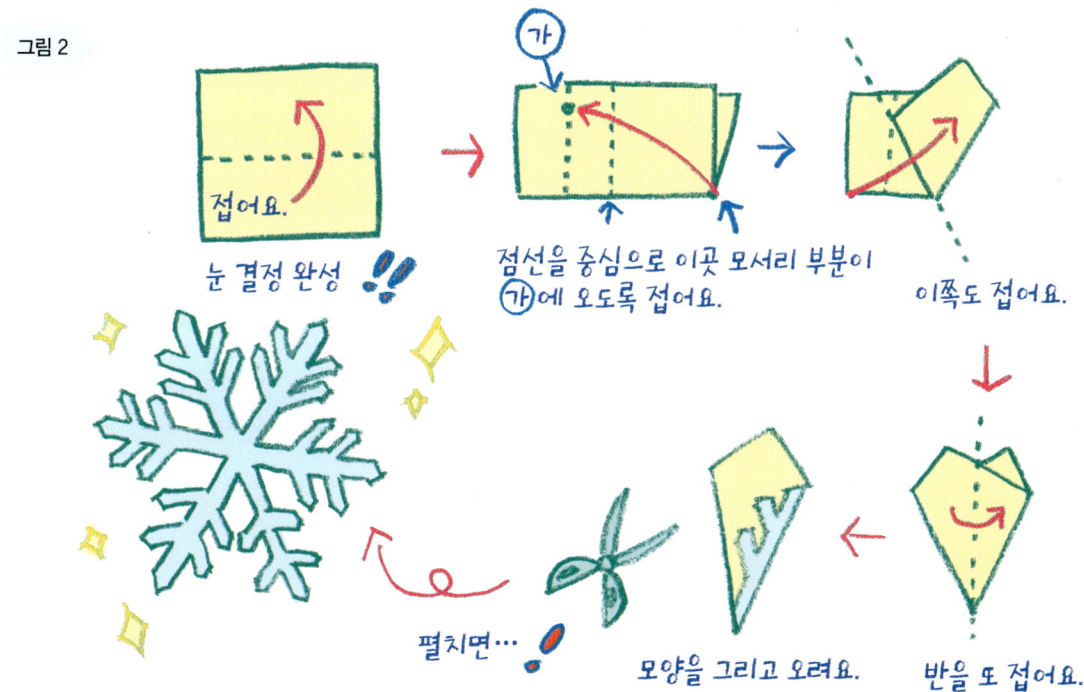

그림 2

> 꼭 맞게 겹쳐지는 모양과 크기의 도형을 '합동'인 도형이라고 합니다. 위에서 한 것처럼 종이를 접어 겹쳐서 오리면 합동인 도형이 여러 장 이어져 눈 결정 같은 모양이 생기지요. 다른 모양도 만들어 보세요.

# 반드시 이기는 돌 줍기 게임

**1 30일**

교과서 3학년 1학기 3단원 나눗셈

/ / /

홋카이도교육대학부속 삿포로초등학교 | 다키가 히라유시

## 돌 줍기 게임의 규칙

'돌 줍기 게임'이라는 수학 게임을 해 본 적 있나요? 두 명이 하는 놀이인데, 규칙은 아주 간단합니다. 먼저 돌 13개를 준비하여 한 줄로 줄을 세웁니다. 친구와 교대로 돌을 줍는데, 마지막 남은 돌을 줍는 쪽이 지는 게임입니다. 그런데 돌을 주울 때 한 가지 지켜야 할 약속이 있습니다. 바로 '한 번에 주울 수 있는 돌은 3개까지'라는 약속입니다. 즉 돌은 1개부터 3개까지만 주울 수 있습니다.

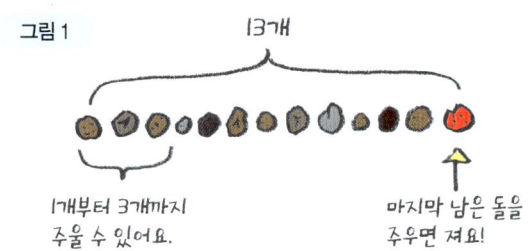

그림 1

실제로 게임하는 모습을 볼까요? 먼저 준이는 2개, 수아도 2개를 주웠습니다. 이제 9개가 남았네요.

이번에는 준이가 3개, 수아가 1개를 주웠습니다. 그러면 5개가 남았네요.

질지도 모른다는 생각에 준이가 이번에는 1개만 주웠습니다. 수아가 3개를 줍자 하나밖에 남지 않았어요. 아쉽게도 준이가 졌습니다.

사실 이 '돌 줍기 게임'에는 반드시 이기는 방법이 있는데, 수아는 그 방법을 알고 있었습니다. 둘이 몇 개씩 주웠는지 다시 살펴볼까요? 첫 번째에 두 사람이 주운 돌의 합계는 4개입니다. 다 해서 돌이 13개 있으므로 한 번에 둘이 합쳐 4개씩 주우면 4×3=12입니다. 즉 3번의 차례가 돌아가면 딱 12개를 줍기 때문에 마지막에 하나만 남습니다.

그림 2

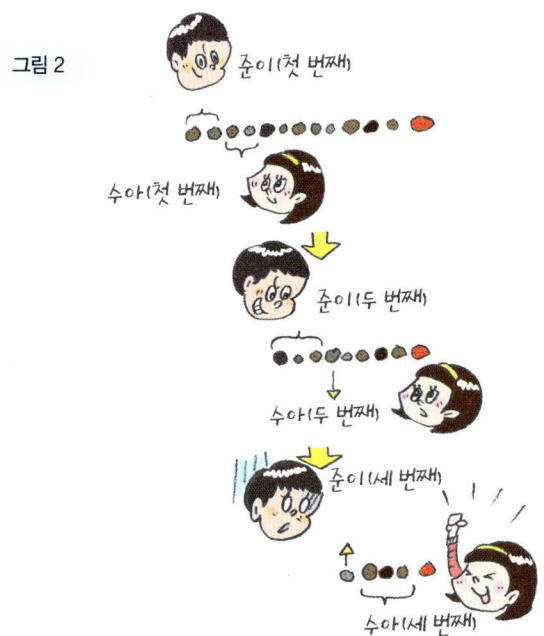

그림 3 나중에 줍는 사람은 매 차례마다 둘이 합쳐 4개씩 줍도록 맞출 수 있으니 유리하지요.

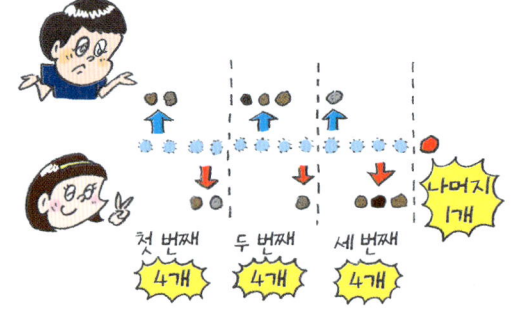

 '마지막에 돌을 주운 사람이 승리'하는 게임으로 바꿔도 재미있어요. 이렇게 규칙을 바꾸면 어떻게 해야 반드시 이길까요? 한번 생각해 보세요.

# 곱셈구구표에 숨은 일의 자릿수의 비밀

**1**
**31**일

교과서 2학년 2학기 6단원 규칙 찾기

학습원 초등과 | 오오사와 다카유키

## 곱셈구구표에 색을 칠해 보아요

곱셈구구표에 있는 숫자에서 일의 자리를 살펴보세요. '행운의 숫자 7'이라는 말이 있으니 먼저 일의 자리가 7인 숫자 칸을 노란색으로 칠해 볼게요. 네 군데 있네요.

다음으로 일의 자리가 9인 숫자 칸을 빨간색으로 칠합니다. 어떤 모양이 보이는 것 같아요. 이번에는 일의 자리가 6인 숫자 칸을 파란색으로 칠합니다. 모양이 조금 달라졌네요. 혹시 눈치챘나요? 접는 선 '가'나 '나'로 접어 보면 어떨까요? 같은 색이 포개집니다.(그림 1)

## 색으로 나눠 보면 신기해요

두 숫자를 곱한 값에서 일의 자리가 같은 경우를 찾아 두 숫자의 곱셈을 그룹으로 만들어 보세요. '가' 선으로 접어서 겹치는 노란색 부분 7과 7, 27과 27은 1×7과 7×1, 3×9와 9×3입니다. 곱하는 수와 곱해지는 수가 반대네요.

그러면 '나' 선으로 접었을 때 겹치는 노란색 부분 7과 27, 7과 27은 어떨까요? 곱셈으로 바꾸면 1×7과 3×9, 7×1과 9×3입니다.

빨간색인 9와 49는 3×3과 7×7입니다. 예를 들어 파란색인 16과 36은 4×4와 6×6입니다. 어머나, 그림 2에서 같은 색으로 쓴 숫자끼리 더하면 10이 돼요. 참 신기하지요?

그림 1

| × | 1 | 2 | 3 | 4 | 5 | 6 | 7 | 8 | 9 |
|---|---|---|---|---|---|---|---|---|---|
| 1 | 1 | 2 | 3 | 4 | 5 | 6 | 7 | 8 | 9 |
| 2 | 2 | 4 | 6 | 8 | 10 | 12 | 14 | 16 | 18 |
| 3 | 3 | 6 | 9 | 12 | 15 | 18 | 21 | 24 | 27 |
| 4 | 4 | 8 | 12 | 16 | 20 | 24 | 28 | 32 | 36 |
| 5 | 5 | 10 | 15 | 20 | 25 | 30 | 35 | 40 | 45 |
| 6 | 6 | 12 | 18 | 24 | 30 | 36 | 42 | 48 | 54 |
| 7 | 7 | 14 | 21 | 28 | 35 | 42 | 49 | 56 | 63 |
| 8 | 8 | 16 | 24 | 32 | 40 | 48 | 56 | 64 | 72 |
| 9 | 9 | 18 | 27 | 36 | 45 | 54 | 63 | 72 | 81 |

그림 2

| 노란색 | 노란색 | 빨간색 | 파란색 |
|---|---|---|---|
| 1×7 | 7×1 | 3×3 | 4×4 |
| 3×9 | 9×3 | 7×7 | 6×6 |

1+9=10
7+3=10

같은 색끼리 더하면 10이 돼요!

 곱셈구구표에는 더 많은 비밀이 숨어 있어요. 찾아보면 재미있습니다.

# 주변의 숫자에 관심을 기울여요

### 세상에는 재미난 숫자들이 한가득!

여행을 떠날 때는 아름다운 풍경이나 그 고장에서만 맛볼 수 있는 맛있는 음식이 궁금하지요. 그런데 이제부터는 '숫자'도 눈여겨보세요. 위 사진은 일본 오키나와의 이리오모테섬에 세워진 자오선 기념비입니다. 기념비에 이 장소의 경도가 적혀 있는데, 한번 보세요. 숫자가 1, 2, 3부터 9까지 쭉 이어지네요!

엘리베이터 버튼을 찍은 사진을 볼까요? 자세히 보니 1층 아래에 마이너스 1이 있네요. 지하를 이렇게 표현하는 나라도 있군요. 그리고 오른쪽 시계는 숫자가 조금 이상하지요? 눈치채지 못했을 뿐이지, 여러분 주변에 이렇게 재미난 숫자들이 숨어 있을지도 몰라요.

◉자료 : 호소미즈 야스히로

# 2월

레오나르도 다빈치가 그린 모나리자, 우리나라 영주 부석사 무량수전, 그리스의 파르테논 신전에는 공통점이 있습니다. 세로와 가로의 비율이 약 1.62 : 1로 같다는 사실이에요. 참 어중간해 보이는 이 숫자 비율의 비밀은 무엇일까요?

➡ 2월 25일 77쪽

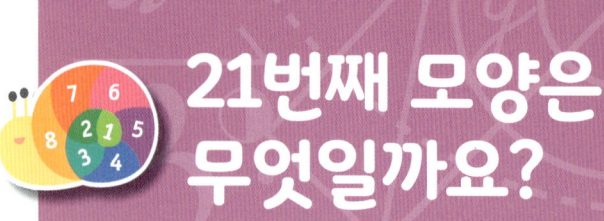

# 21번째 모양은 무엇일까요?

**교과서** 1학년 2학기 6단원 규칙 찾기

오차노미즈여자대학 부속초등학교 | 구가야 아키라

그림 1

## 어떻게 나열되었는지 법칙을 찾아보아요

그림 1에는 강아지, 고양이, 쥐가 어떤 규칙에 따라 일렬로 나란히 서 있습니다. 14번째 자리와 15번째 자리에는 누가 올까요? 규칙을 파악하고 나면 14번째 자리에는 쥐가 올 거라는 사실을 알 거예요. 15번째 자리에도 쥐가 옵니다.

강아지, 고양이, 쥐가 어떤 순서로 줄을 서 있는지 눈치챘나요? '강아지 고양이 고양이 쥐 쥐'가 한 묶음이 되어 나란히 서 있습니다. 다시 말해 5마리가 들어 있는 묶음이 계속 반복되는 것이지요.

## 계산해서 정답을 구할 수 있을까요?

그러면 21번째 자리에는 누가 올까요? 앞서 발견한 법칙에 따라 순서대로 그림을 그려 보면 강아지가 온다는 사실을 알 수 있습니다.

그런데 직접 그리지 않고 계산해서 구하는 방법도 있을까요? 그림 2처럼 다섯 마리로 된 묶음이 반복된다는 사실을 바탕으로 생각하면 다음과 같은 곱셈식이나 나눗셈식으로 나타낼 수 있습니다.

곱셈식으로 나타내면 21번째 자리까지 다섯 마리의 묶음이 4개, 그리고 한 마리가 남는다는 사실을 볼 수 있습니다.(21=5×4+1) 이는 '5, 5, 5, 5, 강아지'와 같습니다. 따라서 21번째 자리에는 강아지가 온다는 것을 알겠지요.

나눗셈으로 나타낼 때도 마찬가지입니다. 21 안에 다섯 마리 묶음이 몇 개 들어가는지 생각하면 됩니다.(21÷5=4 나머지 1) 그러면 다섯 마리 묶음이 4개 생기고 한 마리가 남으므로 21번째 자리는 강아지라는 답이 나옵니다.

그럼 34번째 자리에는 누가 올까요? 앞에서 한 것처럼 똑같이 생각해 보세요.(34÷5=6 나머지 4) 다섯 마리의 묶음이 6개 생기고, 네 마리가 남는다는 사실을 알 수 있습니다. '5, 5, 5, 5, 5, 5, 강아지, 고양이, 고양이, 쥐'와 같습니다. 34번째 자리에는 쥐가 옵니다. 이렇게 생각하면 99번째 자리든 100번째 자리든 간단히 구할 수 있겠지요?

그림 2

 앞에서 배운 법칙으로 생각하면 100번째 자리까지 강아지는 몇 마리가 있을까요? 정답은 20마리입니다. 어떻게 구했을지 생각해 보세요.

# 달과 날의 숫자가 서로 같은 날의 규칙

**교과서** 3학년 2학기 6단원 자료의 정리

2월 2일

오오모리현 산노헤초립 산노헤초등학교 | 다네이치 요시타케

## 한 달씩 건너뛰어 요일이 같은 날짜는?

달력을 펼쳐 놓고 달과 날의 숫자가 서로 같은 날에 동그라미 표시를 해 보세요. 3월 3일, 4월 4일, 5월 5일… 이런 식으로요. 그리고 다 표시하면 12개의 동그라미를 가만히 살펴보세요. '달과 날의 숫자가 서로 같은 날은 한 달씩 건너뛰어 요일이 같다'는 사실을 눈치챘나요? 2018년 달력에서는 3월 3일, 5월 5일, 7월 7일이 모두 토요일입니다. 그리고 4월 4일, 6월 6일, 8월 8일, 10월 10일, 12월 12일이 모두 수요일입니다. 게다가 9월 9일, 11월 11일은 일요일입니다. 신기하네요. 어떻게 한 달씩 건너뛰어 요일이 같아질까요?

## 왜 요일이 같을까요?

그 이유는 바로 '31일인 달과 30일인 달이 번갈아 있는 것', 그리고 한 달을 건너뛴다는 것은 '2개월에 한 번이니 +2를 할 것'과 상관있습니다. 예를 들어 3월 3일부터 5월 5일까지 날짜 수를 생각해 보세요. 딱 3월 3일부터 5월 3일까지 두 달간 날짜 수를 세려면 3월은 31일까지, 4월은 30일까지 있으므로 61일입니다. 그리고 5월 5일까지는 이틀이 더 남았기 때문에 61+2=63일입니다. 이 63은 7로 나누어떨어지므로 요일이 같을 수밖에 없습니다. 매년 숫자만 겹칠 뿐 아니라 요일도 같다니, 놀랍지요.

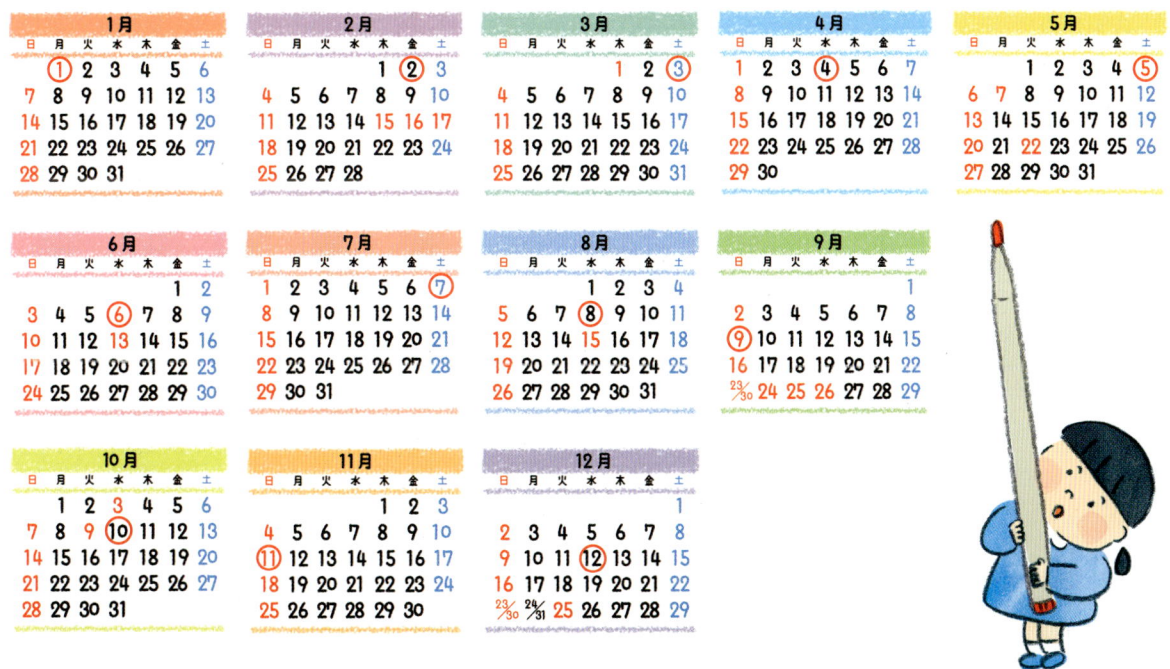

 1월 1일과 3월 3일이 다른 요일인 이유는 2월이 28일이나 29일까지밖에 없기 때문이에요. 또한 7월 7일과 9월 9일이 다른 요일인 이유는 7월과 8월이 모두 31일까지 있기 때문이지요.

# 곱셈에 마법을 부리는 암산

**교과서** 3학년 1학기 4단원 곱셈 심화

도쿄도 스기나미구립 다카이도 제3초등학교 | 요시다 에이코

## 암산으로 바꾸는 힌트가 보여요

두 자릿수×두 자릿수는 암산을 하기에 어려울 때가 많습니다. 그러나 숫자의 특징을 알면 잘 활용해서 암산이 가능하도록 만들 수 있습니다. 예를 들어 45×18은 어떨까요?

얼핏 봤을 때는 어렵지만, 가만히 살펴보면 암산으로 바꿀 수 있는 힌트가 보여요. 45와 18 모두 곱셈구구 9의 단에 속합니다. 45는 9×5, 18은 9×2이지요. 따라서 45×18=(9×5)×(9×2)로 바꿔서 나타낼 수 있습니다. 식에 마법을 부렸네요.

## 순서를 바꿔도 같아요

곱셈은 계산 순서를 바꿔도 정답이 같기 때문에 9×5×9×2의 순서를 바꾸어 9×9×5×2로 계산해도 돼요. 이를 '곱셈의 교환 법칙'이라고 부릅니다. 9×9와 5×2를 각각 계산하면 81과 10입니다. 81에 10을 곱하면 810이지요. 어머, 암산으로 풀었네요? 식에 마법을 부려서 곱했을 때 10이 되는 수가 있다면 암산에 도전해 보세요.

### 나도 수학자

**16×35를 풀어 볼까요?**

식에 마법을 부려 암산으로 계산해 보세요.

16×35
=(4×4)×(5×7)
=(4×5)×(4×7)
=20×4×7
=20×28
=560

20×28도 좋지만, 곱하는 수가 28이면 조금 어렵네요. 하지만 어려워할 필요 없어요. 20×4×7을 순서대로 계산해 보세요.

20×4×7
=80×7
=560

암산으로 풀었네요?

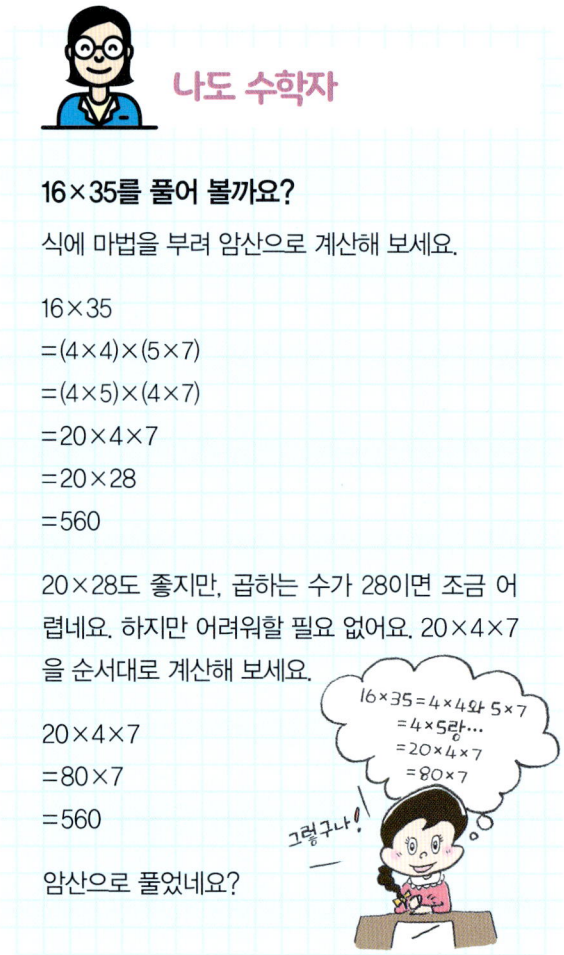

 곱셈구구를 공부할 때는 식에서 정답을 찾는 것도 중요하지만, 정답에서 식을 떠올리는 연습도 반복하면 좋아요.

# 연필 12자루를 바꿔 불러요

**2일차 4일**

교과서 5학년 2학기 5단원 여러 가지 단위

오차노미즈여자대학 부속초등학교 | 오카다 히로코

## 열두 자루가 모이면 단위가 바뀌어요

문구점에 가면 연필을 상자에 넣어서 파는 것을 볼 수 있습니다. 상자 안에는 10자루가 아니라 12자루가 들어 있어요. 연필은 12자루를 '1타'라고 불러요. 일본말로는 '다스', 영어로는 '더즌'(dozen)이라고 합니다. 여러분이 쓰는 단위 중에는 10을 묶어서 표현한 단위가 많은데, 연필은 12를 묶어서 단위로 나타내니 독특하지요?

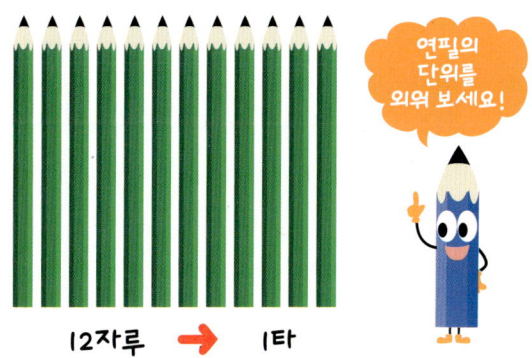

12자루 → 1타

## 1타가 12개 모이면?

연필 1타가 든 상자가 12개 모이면 또 새로운 단위를 사용해요. 바로 '그로스'(gross)라는 단위입니다. 12타가 1그로스이지요. 연필 1그로스는 몇 자루일까요? 연필 1타(12자루)가 12상자 있기 때문에 12×12=144자루입니다.

그리고 연필 1그로스가 12개 모이면 '대그로스'(great gross)라는 단위를 사용합니다. 12그로스가 1대그로스이지요. 연필 1대그로스는 몇 자루일까요? 144자루가 12상자이므로 144×12=1,728자루입니다.

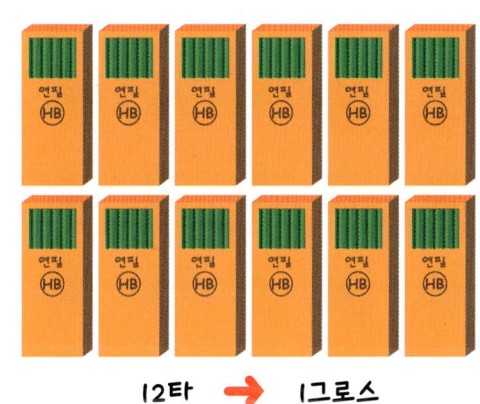

12타 → 1그로스

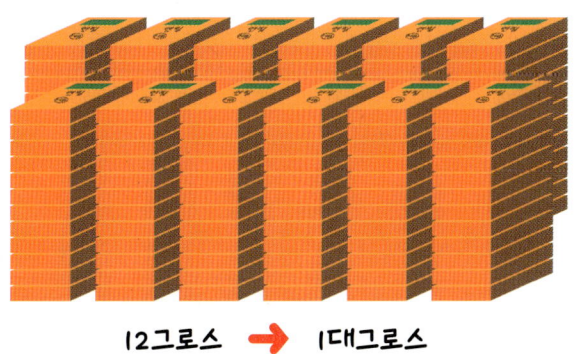

12그로스 → 1대그로스

'소그로스'(small gross)라는 단위도 있습니다. 1소그로스는 연필 10그로스를 뜻해요. 12(자루)×12(상자)×10(그로스)=1,440자루입니다.

# 여러 나라의 돈 종류와 모양

**교과서** 4학년 1학기 1단원 큰 수 심화

오오이타현 오오이타시립대 니시초등학교 | 니노미야 다카아키

## 태국의 동전은 얼마일까요?

지갑에 돈이 들어 있는 친구는 동전을 한 개 꺼내 보세요. 얼마짜리인지 아나요? "그런 것도 모를까 봐요?" 하는 소리가 들릴 듯한데, '10'이나 '50', '100' 같은 숫자를 보면 되지요. 그러면 사진 1의 태국 동전이 얼마인지 아나요? 이 동전에도 숫자가 새겨져 있어요. 정답은 5밧입니다. 태국에서는 5를 소용돌이처럼 표현했네요.

## 놀라운 외국 돈

그 밖에도 재미난 모양을 한 외국 돈이 있습니다. 사진 2의 영국 동전은 칠각형 모양이네요. 지갑 안에서 다른 동전과 섞여 있어도 금세 구별할 수 있겠지요?

다음으로 아래에 있는 지폐를 보세요. 얼마일까요? 이 지폐는 100억 짐바브웨 달러입니다. 이 지폐를 한 장만 갖고 있어도 어마어마한 부자가 된 기분이겠네요. 그러나 아쉽게도 돈의 가치는 거의 없습니다. 현재는 짐바브웨에서 자국 달러를 폐지하고 미국 달러를 쓴대요.

한국의 돈은 어떨까요? 외국 돈과 비교하면 그저 평범하게 보입니다. 하지만 그 안에는 여러 가지 비밀이 숨어 있으니 찾아보면 재미있어요.

예를 들어 우리나라 동전 테두리에는 톱니바퀴가 있어요. 위조를 방지하기 위해서입니다. 그런데 10원 동전은 다른 동전과 달리 톱니바퀴가 없어요. 톱니바퀴를 만들면 10원 동전 한 개를 만드는 데 돈이 10원보다 많이 들어서래요. 100원 동전은 톱니바퀴가 110개이고, 500원 동전은 톱니바퀴가 120개랍니다.

**사진 1**

동전 왼쪽에 있는 소용돌이 모양이 태국 숫자 5입니다.

**사진 2**

영국의 50펜스 동전입니다.

자료 : 니노미야 다카아키

 짐바브웨는 짧은 기간 동안 물가가 급격히 올라가 돈의 가치가 떨어지는 '하이퍼인플레이션' 때문에 이렇게 고액지폐를 발행할 수밖에 없었답니다.

# 수 배열표에서 특별한 규칙 찾기

**2 / 6일**

교과서 1학년 2학기 6단원 규칙 찾기

학습원 초등과 | 오오사와 다카유키

## 수 배열표를 보고 해 봐요

그림 1의 수 배열표에서 더하면 50이 되는 숫자 2개를 서로 연결해 볼까요? 15와 35, 16과 34, 17과 33, 12와 38. 그러면 그 선은 한 점에서 모두 만납니다. 그 점은 바로 25입니다.

이어서 해 볼까요? 4와 46, 9와 41, 24와 26도 역시 25에서 모두 만납니다. 신기하네요. '25'는 과연 어떤 숫자일까요? 25는 '50을 2로 나눈 수'입니다.(그림 1)

**그림 1**  
＼ 더해서 50이 되는 숫자 ／

| 1 | 2 | 3 | 4 | 5 | 6 | 7 | 8 | 9 | 10 |
|---|---|---|---|---|---|---|---|---|---|
| 11 | 12 | 13 | 14 | 15 | 16 | 17 | 18 | 19 | 20 |
| 21 | 22 | 23 | 24 | 25 | 26 | 27 | 28 | 29 | 30 |
| 31 | 32 | 33 | 34 | 35 | 36 | 37 | 38 | 39 | 40 |
| 41 | 42 | 43 | 44 | 45 | 46 | 47 | 48 | 49 | 50 |

## 다른 숫자도 가능할까요?

이번에는 더해서 44가 되는 숫자를 연결해 볼까요? 11과 33, 2와 42, 1과 43도 역시 '44의 절반인 22'에서 모두 만나네요.

이번에는 더해서 40이 되는 숫자를 연결해 볼까요? 10과 30은 40의 절반인 20을 통과합니다. 그러나 다른 숫자인 26과 14, 33과 7, 4와 36 모두 숫자 위가 아니라 아무것도 없는 곳에서 만나네요. 그런데 잘 보세요. 놀랍게도 15와 25 사이 한가운데에서 만납니다. 15와 25의 한가운데라 하면? 네, 15와 25를 더해 2로 나눈 수는 '20'입니다.(그림 2)

**그림 2**  
＼ 더해서 40이 되는 숫자 ／

| 1 | 2 | 3 | 4 | 5 | 6 | 7 | 8 | 9 | 10 |
|---|---|---|---|---|---|---|---|---|---|
| 11 | 12 | 13 | 14 | 15 | 16 | 17 | 18 | 19 | 20 |
| 21 | 22 | 23 | 24 | 25 | 26 | 27 | 28 | 29 | 30 |
| 31 | 32 | 33 | 34 | 35 | 36 | 37 | 38 | 39 | 40 |
| 41 | 42 | 43 | 44 | 45 | 46 | 47 | 48 | 49 | 50 |

### 나도 수학자

**종이를 동그랗게 붙이면?**

그림처럼 종이를 동그랗게 말아서 붙이면 더해서 40이 되는 숫자를 연결했을 때 20에서 모두 만납니다. 숫자는 다들 이어져 있군요.

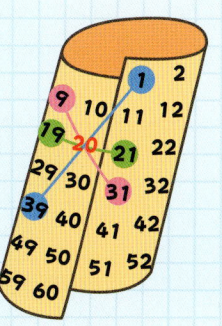

 달력으로 해도 같은 결과가 나올까요? 꼭 한 번 해 보세요.

# 바닥재로 정사각형을 만들어요

**교과서** 5학년 2학기 5단원 여러 가지 단위

도쿄도 도시마구립 다카마쓰초등학교 | 호소가야 유코

## 다다미를 살펴봐요

일본의 전통 가옥은 대부분 마룻바닥에 일본식 돗자리인 다다미를 깔아 만들었습니다. 다다미는 짚으로 만들고 돗자리를 씌워 꿰맨 것이에요. 다다미를 깔아 둔 다다미방은 다다미가 몇 개 있는지로 넓이를 나타냅니다. 다다미 개수 단위에는 1조, 2조 … 이렇게 '조'를 사용합니다. 6조짜리 방은 다다미가 여섯 장 깔린 방, 4조 반짜리 방은 다다미 네 장과 1조의 절반 크기 다다미가 깔린 방을 말합니다. 다다미 두 장은 한 평, 즉 약 $3.3m^2$라고 해요.

## 어떻게 다다미를 깔까요?

넓이가 같은 방이라도 다다미를 까는 방법은 여러 가지가 있습니다. 어떤 방법이 있을까요? 4조 반짜리 방을 예로 들어 보겠습니다. 그림 1처럼 '반'이 한가운데에 놓인 방이나 그림 2처럼 '반'이 구석에 있는 방은 딱 맞게 다다미 네 장 반이 들어가네요.

'반' 부분이 그림 3 위치에 놓이면 딱 맞게 들어갈까요? 다다미 1조짜리 크기는 바꿀 수 없기 때문에 딱 맞게 채우지 못하네요.

한 가지 더 살펴보면, 다다미 한 장에서 긴 변은 짧은 변보다 2배가 더 깁니다. 따라서 1조짜리 다다미를 반으로 나눈 반 조짜리 다다미는 정사각형이고, 또한 1조짜리 다다미 두 장의 긴 변이 맞닿으면 정사각형이 됩니다. 이 2 : 1 관계를 잘 이용하면 여러 가지 방법으로 다다미를 깔 수 있겠네요.

그림 1

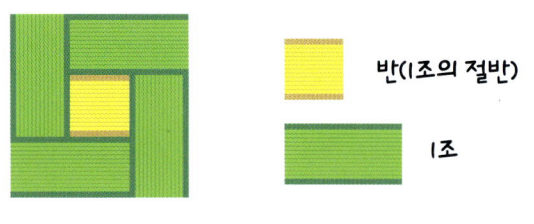

그림 2

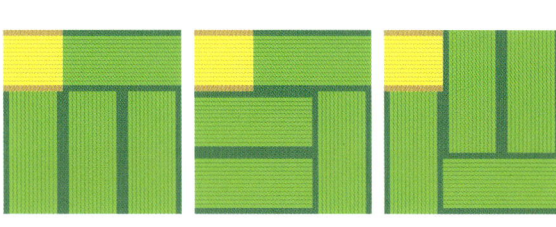

그림 3

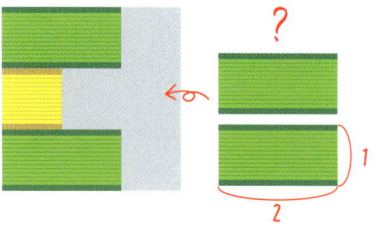

🔍 다다미의 크기는 일본의 지역이나 건물에 따라 차이가 있습니다. 같은 6조짜리 방이나 8조짜리 방도 다다미 크기에 따라 넓이가 다르지요. 그러나 크기가 제각각이어도 다다미의 긴 변과 짧은 변의 비율은 2 : 1로 같습니다.

# 서울특별시의 인구는 많을까요? 적을까요?

**2 / 8일**

교과서 5학년 2학기 6단원 자료의 표현

/ / /

이와테현 구지시 교육위원회 | 고모리 아쓰시

## 인구가 많은 순으로 세면 몇 번째?

서울특별시는 한반도의 중심에 있는 우리나라 수도입니다. 정치, 경제, 교육 따위의 중심지 역할을 하지요. 면적이 약 605km²로 우리나라 전체의 0.6% 정도를 차지합니다.

서울특별시에는 990만 명의 사람이 살고 있습니다. 한국은 서울특별시 외에 광역시 6개, 특별자치시 1개, 도 8개, 특별자치도 1개로 나뉘는데, 서울특별시에 사는 사람 수는 다른 지역에 비해 아주 많다고 알려졌어요. 정말 그럴까요? 그렇다면 서울특별시 다음으로 사람이 많이 사는 지역은 어디일까요?

일정한 지역에 사는 사람의 수를 '인구'라고 합니다. 통계청에서 발표한 인구 조사 결과를 보면, 전국 인구 수 1위는 서울이었어요. 광역시 6개와 비교해 보니 서울특별시 다음으로 인구가 가장 많은 곳은 부산광역시였습니다. 오른쪽 그림을 보세요. 한눈에 봐도 서울의 인구는 참 많지요? 대한민국의 인구 수가 약 5,174만 명인데 그중 약 5분의 1을 서울특별시의 인구 수가 차지하다니 서울의 인구는 참 많네요.

### 지역별 인구 순위

| 1위 | 서울 | 978만 명 |
| 2위 | 부산 | 343만 명 |
| 3위 | 인천 | 292만 명 |
| 4위 | 대구 | 247만 명 ← 중앙값 |
| 5위 | 대전 | 153만 명 |
| 6위 | 광주 | 150만 명 |
| 7위 | 울산 | 117만 명 |

(통계청, 2017년 기준. 천의 자리에서 반올림)

### 나도 수학자

**중앙값이 뭐예요?**
광역시 중 딱 중간 순위인 4위 대구의 인구는 248만 명입니다. 이 값을 '중앙값'이라고 합니다.

 인구는 '일정한 지역에 사는 사람의 수'를 뜻합니다. 인구를 조사하기 위해 나라에서는 5년 또는 10년에 한 번씩 '인구총조사'를 한답니다. 이렇게 조사한 인구 수는 나라의 정책을 세우는 데 도움이 돼요.

# 곱셈구구에서 여러 가지 모양 찾기

**교과서** 2학년 2학기 2단원 곱셈구구

도쿄도 스기나미구립 다카이도 제3초등학교 | 요시다 에이코

## 원을 그려서 해 봐요

그림 1을 보세요. 곱셈구구에서 각 단의 일의 자릿수 순서대로 원둘레에 있는 숫자를 이었더니 각 단 모양이 이렇게 만들어졌습니다. 자세히 보니 서로 같은 모양이 있네요. 1의 단과 9의 단, 2의 단과 8의 단 그리고 3의 단과 7의 단, 4의 단과 6의 단입니다. 5의 단만 남았어요. 이렇게 같은 모양이 되는 네 쌍의 단 곱셈구구를 보고 무엇을 발견했나요?

> 1의 단과 9의 단
> 2의 단과 8의 단
> 3의 단과 7의 단
> 4의 단과 6의 단

각각 더하면 10이 되는 조합이네요.

## 곱의 일의 자리에 주목해 보세요

2의 단과 8의 단의 조합을 생각해 볼까요? 그림 1의 방법으로 도형을 그릴 때 2의 단과 8의 단은 선의 연결 순서가 서로 반대 방향이었다는 사실을 알 수 있습니다. 2의 단은 오른쪽으로 2, 4, 6, 8, 0…의 순서이고, 8의 단은 왼쪽으로 8, 6, 4, 2, 0…의 순서입니다.

2의 단과 8의 단 곱셈구구를 써 보면 곱의 일의 자리가 반대로 되어 있다는 사실을 알 수 있습니다.(그림 2) 다른 단으로도 해 보세요.

### 그림 1

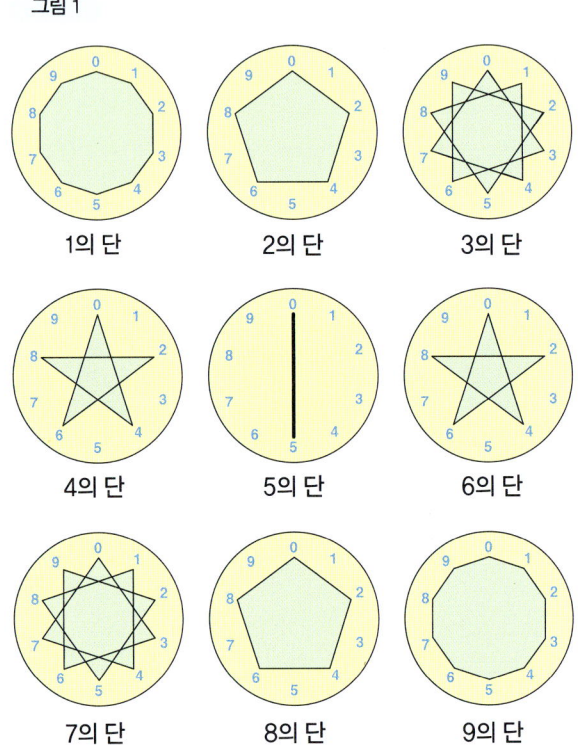

1의 단    2의 단    3의 단
4의 단    5의 단    6의 단
7의 단    8의 단    9의 단

### 그림 2

2의 단의 곱과 8의 단의 곱을 더하면 10이 되는 조합입니다.

| 2의 단 (일의 자리) | 8의 단 (일의 자리) |
|---|---|
| 2 × 1 = 2 (2) | 8 × 1 = 8 (8) |
| 2 × 2 = 4 (4) | 8 × 2 = 16 (6) |
| 2 × 3 = 6 (6) | 8 × 3 = 24 (4) |
| 2 × 4 = 8 (8) | 8 × 4 = 32 (2) |
| 2 × 5 = 10 (0) | 8 × 5 = 40 (0) |
| 2 × 6 = 12 (2) | 8 × 6 = 48 (8) |
| 2 × 7 = 14 (4) | 8 × 7 = 56 (6) |
| 2 × 8 = 16 (6) | 8 × 8 = 64 (4) |
| 2 × 9 = 18 (8) | 8 × 9 = 72 (2) |

 원 주위에 그린 점을 규칙에 맞게 순서대로 이어 보면 여러 가지 별 모양이 생겨요.

# 강수량은 밀리미터로 표현해요

**교과서** 3학년 2학기 5단원 들이와 무게

2월 10일

이와테현 구지시 교육위원회 | 고모리 아쓰시

## 우량계를 아세요?

일기예보에서 기상 캐스터가 '강수량 20mm(밀리미터)'와 같이 말하는 것을 들어 본 적 있지요? 강수량이란 비의 양을 가리키는 말로, 비가 얼마나 왔는지를 나타냅니다. 양을 이야기해야 하는데 왜 길이 단위를 사용할까요? 그 비밀은 비의 양을 측정하는 방법에 숨어 있습니다.

강수량은 '우량계'를 사용해서 측정해요. 우량계는 그림에 나온 것처럼 원기둥 모양이지요. 우량계는 위가 뚫려 있어서 우량계 안에 빗물이 고이도록 만들어졌습니다.

다시 말해 강수량은 일정 시간 동안 우량계에 어느 정도 비가 차올랐는지 측정하여 나타내는 것입니다. 비가 얼마나 찼는지 깊이로 재기 때문에 강수량 단위는 길이의 단위를 사용하지요.

## 1mm의 비는 어느 정도일까요?

'강수량 1.0mm'란 비가 어느 정도 내렸다는 뜻일까요? '강수량 1.0mm'는 1m²(1제곱미터. 한 변이 1m인 정사각형의 넓이)에 비가 1mm 찼다는 뜻입니다. 이 비의 양은 1m(미터)를 100cm(센티미터)로, 1mm를 0.1cm로 바꾸어 다음 식으로 표현할 수 있습니다.

100cm × 100cm × 0.1cm

이 식을 계산하면 1,000cm³(세제곱센티미터)라는 답이 나오지요. 1cm³는 1mL(밀리리터)이기 때문에 비의 양은 1,000mL입니다. 즉 1m²(제곱미터)에 1L(리터)의 비가 내렸다는 결론이 나옵니다. 1L는 큰 우유팩 한 개의 양과 같습니다. 1mm라고는 하지만 상당히 많은 양의 비가 내렸다는 뜻이군요. 또한 일반적으로는 강수량이 1시간에 1mm를 넘으면 우산이 필요하다고 합니다.

**나도 수학자**

### 강수량은 0.5mm 단위로 표현해요

기상청에서는 실제 강수량이 12.9mm인 경우 12.5mm, 강수량이 13.2mm인 경우 13.0mm라고 발표해요.

12.9mm → 12.5mm
13.2mm → 13.0mm

호우주의보와 그다음 단계인 호우경보는 강수량뿐 아니라 땅속에 비가 얼마나 스며들었는지까지 따져서 발령합니다.

# 보지 않고도 트럼프 카드의 숫자를 맞혀요

**교과서** 3학년 2학기 1단원 곱셈

오차노미즈여자대학 부속초등학교 | 오카다 히로코

## 상대방의 카드를 맞혀요

트럼프를 사용한 마술을 소개하겠습니다. 상대방이 트럼프 카드를 한 장 뽑도록 합니다. 그 카드를 보지 않고도 몇 가지 질문만 하면 어떤 카드인지 맞힐 수 있습니다.

① 뽑은 카드 숫자에 그 숫자보다 1이 더 큰 숫자를 더하게 합니다. 예를 들어 상대방이 하트 4를 뽑았다면 4+5로 9가 됩니다.(그림 1)
② 그 숫자에 5를 곱하게 합니다. 9×5=45가 되지요.
③ ②까지 나온 수에 하트는 6, 다이아몬드는 7, 스페이드는 8, 클로버는 9를 더합니다. 하트는 6을 더하므로 45+6=51이 됩니다.(그림 2)

여기까지 계산한 값을 상대방에게 듣기만 해도, 여러분은 상대방이 뽑은 카드를 맞힐 수 있습니다. 마지막에 나온 수 51에서 5를 빼면 46입니다. 이 숫자에서 십의 자리가 카드 숫자, 일의 자리가 카드 종류를 나타냅니다. 따라서 상대방이 뽑은 카드는 '하트 4'라는 사실을 맞힐 수 있어요.

## 비밀은 무엇일까요?

어떻게 숫자만 들어도 상대방이 무슨 카드를 뽑았는지 맞힐 수 있을까요? 그 비밀은 ① ② ③에서 했던 계산에 있습니다.

뽑은 카드 숫자를 □, 카드 종류 숫자를 △라고 했을 때, 그림 3처럼 식을 세울 수 있습니다. 상대방이 계산한 숫자에서 5를 빼면 10×□+△가 되므로 십의 자릿수가 뽑은 카드 숫자를, 일의 자릿수가 카드 종류를 나타내는 것이지요. 꼭 친구에게도 마술을 보여 주고 깜짝 놀라게 해 보세요.

그림 1

그림 2

그림 3

$$[\,\Box + (\Box + 1)\,] \times 5 + \triangle = 10 \times 5 + \triangle$$

①에서 1이 큰 숫자를 더하는 이유는 ① ② ③에서 계산한 결과에서 바로 뽑은 카드의 숫자를 알지 못하게 하기 위함입니다. 맞히는 사람이 마지막에 5를 빼기 때문에 비밀을 들키지 않는 것이지요.

# 아르키메데스가 목욕하다가 알아낸 것은?

**2월 12일**

교과서 3학년 2학기 5단원 들이와 무게

메이세이대학 객원교수 | 호소미즈 야스히로

### 원주율을 발견한 사람은?

약 2,300년 전 고대 그리스의 마을 시라쿠사에 아르키메데스라는 천재 수학자가 있었습니다. 아르키메데스는 지금도 널리 쓰이는 계산 방법이나 도형에 대한 법칙을 많이 발견한 학자로 유명하지요. 여러 가지 도형의 넓이나 부피를 구하는 식을 만들었습니다. 게다가 지레의 구조를 이용하면 적은 힘으로도 큰 물건을 옮길 수 있다는 사실을 증명했어요. 컴퓨터도 없던 시절에 원주율을 끈기 있게 계산하여 상당히 정확한 값을 구했다고 알려져 있습니다.

### 유레카! 알아냈다!

아르키메데스의 일화 중 가장 유명한 이야기가 있어요. 어느 날 시라쿠사의 히에론 왕은 아르키메데스에게 명령을 내렸습니다.

"이 황금 왕관에 혼합물이 들어 있지 않은지 알아보아라. 단, 왕관을 녹이거나 상처를 내서는 안 된다!"

아르키메데스는 무슨 좋은 방법이 없는지 고심했습니다. 그러다 욕조에서 자신의 몸이 잠긴 만큼 흘러넘치는 물을 보자마자 벌거벗은 채 밖으로 뛰쳐나가 이렇게 외쳤습니다.

"유레카!"('알아냈다'는 뜻의 그리스어)

정답은 이렇습니다. 먼저 왕관과 무게가 같은 금 덩어리를 준비합니다. 그리고 물이 가득 찬 용기 안에 왕관과 금 덩어리를 각각 넣습니다. 그랬더니 금 덩어리보다 왕관 쪽 용기에서 더 많은 물이 흘러넘쳤습니다. 다시 말해 왕관은 순금이 아니라 혼합물로 만들어졌다는 사실을 알아낸 것입니다.

유레카!

 **나도 수학자**

**물에 몸을 담가 보세요**

욕조 안에 몸을 담그면 몸이 살짝 가벼워지는 기분이 들지 않나요? 물속에 들어가면 몸이 위로 뜨려는 힘을 받습니다. 또는 힘이 몸의 무게(아래를 향하는 힘)보다 크면 물에 떠서 몸이 가벼워진 듯한 느낌을 받는답니다.

아르키메데스의 죽음에 대해 이런 이야기가 있어요. 기원전 212년, 시라쿠사에 쳐들어간 로마 병사들은 해변에서 도형을 그리던 노인을 죽이고 말았습니다. 사실 그 사람은 바로 유명한 아르키메데스였어요. 아르키메데스가 남긴 마지막 말은 "내가 그린 원을 망가뜨리지 말게."였다는 얘기가 있어요.

## 튼튼한 상자를 만들어 봐요

교과서 6학년 1학기 6단원 직육면체의 겉넓이와 부피

가나가와현 가와사키시립 쓰치하시초등학교 | 야마모토 나오

우리 주변에 있는 상자 중 가장 친근한 상자는 바로 골판지로 만든 상자 아닐까요? 입체적인 상자를 분해하면 평평한 종이 한 장이 됩니다. 이를 '전개도'라고 해요. 오늘은 전개도로 상자를 만들어 봐요.

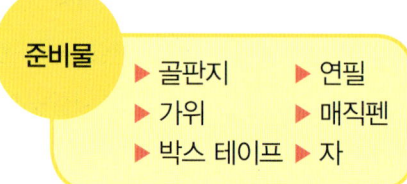

준비물 ▶ 골판지 ▶ 연필 ▶ 가위 ▶ 매직펜 ▶ 박스 테이프 ▶ 자

### 전개도를 만들어요

먼저 전개도를 만듭니다. 아래 그림처럼 골판지를 30cm×10cm 크기로 자른 후, 연필로 '자르는 선'(실선)과 '접는 선'(점선)을 그립니다.

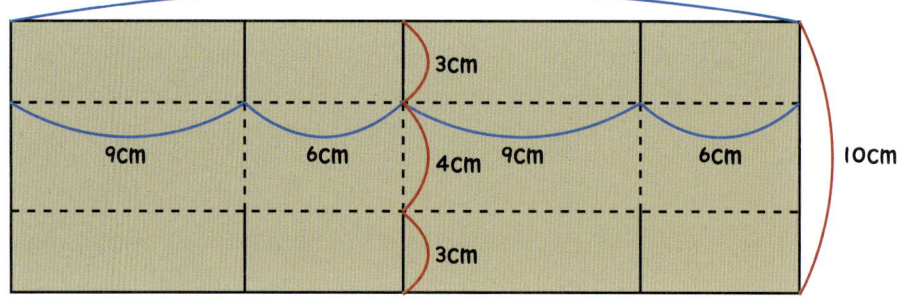

### 가위로 잘라요

자르는 선(빨간색 실선)을 따라 가위로 자르세요.

자르는 부분의 길이를 상자 옆면 모서리 길이의 절반으로 하면 뚜껑이 딱 맞게 닫혀요.

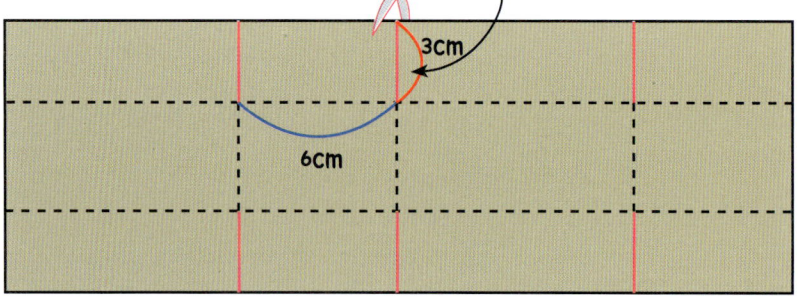

위와 같은 전개도로 상자를 만들면 뚜껑이나 바닥이 이중이어서 튼튼합니다. 종이 한 장을 버리는 부분 없이 사용해서 튼튼한 상자를 만들 수 있어요.

## 접는 선을 따라 골판지를 접어요

다음으로 접는 선(점선)을 따라 골판지를 접습니다.

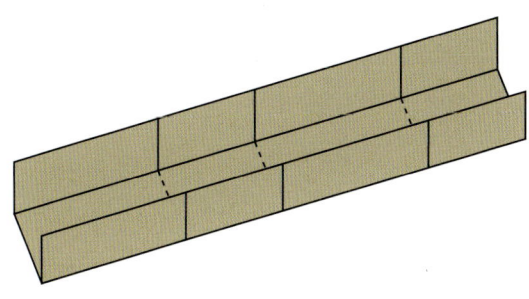

## 골판지를 조립해요

이제 아래 그림처럼 골판지를 접습니다.

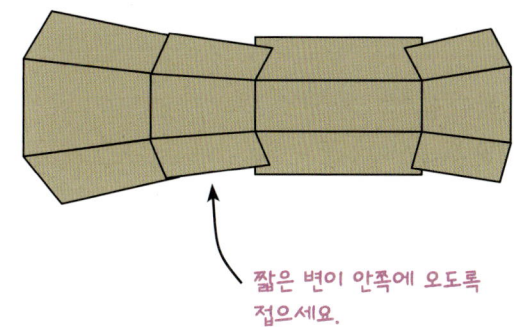

짧은 변이 안쪽에 오도록 접으세요.

## 박스 테이프로 고정해요

마지막으로 옆면 모서리와 바닥면 두 군데를 박스 테이프로 붙여서 고정하면 완성입니다.

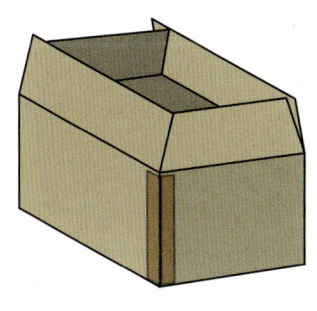  

완성!

 **나도 수학자**

### 주사위 모양을 만들어 봐요

위에서 만든 상자는 여섯 면 모두 직사각형이었는데, 여섯 면 모두 정사각형으로 하면 주사위 같은 모양이 만들어져요. 만드는 법은 같습니다. 마지막에 뚜껑을 닫고 각 면에 매직펜으로 주사위 눈을 그리면 멋진 주사위 모양 상자가 되겠지요.

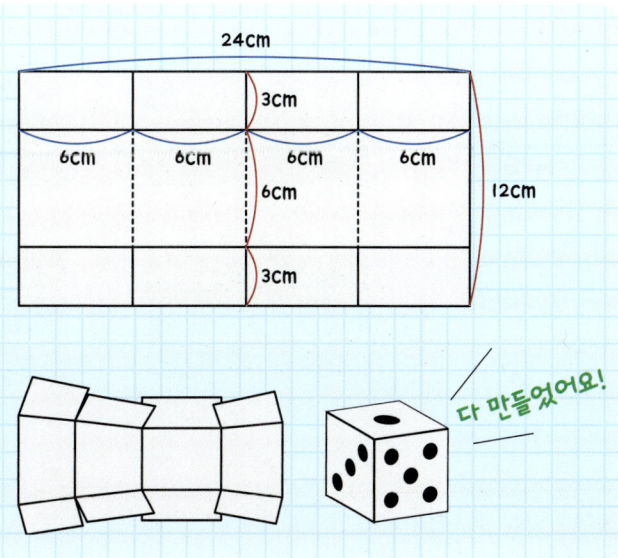

다 만들었어요!

# 초콜릿을 어떻게 나눌까요?

**교과서** 2학년 1학기 3단원 덧셈과 뺄셈

오차노미즈여자대학 부속초등학교 | 오카다 히로코

## 몇 번 쪼개면 여러 조각이 생길까요?

그림 1처럼 네모난 초콜릿이 있습니다. 이 초콜릿을 쪼개서 작은 초콜릿 조각 12개로 나누고 싶어요. 초콜릿을 몇 번 쪼개면 조각 12개로 나눌 수 있을까요? 단, 중복해서 쪼개면 안 돼요.

그러면 쪼개는 방법을 여러 가지 생각해 볼까요? 먼저 세 번 쪼갭니다. 그리고 여덟 번을 더 쪼개면 12개 조각이 생겨요.(그림 2)

다른 방법도 생각해 볼까요?(그림 3) 역시 열한 번을 쪼개야 조각조각 나뉘어요. 왜 항상 모두 열한 번을 쪼개야 조각조각 나뉠까요?

## 초콜릿 조각 개수에서 하나를 빼면?

초콜릿은 한 번 쪼개면 조각이 2개 생깁니다. 두 번 쪼개면 조각이 3개, 세 번 쪼개면 4개…. 이렇게 순서대로 생각해 보면 열한 번 쪼갰을 때 12개가 생긴다는 사실을 알 수 있습니다. 즉 초콜릿 조각 개수인 12보다 1이 적은 횟수로 쪼개야 조각조각 나뉘는 것이지요.

만약 초콜릿이 세로로 5조각, 가로로 6조각이라면 몇 번 쪼개야 조각조각 나뉠까요? 이 초콜릿은 5×6=30조각입니다. 작게 30조각으로 나누려면 30-1=29번 쪼개야 조각조각 나뉘겠지요.

그림 1

어떤 식으로 쪼개더라도 조각 개수 -1이라고?

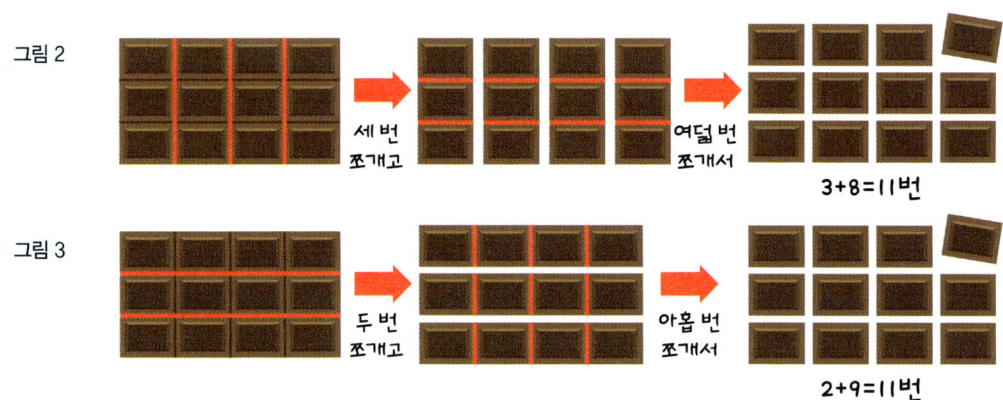

그림 2 → 세 번 쪼개고 → 여덟 번 쪼개서 → 3+8=11번

그림 3 → 두 번 쪼개고 → 아홉 번 쪼개서 → 2+9=11번

 어떤 순서로 하더라도 반드시 '초콜릿 조각 개수 -1'을 한 횟수만큼 쪼개야 합니다. 여러 가지 방법으로 확인해 보세요.

# 여러 가지 수 세기

**2 15일**

교과서 1학년 1학기 1단원 9까지의 수

/ / /

오오이타현 오오이타시립대 니시초등학교 | 니노미야 다카아키

## 말은 한 마리일까요, 한 필일까요?

눈앞에 토끼 떼가 있습니다. 얼마나 있는지 셀 때 뭐라고 하면서 셀까요? '한 마리, 두 마리…' 하고 세겠지요? 이번에는 눈앞에 자동차가 많이 있습니다. 자동차는 '한 대, 두 대…' 하고 셀 거예요.

이처럼 사물의 종류가 다르면 세는 방법도 달라집니다. 주변을 둘러만 봐도 아주 많아요. 동물을 셀 때는 '마리'를 사용합니다. 그런데 말을 셀 때는 '마리' 외에 다른 단위도 씁니다. '필'이나 '두'라고도 하지요. 그 밖의 여러 가지 단위를 알아볼까요?

## 생선을 가리키는 단위

오징어 한 축, 조기 한 뭇, 굴비 한 갓, 북어 한 쾌. 이 중 개수가 가장 많은 단위는 무엇일까요? 한 축은 오징어 20마리를 뜻해요. 조기 한 뭇은 10마리, 굴비 한 갓은 10마리, 북어 한 쾌는 20마리와 같답니다. 나열한 단위에서 개수가 가장 많은 단위는 오징어와 북어네요. 참고로 고등어 한 손은 한 손에 잡을 만한 분량을 가리켜요. 큰 것 하나와 작은 것 하나를 합한 것을 뜻하니, 모두 2마리이지요.

### 나도 수학자

**다른 나라는 어떻게 셀까요?**

중국어 중에도 사물을 셀 때 표현하는 말이 많이 있습니다.

| |
|---|
| 가늘고 긴 것(바지, 오이 등) → 조(条) |
| 자루나 손잡이가 있는 물건(우산, 부엌칼 등) → 파(把) |
| 책이나 노트 등 → 본(本) |
| 스웨터, 코트 등 윗옷 → 건(件) |

🔍 외국에서 들어온 단위 중에는 '다스'도 있습니다. 영어로는 '더즌'(dozen)인데, 일본에서 '다스'라고 부르던 것에서 유래했어요. 연필이 열두 자루 모이면 '한 다스'라고 합니다. 여섯 자루는 '반 다스'이지요. 또한 열두 다스를 '한 그로스'라고 합니다.(55쪽 참조)

# 남은 성냥개비 수는?

**2 / 16일**

교과서 3학년 1학기 1단원 덧셈과 뺄셈

/ / /

아오모리현 산노헤초립 산노헤초등학교 | 다네이치 요시타케

## 죽 나열해서 해 봐요

수학을 이용한 마술을 소개하겠습니다. 준비물은 성냥개비입니다. 성냥이 없으면 성냥처럼 기다란 것으로 대체해도 좋아요.

■ 방법(그림 1)

① 성냥개비를 20개 나열합니다.
② 상대방에게 좋아하는 한 자릿수를 정하도록 합니다.(예: 5)
③ 그 수만큼 오른쪽부터 성냥개비를 뺍니다.
④ 남은 성냥개비 수의 일의 자릿수와 십의 자릿수를 더합니다.(예: 15 → 1+5 = 6) 그 수만큼 또 오른쪽부터 성냥개비를 뺍니다.
⑤ 마지막으로 2개를 더 빼서 남은 성냥개비 수를 셉니다.

신기하게도 좋아하는 숫자를 바꿔도 항상 일곱 개가 남아요. 이 마술을 가족과 함께 연습한 다음 친구에게 보여 주세요. 아마 깜짝 놀라겠지요?

## 왜 항상 7일까요?

식으로 표현하면 간단합니다. 예를 들어 좋아하는 숫자가 2, 5, 7인 경우를 식으로 나타내겠습니다.(그림 2) 이처럼 좋아하는 숫자가 어떤 숫자든 9가 된다는 사실을 알 수 있습니다. 그리고 마지막에 9−2이므로 반드시 7이 나옵니다.

🔍 수학을 사용한 이 마술은 미국의 마틴 가드너라는 사람이 고안했습니다.

그림 1

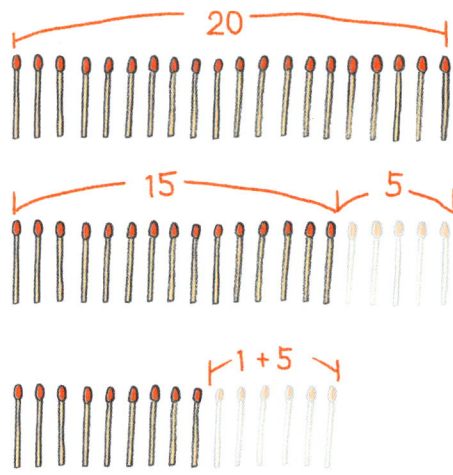

그림 2

- 20−2=18   18−(1+8)=9   9−2=7
- 20−5=15   15−(1+5)=9   9−2=7
- 20−7=13   13−(1+3)=9   9−2=7

 **나도 수학자**

### 왜 항상 9가 나올까요?

방법 ④번에서 성냥개비를 뺄 때 오른쪽에서 빼는 것이 아니라 방법을 바꿔 볼까요? 예를 들어 15라면 십의 자릿수는 10−1, 일의 자릿수는 5−5처럼 뺍니다. 이렇게 어떤 숫자든 10에서 1을 빼기 때문에 항상 9가 나옵니다.

# 라디오 주파수의 비밀

**2** **17**일

교과서 3학년 1학기 3단원 나눗셈

후쿠오카현 다가와군 가와사키초립 가와사키초등학교 | 다카세 다이스케

## 라디오 주파수를 체크해요

라디오 주파수에는 AM이나 FM이 있다는 사실을 알고 있나요? 라디오의 방송이 잡음 같은 문제로 잘 들리지 않을 때, 버튼을 눌러 주파수 숫자를 바꿨더니 잘 들린 적이 있었을 거예요. 잘 들린 이유는 딱 맞는 주파수에 맞췄기 때문입니다. AM 라디오는 각 방송에 따라 주파수가 다릅니다. 예를 들어 서울에서는 'KBS(제1라디오) 711KHz, MBC 900KHz, SBS 792KHz'와 같습니다.

## 주파수에는 비밀이 있어요

이들 주파수 숫자를 9로 나눠 보겠습니다.

$$711 \div 9 = 79$$
$$900 \div 9 = 100$$
$$792 \div 9 = 88$$

신기하게도 각 주파수는 9로 나누어떨어집니다. 이처럼 9로 나누어떨어지는 숫자의 무리를 '9의 배수'라고 합니다. AM 라디오의 주파수는 국제적으로 531kHz~1602kHz 사이며 9kHz 간격으로 나눈다고 정해져 있습니다. 게다가 첫 주파수가 9의 배수였기 때문에 AM 라디오 주파수는 9의 배수가 되었습니다. 실제 라디오로 확인해 보면 좋겠지요?

 여러분이 살고 있는 지역의 AM 라디오 주파수를 알아보세요.

### 나도 수학자

**주파수에는 비밀이 더 있어요**

주파수 숫자의 자릿수끼리 더해 볼까요?

711 → 7+1+1=9
900 → 9+0+0=9

아니, 혹시 전부 9가 될까요? 조금 더 해 보겠습니다.

792 → 7+9+2=18

이번에는 18이 되었네요. 이렇게 9의 배수는 각 자릿수를 전부 더하면 그 합도 9나 18 등 9의 배수가 나온다는 법칙이 있습니다.

# 자가 없어도 길이를 잴 수 있어요

**2 18일**

교과서 2학년 1학기 4단원 길이 재기

/ / /

도쿄도 스기나미구립 다카이도 제3초등학교 | 요시다 에이코

## 돈으로 길이를 재요?

'싹이 트기 시작하는 식물의 길이를 알고 싶어요.' '상자의 가로 길이나 세로 길이, 높이를 알고 싶어요.' 그럴 때 자가 없어도 길이를 대략 알 수 있으면 편리하겠지요? 우리 주변에서 자를 대신할 수 있는 물건을 찾아 활용해 보세요. 물건에는 여러 가지 길이가 숨어 있습니다.

100원 동전의 지름은 길이가 얼마일까요? 작게 느껴지는데, 2.4cm입니다. 딱 붙여서 5개를 나열하면 12cm가 되지요.(그림 1)

지폐는 어떨까요? 만 원 지폐의 가로 길이는 14.8cm입니다. 세로는 6.8cm로 다른 지폐와 모두 같습니다. 세로 길이는 가로 길이의 딱 절반은 아니지만, 지폐를 반으로 접으면 거의 정사각형입니다. 보통 색종이 크기는 한 변이 15cm이므로 만 원 지폐는 색종이의 거의 절반 크기에 해당합니다.(그림 2)

## 자 대용으로 편리한 물건

엽서도 자 대용으로 편리하게 이용할 수 있습니다. 짧은 변 길이가 보통 10cm이지요. 필요 없는 엽서를 모아 그림 3처럼 10장 이으면 1m짜리 자가 완성됩니다.

그림 4는 무엇일까요? 번쩍번쩍 광이 나는 원입니다. 이것은 CD이지요. 컴퓨터나 텔레비전에 넣는 CD나 DVD는 지름이 12cm입니다. 그 밖에도 편리하게 쓸 수 있는 물건이 있는지 찾아보고 자 대신 사용해 보세요.

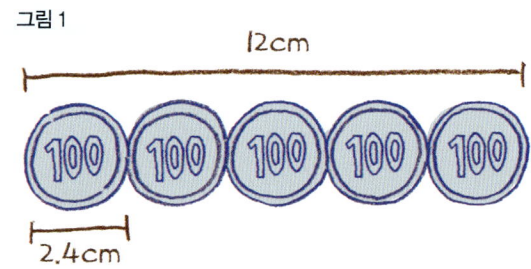

그림 1

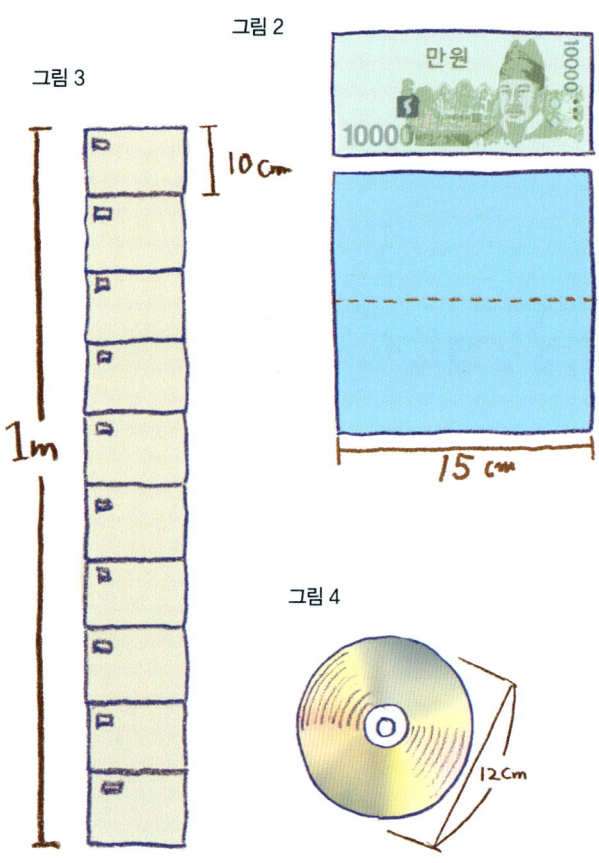

그림 2

그림 3

그림 4

우유 500mL가 든 우유팩 밑면은 한 변이 약 7cm, 넓이가 약 50cm² 입니다. 길이뿐 아니라 무게나 넓이를 잴 때 좋은 것들도 찾아보세요.

# 옛날에는 수학을 다르게 불렀대요

**교과서** 1학년 1학기 1단원 9까지의 수 심화

아오모리현 산노헤초립 산노헤초등학교 | 다네이치 요시타케

### 언제부터 쓰였을까요?

'산수'라는 말을 과목 이름으로 쓴 것은 대한민국 정부 수립 이후인 1954년부터입니다. 그리 오래되지 않았지요. '산수'라는 말 자체는 오래됐는데, 지금으로부터 약 2천 년 전 중국에서 쓴 《한서 율력지》에 다음과 같이 기록되어 있습니다. '숫자라 하면 일, 십, 백, 천, 만이다. 사물을 산수하고, 본성의 도리를 따르는 이유다.' 또한 중국에서 가장 오래된 수학 죽간(대나무에 쓰인 글)에는 '산수서'라는 제목이 붙어 있습니다.

우리나라를 비롯한 중국, 일본 등은 전통적으로 간단한 계산, 수 개념을 통틀어 '산술'이라고 불렀어요. 산술을 깊이 다루는 학문은 '산학'이라 하고 셈을 연구하는 사람은 '산학자'라고 불렀지요.

### '산'이라는 말이 갖는 의미

원래 '산'(算, 셈하다 산)이란 계산할 때 대나무를 조작하여 계산한다는 말이고, '수'(數, 셀 수)란 수의 개념을 뜻한대요. 즉 '산수'란 그저 계산만 할 줄 알면 되는 것이 아니라 계산하면서 사물의 본질까지 꿰뚫는다는 뜻이라고 볼 수 있지요. 일상적인 계산에서 도형이나 대수 같은 개념까지 영역이 넓어졌기 때문입니다. '산수'라는 말을 만든 사람의 바람을 짐작하면서 계산뿐 아니라 도형 같은 분야에도 흥미를 가지고 공부하면 좋겠네요.

 초등학교 '산수' 과목의 이름은 1992년 제6차 교육과정에서 '수학'으로 바뀌었어요.

# 칠교놀이로 여러 가지 모양을 만들어요

**교과서** 2학년 1학기 2단원 여러 가지 도형

도쿄도 스기나미구립 다카이도 제3초등학교 | 요시다 에이코

## 온 세상 아이들이 즐기는 놀이

정사각형에 그림 1처럼 선을 그어 도형 7개를 만들고, 그것을 오려서 분리한 다음 여러 가지 형태로 조립하는 퍼즐을 '칠교놀이'라고 합니다.(그림 2) 서양에서는 '탱그램'이라고도 해요.

이처럼 도형 하나를 여러 가지 도형으로 나눈 다음 다양한 모양을 만들 수 있는 퍼즐 종류는 아주 많은데, 세계에서 가장 유명한 것이 바로 '칠교놀이'일 것입니다. 약간 두꺼운 종이로 칠교놀이를 만들어서 도형 만들기에 도전해 보세요.

## 중국에서도 갖고 놀았어요?

다른 모양으로 나누는 칠교도 있습니다. 그림 3은 중국에 전해져 내려오는 '지혜의 판'입니다.

원래 도형은 정사각형만 뜻하지 않아요. 곡선이 들어간 모양도 도형이에요. 그림 4는 하트가 쪼개지기 때문에 '브로큰(깨진) 하트'라고 불리는 퍼즐입니다.

그림 1

그림 2

그림 3

그림 4

탱그램의 7조각을 모두 사용하여 정사각형을 두 개 만들 수도 있습니다. 여러분도 도전해 보세요.

# 1부터 10까지 덧셈을 뚝딱 해치워요

**2 21일**

교과서 2학년 1학기 6단원 곱셈

훗카이도교육대학부속 삿포로초등학교 | 다키가 히라유시

## 1부터 10까지 더하면?

그림 1의 A와 같은 덧셈이 있습니다. 여러분은 어떻게 계산하나요? 이 계산을 그림으로 나타내면 그림 2의 파란 구슬을 더하는 것과 똑같습니다. 왼쪽부터 순서대로 더해도 좋지만, 조금 더 지혜를 짜내어 간단히 답을 구할 수 있을까요?

## 방법을 생각해서 계산해요

사실 이 계산은 $11 \times 10 = 110$과 $110 \div 2 = 55$, 이 두 가지 식으로 간단히 구할 수 있습니다. 도대체 어떻게 구했는지 생각해 볼까요? 먼저 그림 3처럼 A 덧셈식을 거꾸로 뒤에서부터 나열하여 덧셈식을 만들고, A 덧셈식 아래에 나열합니다. 거꾸로 나열한 식을 B라고 하겠습니다.

1 밑에 10, 2 밑에는 9가 정확히 오네요. 이 위아래 조합은 반드시 11이 됩니다. 따라서 이 조합이 10개 있다는 뜻이 되지요.

이것을 그림으로 나타내면 그림 4와 같습니다. 파란색 구슬은 A, 빨간색 구슬은 B의 식을 나타내요. 그림 4에서 알 수 있듯, 모든 구슬의 수를 구하면 $11 \times 10$이고, 합계는 110입니다. 그러나 구하고 싶은 부분은 파란색 구슬의 개수이므로 모든 구슬 110개 중 딱 절반이군요. 즉 $110 \div 2 = 55$이니 A 덧셈식의 정답은 55라는 사실을 알 수 있습니다.

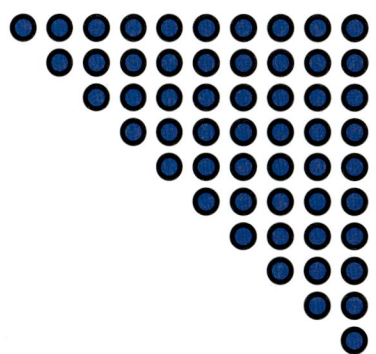

그림 1

A $1+2+3+4+5+6+7+8+9+10=?$

그림 2

그림 3

A $1+2+3+4+5+6+7+8+9+10=?$
B $10+9+8+7+6+5+4+3+2+1=?$

그림 4

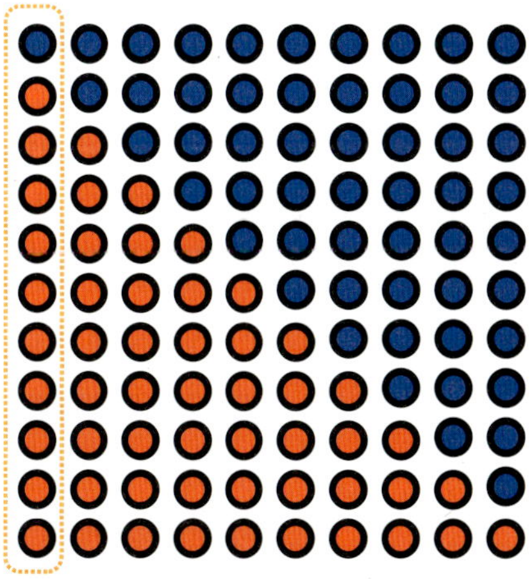

이 계산 방법은 수학자 가우스가 소년 시절에 생각해 냈다고 합니다. 가우스는 이것을 1부터 100까지 모두 더하는 식으로 보여 주었대요.

# 계산기를 사용하는 재미난 덧셈 2220

**2 / 22일**

교과서 3학년 1학기 1단원 덧셈과 뺄셈

도쿄학예대학부속 고가네이초등학교 | 다카하시 다케오

## 계산기를 준비하세요

계산기 숫자 키를 사용한 재미난 덧셈을 소개하겠습니다. 계산기 숫자 키는 1부터 시계 반대 방향으로 2, 3, 6, 9, 8, 7, 4로 이어집니다. 이 숫자를 그림 1과 같이 1부터 시작해서 1로 돌아오도록 세 자릿수의 덧셈식으로 만들어 볼까요? 그러면 그림 2와 같은 식이 완성됩니다.

123 + 369 + 987 + 741 = 2220 (그림 2)

이번에는 2부터 시작해서 2로 돌아오는 덧셈식을 만들어 보겠습니다.

236 + 698 + 874 + 412 = 2220 (그림 3)

마찬가지로 3, 6, 9, 8, 7, 4 가운데 어떤 숫자부터 시작해도 네 숫자를 더한 값은 2220이 됩니다.

## 시계 방향으로도 계산해 볼까요?

이번에는 시계 방향으로 1부터 시작해서 1로 돌아오도록 덧셈식을 만들어 볼까요?

147 + 789 + 963 + 321 = 2220 (그림 4)

이렇게 해도 값은 역시 2220입니다.

 그 밖에도 값이 2220인 덧셈이 없는지 찾아보세요.

이번에는 4부터 시작해서 4로 돌아오도록 해 볼까요?

478 + 896 + 632 + 214 = 2220 (그림 5)

마찬가지로 2220입니다. 재미있네요.

어떤 비밀이 숨어 있을까요? 그림 2에서 그림 4를 살펴보면 모든 덧셈의 각 자릿수 합이 20인 식이 만들어졌군요.

그림 1

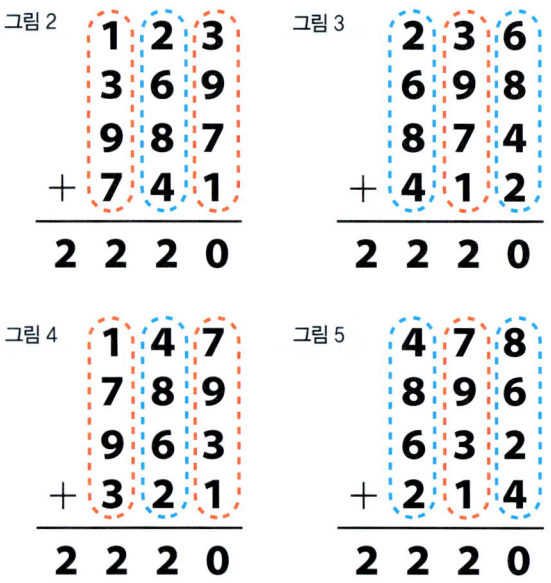

# 코끼리 무게는 어떻게 잴까요?

**교과서** 3학년 2학기 5단원 들이와 무게

아오모리현 산노헤초립 산노헤초등학교 | 다네이치 요시타케

## 코끼리가 올라갈 수 있는 저울이 있을까요? 없다면 어떻게 무게를 잴까요?

여러분은 동물원에서 코끼리를 본 적이 있지요? 몸집이 매우 커서 대체 몇 킬로그램이 나갈까 궁금하지 않았나요? 옛날 중국에서도 똑같은 궁금증을 품었던 왕이 있었습니다.

위나라의 왕에게 오나라의 왕이 커다란 코끼리를 선물로 보냈습니다. 위나라 왕은 코끼리의 몸집이 도대체 얼마나 큰지 궁금했습니다. 그래서 신하들에게 물었지만 아무도 대답하지 못했습니다. 왜냐하면 그 시대에 무게를 잴 수 있는 물건은 삿대나 천칭뿐이어서 코끼리가 올라갈 만한 저울이 없었기 때문이지요.

## 왕자가 낸 아이디어

이때 왕의 아들인 조충이 "코끼리 무게를 잴 수 있는 방법을 알아냈습니다."라고 말했습니다. 왕은 조충이 아이임에도 어른과 같은 지혜를 지녔다는 사실을 알고 있었기 때문에 자세히 물어보았어요.

"먼저 코끼리를 커다란 배에 태우고, 물이 얼마만큼 찼는지 표시해 둡니다. 다음으로 코끼리를 내리고 배에 돌을 채웁니다. 코끼리가 탔을 때 표시했던 곳까지 배가 물에 잠기면 돌을 그만 채웁니다. 그렇게 채운 돌의 무게를 재면 되지 않겠습니까?"

돌의 무게를 쟀더니 약 4,500kg, 어른 약 70명의 무게와 맞먹었습니다. 왕은 크게 기뻐하며 자신의 아들 조충을 매우 칭찬했대요.

돌을 재 보니 약 4,500kg
= 어른 약 70명의 무게

동물원에서는 코끼리 무게를 잴 때 코끼리가 올라갈 수 있는 아주 넓은 체중계를 사용해요.

# 숫자 맞히기 게임 '히트 앤드 블로'

**2월 24일**

**교과서** 3학년 1학기 1단원 덧셈과 뺄셈 심화

오차노미즈여자대학 부속초등학교 | 구가야 아키라

## '2히트 1블로'가 뭐예요?

오늘은 둘이서 할 수 있는 '히트 앤드 블로'라는 숫자 맞히기 게임을 해 볼까요?

규칙은 오른쪽 그림에서 확인하세요. 규칙만 읽으면 이해하기 어려울지도 몰라요. 가족과 함께 문제를 내는 사람, 숫자를 맞히는 사람으로 나눠서 직접 해 보세요.

먼저 가족 누군가에게 문제를 내도록 해서 숫자를 맞혀 볼까요? 조금 어렵게 느껴지면 4자리가 아니라 2자리나 3자리를 먼저 해 보세요. 그리고 어떤 숫자가 정답일지 예상한 숫자와 결과를 노트에 적으면서 게임을 풀면 됩니다. 누가 더 적은 횟수로 맞혔는지 겨루는 것도 좋겠지요?

**히트 앤드 블로 (Hit and Blow)**

**규칙**
① 문제를 내는 사람과 숫자를 맞힐 사람을 정합니다.
② 문제를 내는 사람은 각각 다른 숫자로 된 네 자릿수(정답)를 생각합니다.
(예를 들어 문제를 내는 사람은 '1527'을 정답으로 정합니다.)
③ 숫자를 맞히는 사람은 추측한 네 자릿수를 말합니다.
(예를 들어 숫자를 맞히는 사람은 '1425'라고 추측해서 말합니다.)
④ 문제를 내는 사람은 그 숫자를 듣고 숫자와 자리가 모두 맞으면 '히트', 숫자만 맞고 자리가 틀리면 '블로'라고 말합니다.
(예를 들어 '1527'이라는 정답에 대해 숫자를 맞히는 사람이 '1425'라고 추측했다면 문제를 내는 사람은 '2히트, 1블로'라고 알려 줍니다.)
⑤ 정답을 맞힐 때까지 ③과 ④를 반복합니다.

종이에 추측한 숫자와 결과를 적으면서 생각해 봐!

조금 어려우면 두 자리나 세 자리부터 게임을 시작해 보자.

## 나도 수학자

### 이 문제를 풀어 볼까요?

다음 문제는 게임에 익숙해지면 풀어 보세요.
정답은 '돋보기'에 있어요.

**문제 1**
정답은 세 자릿수입니다. 몇일까요?
345 → 0히트 0블로
268 → 2히트 0블로
201 → 1히트 0블로
278 → 1히트 0블로

**문제 2**
정답은 네 자릿수입니다. 몇일까요?
3480 → 0히트 2블로
0741 → 0히트 0블로
9538 → 1히트 2블로
9823 → 0히트 3블로
8639 → 0히트 2블로

'나도 수학자' 문제의 정답은 각각 다음과 같습니다. 문제 1 : 269, 문제 2 : 2358

# 아름다운 황금 직사각형

2 / 25일

교과서 6학년 1학기 4단원 비와 비율

시마네현 이이난초립 시시초등학교 | 무라카미 유키토

## 황금 비율로 이루어졌어요

'황금 직사각형'이라는 말을 들으면 어떤 직사각형이 떠오르나요? 번쩍번쩍 금색으로 빛나는 직사각형? 황금으로 만든 직사각형? 아닙니다. 이때 황금은 색이나 재료가 아니라 모양을 말해요.

황금 직사각형은 황금 비율로 만들어진 직사각형을 말하는데, 안정감이 있고 아름다운 모양이라고 해서 그렇게 불립니다. 그러면 황금 직사각형은 어떤 직사각형일까요? 이 '황금 직사각형'의 세로와 가로 비율은 약 1.62:1이라는 어중간한 숫자입니다. 이 비율을 '황금 비율'이라고 해요.

황금 직사각형을 찾는 방법은 간단합니다. 먼저 직사각형에서 짧은 쪽 변을 한 변으로 하는 정사각형을 떼어 내요. 그러면 작은 직사각형이 남겠지요? 남은 직사각형이 처음에 있었던 직사각형과 같은 형태(짧은 변과 긴 변의 비율이 같음)가 되면 황금 직사각형입니다. 홀로 남은 작은 직사각형에서 마찬가지로 정사각형을 떼어 내면 또 같은 형태의 직사각형이 생깁니다. 황금 직사각형에는 이렇게 신기한 성질이 있습니다. 디자인을 추구하다 보니 자연스레 이 비율이 나올 때도 있고, 이 비율을 사용하여 디자인을 만들 때도 있지요.

## 짧은 변과 긴 변의 비율에 숨은 비밀은?

고대 그리스의 유적인 파르테논 신전을 볼까요? 정면에서 본 신전의 세로(지붕을 복원할 경우 가장 긴 높이)와 가로로 직사각형을 만들면 황금 직사각형이 됩니다. 그 밖에도 파리의 개선문, 뉴욕 유엔 빌딩, 레오나르도 다빈치가 그린 모나리자, 우리나라에서 가장 오래된 목조 건축물로 꼽히는 영주 부석사 무량수전 등 황금 비율을 사용한 건축물이 아주 많습니다.

(왼)레오나르도 다빈치의 작품 〈모나리자〉 자료 : Aflo, Artothek
(오)그리스의 파르테논 신전 자료 : Sergio Bertino, Shutterstock

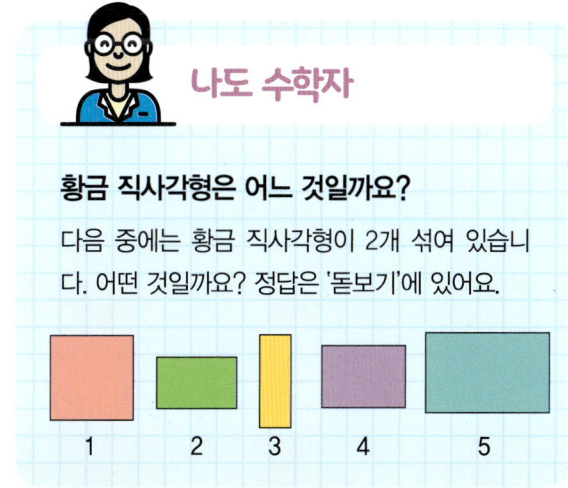

### 나도 수학자

**황금 직사각형은 어느 것일까요?**

다음 중에는 황금 직사각형이 2개 섞여 있습니다. 어떤 것일까요? 정답은 '돋보기'에 있어요.

1  2  3  4  5

주변에 있는 명함이나 디지털카메라, 휴대형 음악 플레이어에도 황금 직사각형이 숨어 있어요. 깜짝 놀랄 정도로 아름다운 직사각형을 발견하면 황금 직사각형인지 알아보세요.('나도 수학자' 문제의 정답 : 2번, 5번)

# 우리나라 전통 수학의 슈퍼스타 홍정하

**2월 26일**

교과서 6학년 2학기 6단원 여러 가지 문제

메이세이대학 객원교수 | 호소미즈 유스히로

## 산가지로 셈했어요

계산기와 주판이 없을 때, 옛 조상들은 어떻게 계산을 했을까요? 옛날에는 나뭇가지를 뜻하는 '산가지'로 여러 가지 셈을 했답니다. 산가지는 '산목'이라고도 불렀어요. 이후에 중국에서 주판이 들어오면서 산가지는 놀이 도구로 바뀌었지만 산가지 셈은 2,000년 넘게 사용되었답니다. 산가지로 셈하는 방법은 조선 시대 수학 책인 《주서관견》에 기록되어 있습니다.

통일신라 때는 고대 중국에서 펴낸 수학 책 《구장산술》로 산학과 산술을 가르치기 시작했어요.(71쪽 참조) 통일신라에 이어 고려 시대에는 산학박사를 뽑아 국립교육기관인 국자감에서 산학을 가르쳤습니다. 중국의 유명한 수학 책에는 《상명산법》, 《양휘산법》, 《계몽산법》이 있었는데, 이를 채용시험 과목으로 삼고 수학자를 뽑기도 했습니다. 세종대왕은 수학을 중요하게 여겨 《계몽산법》을 공부하기도 했어요. 그러면 우리나라에서 펴낸 옛 수학 책에는 무엇이 있을까요?

## 조선 시대에 편찬한 우리 수학 책

조선 시대에 편찬한 우리 수학 책에는 경선징의 《묵사집산법》, 최석정의 《구수략》, 홍정하의 《구일집》, 홍대용의 《주해수용》, 황윤석의 《산학입문》 등이 있어요. 이 중 홍정하는 조선의 가장 위대한 수학자라고 불립니다. 그는 《구일집》에서 원주율의 값, 구의 지름과 부피 사이의 관계, 방정식 등을 소개하고 설명했어요. 그의 방정식 풀이 방법은 당시 가장 앞선 것이었고, 다양한 해설로 쉽게 이해할 수 있어서 입문서 역할도 충분히 했습니다.

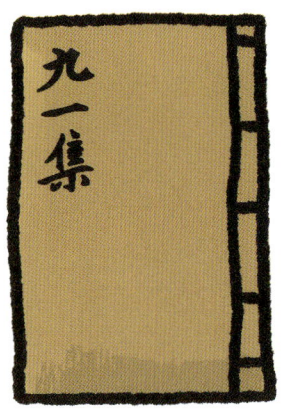

### 나도 수학자

**구일집의 문제를 풀어볼까요?**

구일집의 문제 중 가장 쉬운 것을 뽑았어요. 한번 도전해 보세요! 정답은 '돋보기'에 있어요.

**문제**
지금 돈이 345냥 있다. 이를 3명에게 나누어 주면 각자 얼마씩 받는가?

1713년 중국 청나라의 사신인 하국주가 조선을 방문했을 때 산학자인 홍정하와 유수석에게 산학 문제 풀이 대결을 제안했대요. 이때 홍정하와 유수석이 하국주가 낸 문제를 잘 맞혔는데, 반대로 하국주는 문제를 풀지 못했다고 합니다.('나도 수학자' 문제의 정답 : 115냥)

## 2. 도로에 쓰여 있는 글자는 왜 가늘고 길까요?

**27일**

교과서 1학년 1학기 4단원 비교하기

가나가와현 가와사키시립 쓰치하시초등학교 | 야마모토 나오

### 도로에 쓰여 있는 글자

자동차가 달리는 도로에는 여러 가지 글자가 쓰여 있지요. '정지'나 '어린이 보호구역' 등 운전하는 사람에게 전달하려는 메시지가 담겨 있습니다. 그런데 이 글자들을 자세히 보면 일반 글씨보다 가늘고 길게 쓰여 있다는 사실, 알고 있나요? 길을 걸을 때 주의 깊게 살펴보세요.

### 각도에 따라 다르게 보여요?

아래 그림의 '정지' 표시를 볼까요? 일반 글씨보다 일부러 가늘고 길게 썼습니다. 책으로 볼 때는 정면에서 보기 때문에 가늘고 길게 느껴지지만, 책을 비스듬히 눕혀 아래쪽에서 보세요. 그러면 일반 글자 크기로 보이지 않나요? 보는 각도에 따라 길이가 다르게 보이는군요.

도로에 쓰인 글자도 바로 위에서 보면 가늘고 길게 보이지만, 차를 운전하는 사람은 비스듬히 앞쪽에서 보게 됩니다. 따라서 운전석에서 보면 일반 글자처럼 보이기 때문에 잘 보입니다. 도로에 쓰인 글자는 메시지를 전달하는 대상(운전자)을 생각해서 잘 만들었네요.

### 나도 수학자

**입체적으로 보이는 광고**

축구나 육상 경기장에 가 본 적 있나요? 경기장에는 다양한 광고가 있는데, 땅에 쓰인 광고 글자는 왜인지 비스듬해 보여요. 왜일까요? 방송 화면으로 보면 이 광고가 입체적으로 간판이 서 있는 것처럼 보입니다. 이것을 90도 광고라고 해요. 평행사변형이라 불리는 형태가 사용되는데, 이것을 화면으로 보면 직사각형이 됩니다. 텔레비전을 보거나 경기장에서 스포츠 관람을 할 때 자세히 보세요. 여기에서도 보는 사람을 생각해서 광고를 만들었군요.

우리 주변에는 사람이 사물을 볼 때 작용하는 뇌의 구조를 이용한 것들이 가득합니다. 눈의 착각을 이용한 착시 그림도 그중 하나이지요.

# 암호 풀기 도전!
## 간너식너은너 푸너딩너

**교과서** 4학년 1학기 6단원 규칙 찾기

도쿄도 스기나미구립 다카이도 제3초등학교 | 요시다 에이코

| ㄱ | ㄴ | ㄷ | ㄹ | ㅁ | ㅂ | ㅅ | ㅇ | ㅈ | ㅊ | ㅋ | ㅌ | ㅍ | ㅎ |
|---|---|---|---|---|---|---|---|---|---|---|---|---|---|
| 1 | 2 | 3 | 4 | 5 | 6 | 7 | 8 | 9 | 10 | 11 | 12 | 13 | 14 |

| ㅏ | ㅑ | ㅓ | ㅕ | ㅗ | ㅛ | ㅜ | ㅠ | ㅡ | ㅣ |
|---|---|---|---|---|---|---|---|---|---|
| 1 | 2 | 3 | 4 | 5 | 6 | 7 | 8 | 9 | 10 |

### 너구리 암호가 뭘까요?

제목에 쓰인 '간너식너은너 푸너딩너'는 무엇일까요? 이것은 '너구리 암호'입니다. '너'를 빼고 읽으면 '간식은 푸딩'이 됩니다. 다음 글에는 무엇이 쓰여 있을까요?

77, 1411, 892, 994, 13, 873

이것은 한글에 기호를 붙여서 숫자로 한글을 표현한 것입니다. 자음과 모음을 번갈아 넣어 암호를 풀어 볼까요?

첫 77은 ㅅ과 ㅜ이기 때문에 '수'입니다. 14는 ㅎ이며 1은 ㅏ, 1은 받침 ㄱ입니다. 순서대로 찾아보면 '수학은 즐거워'가 됩니다.

### 이런 암호는 풀 수 있을까요?

문제가 조금 어려워집니다.

'석굴암을 신호로 기를 써서 만두에 들어 있어 오래 봐도 돼요'

이 상태로는 무슨 말인지 모르겠지요? 이 암호를 풀 열쇠는 '3'에 있습니다. 힌트가 3이기 때문에 세 번째마다 나오는 글자를 굵게 표시해 보겠습니다.

'석굴**암**을 신**호**로 기**를** 써서 **만**두에 **들**어 있**어** 오래 **봐**도 돼**요**.'

"암호를 만들어 봐요."라는 뜻이네요.

### 나도 수학자

**이 암호를 해독해 볼까요?**

141.93.67.241.1098.892.551.85.874.59.2110.
41.134.810.77.79

힌트는 '2'입니다. 위의 한글을 사용한 암호와 몇 번째 글자를 읽는지로 푸는 암호를 합친 암호예요. 정답은 '돋보기'에 있어요.

자신만의 기발한 암호를 만들어 보는 것도 재미있겠지요?('나도 수학자' 문제의 정답 : 저녁은 오므라이스)

# 윤년은 왜 있을까요?

**2월 29일**

교과서 2학년 2학기 4단원 시각과 시간 심화

/ / /

오오이타현 오오이타시립대 니시초등학교 | 니노미야 다카아키

## 옛날에는 '윤달'이 있었어요

'윤년'이라는 말을 들어본 적 있나요? 1년은 보통 365일인데, 4년에 한 번씩 2월 29일(윤일)이 더해져 1년이 366일로 늘어납니다. 이 '윤일'이 있는 해를 '윤년'이라고 불러요. 4년에 한 번씩 366일이 되는 이유는 무엇일까요?

우리 조상들은 달이 차고 이지러지는 모습을 보고 달력을 만들었습니다. 달이 보이지 않는 음력 초하룻날부터 다음 음력 초하룻날까지 기간을 한 달로 하고, 그것이 열두 번 돌면 계절이 다시 돌아오기 때문에 1년이라고 정했습니다. 이 경우에 한 달은 29일이나 30일인데, 현재 1년보다 날짜 수가 조금 짧습니다.

그러면 세월이 오래 지나는 동안 점점 계절이 어긋납니다. 그래서 음력으로 19년에 일곱 번, 5년에 두 번의 비율로 1년의 길이를 12개월이 아니라 13개월로 조절했습니다. 이를 '윤달'이라고 합니다.

윤년이 없으면 오랜 세월이 지나면서 달력과 실제 계절 사이가 어긋납니다.

## '윤일'의 탄생

그러나 '윤달'을 마련했는데도 오랫동안 사용하는 사이에 계절이 어긋났습니다. 사람들은 아무리 오랫동안 써도 어긋나지 않는 달력을 찾았습니다.

지금 사용하는 달력은 그레고리력이라 불리는데, 1582년에 만들어졌습니다. 이 달력의 1년은 정확히 365.2425일입니다. 그래서 평소에는 365일로 하고, 연도 수가 4로 나누어떨어지는 해(단, 100으로 나누어떨어지는 해는 400으로도 나누어떨어지는 해만)에 '윤일'을 만들어서 계절이 어긋나지 않도록 한 것입니다.

### 나도 수학자

**우리나라 최초의 달력 '칠정산'**

조선 시대에 중국의 달력을 사용하다가, 일식 예보가 15분 정도 틀리자 세종대왕은 장영실을 비롯한 학자를 모아 우리나라에 맞는 달력 연구를 시작했어요. 10년이 걸려 마침내 '칠정산'이라는 달력을 완성했습니다. '칠정산'으로 해와 달, 수성, 금성, 화성, 목성, 토성의 움직임과 위치를 살펴 일식, 월식, 날짜 등을 계산할 수 있게 되었어요.

 2월 29일은 4년에 한 번뿐인 '윤일'입니다. '윤'을 한자로 나타내면 '閏'입니다. '閏'에는 '나머지' 또는 '평범하지 않다'는 뜻이 담겨 있어요.

# 여러 가지 주사위 모양

놀이를 할 때 주사위를 굴려 본 적 있지요? 보통은 면이 여섯 개 있는 정육면체를 쓰는데, 세상에는 재치 넘치는 여러 가지 주사위가 있습니다. 여기에서는 특이한 주사위를 소개할게요.

### 1 정다면체

우리에게 친숙한 정육면체 외에도 정사면체, 정팔면체, 정십이면체, 정이십면체와 같이 정다면체 주사위들이 있어요.

### 2 소수·분수

**위쪽 주사위 :** 십면체 모양입니다. 0.1처럼 소수 첫째 자리, 0.01처럼 소수 둘째 자리 눈이 그려진 '소수 주사위'입니다.
**아래쪽 주사위 :** 여러 가지 '분수 주사위'입니다. 눈에 그려진 분수에 어떤 법칙이 있는지 생각해 봐도 재미있겠지요?

### 3 아주 특이한 주사위

(왼쪽 위부터 시계 방향으로) ① 굴리는 것이 아니라 바퀴를 돌리는 재미가 있는 '바퀴 주사위' ② 2, 4, 8, 16, 32, 64라는 눈을 가진 '배수 주사위' ③ 마름모꼴 면이 30개. 1부터 30까지 눈을 가진 '삼십면체 주사위' ④ 덧셈, 뺄셈, 곱셈, 나눗셈 연습에 유용한 '연산 기호 주사위'

### 4 주사위 안에 주사위

주사위 안에 또 주사위가 들어 있는 형태입니다. 나온 숫자를 모두 더하는 규칙을 만들면 주사위 놀이도 더 흥미롭겠지요?

⊙자료 : 요시다 에이코

# 3월

서울역

우리나라 초등학생이 서울역에 모여서 1m 간격으로 띄엄띄엄 쭉 남서쪽으로 줄을 선다고 상상해 보세요. 그 줄의 맨 뒤에 서는 사람은 어디까지 갈까요? 지구본이나 지도가 있다면 한번 예상되는 지점을 가리켜 보세요. 그리고 실제로 어디까지 닿을지 계산해 보세요. 막연해 보이는 큰 숫자가 눈앞에 나타날 거예요.

➜ 3월 19일 103쪽

# 용돈을 전날보다 2배씩 더 받는다면?

**3 / 1일**

교과서 2학년 1학기 6단원 곱셈 심화

/ / /

후쿠오카현 다가와군 가와사키초립 가와사키초등학교 | 다카세 다이스케

## 만약 매일 2배씩 늘어난다면?

여러분은 한 달에 용돈을 얼마 받나요? 얼마를 받든 소중히 아끼며 쓰는 것이 중요하지요. 용돈을 얼마 받을지 한번 상상해 보세요. 한 달(30일) 용돈이 10만 원이면 좋겠지요. 반대로 30일 동안 매일 10원이라면 어떨까요? 이 금액은 좀 울적하네요.

그런데 만약 첫날 10원, 둘째 날 20원, 셋째 날 40원…. 이렇게 전날보다 용돈을 2배 더 받는다면 1개월 동안 용돈을 모두 얼마 받을까요?(그림 1)

그림 1

| 1일째 | 10원 |
| 2일째 | 20원 |
| 3일째 | 40원 |
| 4일째 | 80원 |
| 5일째 | 160원 |
| 6일째 | 320원 |
| 7일째 | 640원 |
| 8일째 | 1,280원 |
| 9일째 | 2,560원 |
| 10일째 | 5,120원 |

## 10원에서 시작했는데 이럴 수가!

열흘째에 벌써 5,120원입니다. 이 열흘간 받은 용돈을 합치면 1만 230원이에요. 역시 1개월 동안 10만 원을 받는 편이 더 나을까요? 그럼 이어서 11일째부터는 어떻게 될지 보겠습니다.(그림 2)

엄청난 금액이 되었습니다. 20일째에는 하루 용돈이 약 520만 원이네요. 이어서 해 볼까요?(그림 3)

처음에는 10원에서 시작한 용돈이 30일째에는 50억 원이 넘었어요! 깜짝 놀랄 정도로 어마어마한 금액이네요. 2배의 힘은 이렇게 무시무시합니다.

그림 2

| 11일째 | 1만 240원 |
| 12일째 | 2만 480원 |
| 13일째 | 4만 960원 |
| 14일째 | 8만 1,920원 |
| 15일째 | 16만 3,840원 |
| 16일째 | 32만 7,680원 |
| 17일째 | 65만 5,360원 |
| 18일째 | 131만 720원 |
| 19일째 | 262만 1,440원 |
| 20일째 | 524만 2,880원 |

그림 3

| 21일째 | 1,048만 5,760원 |
| 22일째 | 2,097만 1,520원 |
| 23일째 | 4,194만 3,040원 |
| 24일째 | 8,388만 6,080원 |
| 25일째 | 1억 6,777만 2,160원 |
| 26일째 | 3억 3,554만 4,320원 |
| 27일째 | 6억 7,108만 8,640원 |
| 28일째 | 13억 4,217만 7,280원 |
| 29일째 | 26억 8,435만 4,560원 |
| 30일째 | 53억 6,870만 9,120원 |

만약 하루에 사탕을 2개씩 먹기 시작해 전날보다 2배 더 먹는다면 일주일째에는 몇 개를 먹게 될지 계산해 보세요.

# 접으면 딱 겹쳐지는 도형은?

교과서 5학년 2학기 2단원 합동과 대칭

이와테현 구지시 교육위원회 | 고모리 아쓰시

## 종이접기로 가능할까요?

정사각형 4개를 1개 이상의 변이 맞닿도록 서로 이어 붙이면 아래 그림과 같은 모양의 도형이 생깁니다. '가', '나', '다'는 절반으로 딱 겹쳐지도록 접을 수 있어요.

반면 '라'와 '마'는 어떻게 접어도 절반으로 딱 겹쳐지지 않아요. 그러나 정사각형을 1개 더 이어 붙이면 접었을 때 딱 겹쳐집니다. 어느 부분에 더하면 될까요?

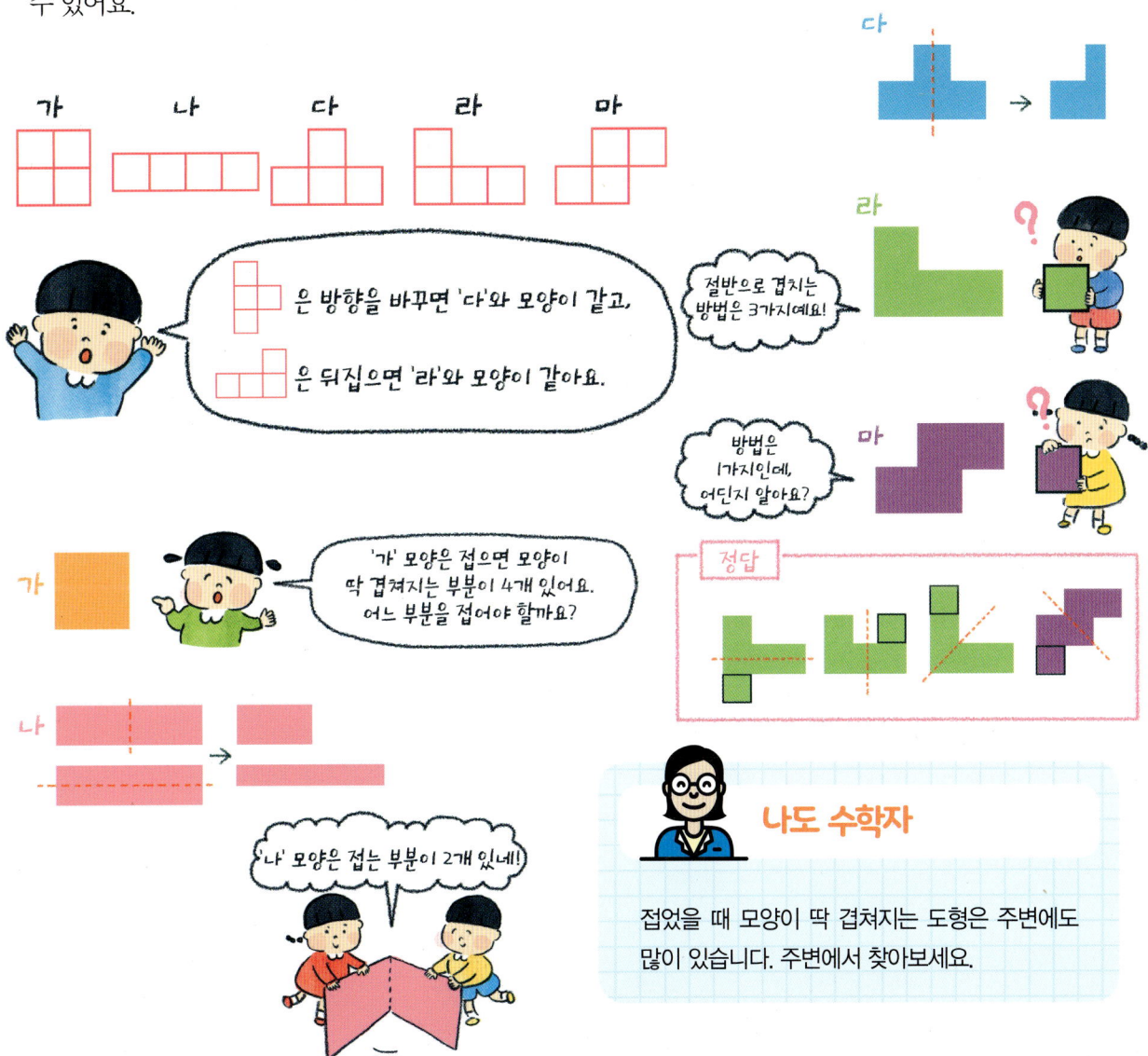

## 나도 수학자

접었을 때 모양이 딱 겹쳐지는 도형은 주변에도 많이 있습니다. 주변에서 찾아보세요.

반으로 접었을 때 모양이 완전히 겹쳐지는 도형을 '선대칭도형'이라고 합니다.

# 지구 33번지는 어디일까요?

교과서 5학년 2학기 5단원 여러 가지 단위 심화

고치대학 교육학부 부속초등학교 | 다카하시 마코토

## 주소가 없는 장소는 어떻게 나타내요?

친구에게 편지를 쓸 때는 다섯 자리로 된 '우편번호'나 '○○동 ○○번지'처럼 지명과 숫자로 나타내는 '주소'를 씁니다. 우편집배원은 이 주소를 보고 받을 사람에게 편지를 전달해 줍니다. 주소가 있으면 누구든 어떤 사람이 사는 장소나 건물 위치를 알 수 있지요.

그러면 ○○시, ○○동 같은 지명으로 나타낼 수 없는 바다나 사막 등은 어떻게 할까요? 이럴 때는 숫자를 조합해서 지구상에 있는 모든 장소를 나타낼 수 있는 방법이 있답니다.

지구의 북쪽 끝을 북극, 남쪽 끝을 남극이라고 하는데, 지구본을 보면 북극과 남극을 연결하는 세로선(경선), 그리고 그 선과 교차되도록 그어진 가로선(위선)이 있다는 사실을 알 수 있어요. 북극에서 영국 런던을 지나 남극까지 연결한 선을 0도라고 했을 때, 거기에서 동서로 각각 180도까지 나눠서 나타낸 것을 '경도'라고 합니다. 경선은 경도가 같은 지점을 연결한 선입니다.

또한 북극과 남극 중간인 적도를 0도로 했을 때, 거기에서 남북으로 각각 90도까지 나눠서 나타낸 것을 '위도'라고 합니다. 위선은 위도가 같은 지점을 연결한 선이지요. 이 경도와 위도를 사용하면 지구상에 있는 장소는 모두 나타낼 수 있습니다. 한국(남한 기준)은 지구 동반구의 경도인 동경 125도에서 131도에 해당하며 적도에서 북극에 이르는 위도를 나타내는 북위 33도에서 38도에 해당하는 곳에 있습니다.

## 같은 숫자가 12개나 이어져요

'지구 33번지'라 불리는 장소는 경도와 위도를 사용하면 다음과 같이 나타낼 수 있습니다.

　동경 133도 33분 33초
　북위 33도 33분 33초

이는 일본의 고치현 고치시에 해당합니다. '3'이 무려 12개나 이어지기 때문에 이 장소는 '지구 33번지'라고 불리지요. 참고로 1도는 60분, 1분은 60초와 같아요. 이때 '분'과 '초'는 시간의 단위와 다릅니다.

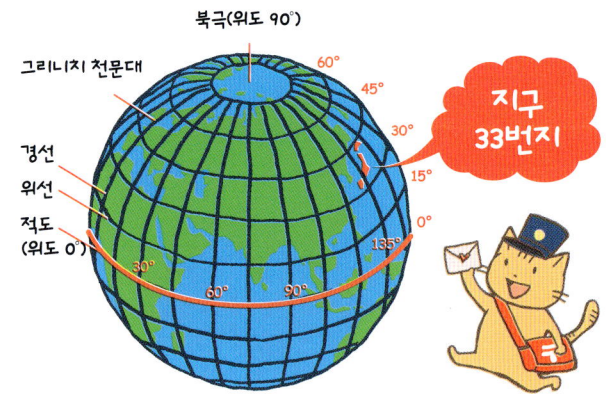

🔍 지구상에 있는 모든 장소는 위도와 경도를 나타내는 숫자 2개의 조합으로 위치를 나타낼 수 있습니다. 인터넷 지도 사이트에서 여러분 집의 위도와 경도도 알아볼 수 있어요.

# 삼각 타일로 모양 만들기

**3일 4**

교과서 4학년 1학기 4단원 평면도형의 이동

/ / /

도쿄도 스기나미구립 다카이도 제3초등학교 | 요시다 에이코

## 색종이로 해 보아요

색종이를 그림처럼 접었다 펼친 다음 접은 선을 따라 오려서 직사각형 두 장을 만듭니다.

직사각형을 반으로 접었다 펴서 가운데에 접은 선이 생기면 그 선에 맞추어 한쪽 정사각형을 삼각형으로 접습니다.

2장을 사용하면 어떤 모양이 생길까요? 모두 몇 가지 모양이 생길지 알아보면 재미있을 거예요.

이 삼각 타일을 4장 사용하면 어떤 모양이 될까요? 완성된 모양에는 작품 이름을 붙여 보세요.

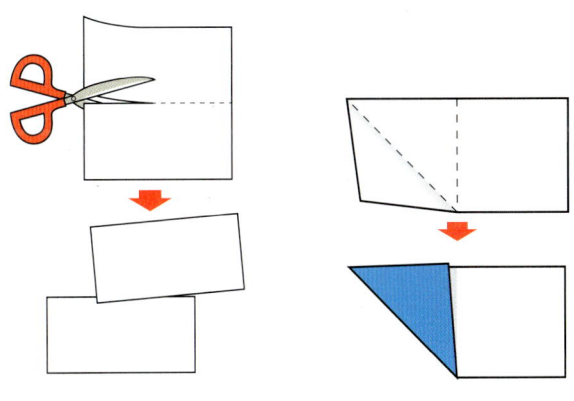

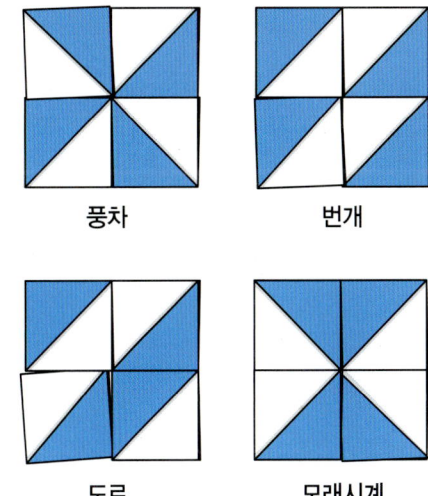

풍차  번개

도로  모래시계

접어서 생긴 삼각형에 풀을 발라 아래 그림처럼 정사각형에 붙입니다. 삼각 타일이 생겼습니다.

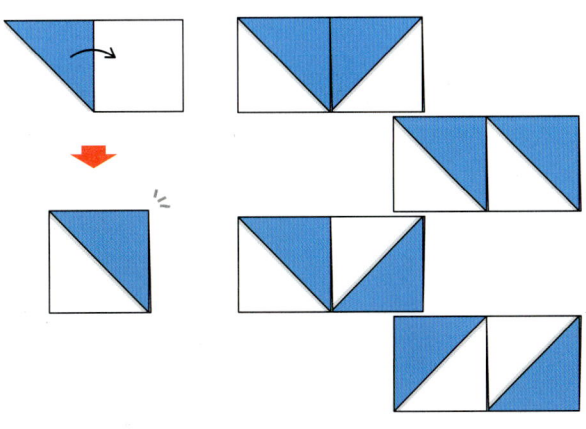

나의 놀라운 창의력

같은 모양 삼각형을 조합하기만 해도 여러 가지 삼각형이나 사각형이 생겨요.

# 1미터는 어떻게 정했을까요?

**3 / 5일**

교과서 3학년 1학기 5단원 길이와 시간

오오이타현 오오이타시립대 니시초등학교 | 니노미야 다카아키

## 프랑스 과학자의 제안

평소에 아무런 생각 없이 쓰고 있는 길이 단위에 '미터'(m)가 있습니다. 미터는 세계 여러 나라에서 사용하는 단위랍니다.

원래 길이를 나타내는 단위는 나라나 지역에 따라 제각각이었어요. 먼 옛날, 한 나라나 지역 안에서만 사용한다면 아무런 문제가 없었거든요. 그런데 점점 세상이 발전하면서 나라나 지역끼리 교류나 무역을 시작했어요. 그러다 보니 단위가 다른 것이 불편해졌지요.

1790년에 프랑스 과학자들이 지구의 적도에서 북극까지 거리를 기준으로 삼아, 그 거리의 1,000만 분의 1을 세상의 표준으로 하자고 제안했습니다. 그리고 이 길이를 재기 위해 측량 원정대를 만들었어요.

## '미터'의 탄생

먼저 측량 원정대는 프랑스와 스페인 사이의 거리를 측정하기로 했습니다. 그런데 도중에 전쟁에 휘말려서 측량 원정 대장이 세상을 뜨는 등 힘든 시련이 이어졌어요. 그래도 측량 원정대는 6년 동안 고생한 끝에 일을 해냈습니다. 이를 바탕으로 프랑스 정부는 세계 여러 나라에 미터를 사용하자고 제안했습니다. 처음에는 생각만큼 널리 퍼지지 않았지만, 조금씩 세계 여러 나라에서 사용했습니다. 현재는 미터를 더 확실히 하기 위해 빛이 움직이는 거리를 바탕으로 정합니다.

이 거리의 1,000만 분의 1로!

### 나도 수학자

**옛날 단위 '마'**

우리나라에서 예부터 사용하는 길이 단위에 '마'가 있습니다. 요즘은 공식적으로 사용할 수 없지만, 시장에서 옷감을 판매할 때 쓰기도 해요. 1마는 91.44cm를 가리켜요. 하지만 시장에서는 90cm를 기준으로 1마라고 한답니다. 1마는 10야드(yard)와 같습니다.

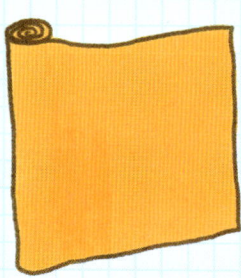

🔍 1875년에 여러 나라들이 미터 조약을 맺었습니다. 한국은 1959년에 가맹했고, 1921년 4월 11일에 미터법을 공포했습니다. 4월 11일은 미터법 공포 기념일이에요.

# 수 배열표로 게임을 해요

**3일 6**

교과서 2학년 2학기 6단원 규칙 찾기

구마모토현 구마모토시립 이케노우에초등학교 | 후지모토 구니아키

시작!

여기에 도착하면 져요.

여기에 도착하면 이겨요.

|0|1|2|3|4|5|6|7|8|9|
|10|11|12|13|14|15|16|17|18|19|
|20|21|22|23|24|25|26|27|28|29|
|30|31|32|33|34|35|36|37|38|39|
|40|41|42|43|44|45|46|47|48|49|
|50|51|52|53|54|55|56|57|58|59|
|60|61|62|63|64|65|66|67|68|69|
|70|71|72|73|74|75|76|77|78|79|
|80|81|82|83|84|85|86|87|88|89|
|90|91|92|93|94|95|96|97|98|99|

### 수 배열표를 준비해요

둘이서 하는 게임입니다. 그림과 같이 0부터 99까지 적힌 수 배열표 위에서 한 사람씩 말을 옮기는 놀이입니다. 그림처럼 말을 0 자리에 두면 준비 완료예요. 규칙은 간단합니다.

① 가위바위보를 합니다.
② 이기면 아래로 한 칸 움직입니다.
③ 지면 오른쪽으로 한 칸 움직입니다.
④ 둘 중 한 명이 '9'가 들어간 칸에 도착하면 게임은 끝이 납니다.
⑤ 일의 자리에 9가 들어간 칸에 도착한 사람은 지고, 90번대 줄에 도착한 사람이 이깁니다.

그런데 게임을 하면서 뭔가 이상하지 않았나요? 예를 들어 자신이 5승 2패였다면 52번 칸에 말이 있고, 상대방의 말은 25번 칸에 있겠지요. 만약 73번 칸에 자신의 말이 있다면 상대방의 말은 어디에 있을까요? 네, 73을 뒤집은 37번 칸에 있어요. 그러면 다음 질문에 답해 보세요. 이 게임에는 말이 절대로 갈 수 없는 칸이 있습니다. 몇 번 칸일까요? 정답은 '돋보기'에 있어요.

 이 게임에서 말이 절대로 갈 수 없는 칸은 '99'입니다. 99에 말이 들어가려면 그 전에 '89'나 '98'에 있어야 하는데, 그러면 게임이 이미 끝나겠지요?

# 가짜 금화가 가득 찬 자루를 찾아라!

3 / 7 일

교과서 2학년 1학기 3단원 덧셈과 뺄셈

메이세이대학 객원교수 | 호소미즈 야스히로

## 가짜 금화가 가득 찬 자루는?

어느 나라 임금님이 영토 다섯 군데에서 각각 금화를 100개씩 자루에 넣어 세금 형태로 거두었습니다. 그런데 그중 한 자루에 가짜 금화가 들어 있다는 정보가 들어왔습니다.

그래서 임금님은 다섯 자루 가운데 가짜 금화가 가득 찬 자루를 찾으려고 했습니다. 여기서 진짜 금화는 10g, 가짜 금화는 진짜보다 1g이 가벼운 9g이라는 사실을 알았습니다. 그리고 저울을 사용하면 1g까지 정확하게 측정할 수 있습니다.

## 저울을 한 번만 사용해요

임시로 자루에 A, B, C, D, E라고 이름을 붙이고 나란히 늘어놓았습니다. 그리고 각 자루에서 금화를 1개, 2개, 3개, 4개, 5개 꺼냅니다. 꺼낸 금화 전체 무게를 측정합니다. 즉 1+2+3+4+5=15, 이렇게 금화 15개를 저울에 올립니다.

모두 진짜 금화라면 1개에 10g이므로 150g이 되어야겠지요. 여기서 만약 4g이 모자라다면 4개를 꺼낸 D 자루에 가짜 금화가 차 있다는 사실을 알 수 있습니다. 즉 모자라는 무게와 같은 개수를 꺼낸 자루가 바로 가짜 금화가 든 자루입니다.

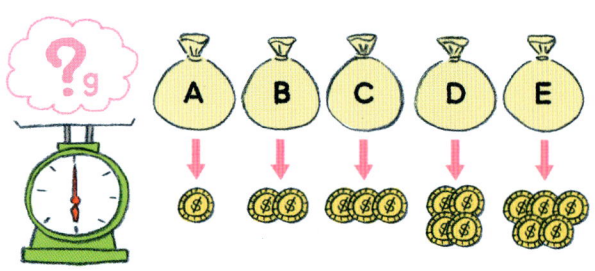

 가짜 금화가 가득 찬 자루가 하나라면 E자루에서는 금화를 꺼내지 않아도 알 수 있습니다. A~D자루에 가짜 금화가 없다면 자연스레 E자루에 가짜 금화가 차 있을 테니까요.

# 나이만 알면 띠도 맞힐 수 있어요

교과서 4학년 1학기 3단원 곱셈과 나눗셈

오차노미즈여자대학 부속초등학교 | 오카다 히로코

## 여러분은 무슨 띠인가요?

십이지는 쥐·소·호랑이·토끼·용·뱀·말·양·원숭이·닭·개·돼지, 이렇게 열두 가지 동물로 이루어집니다. 띠의 이름을 붙여 ○○해라고 부르며 그 띠에 해당하는 사람들은 본인의 해인 것처럼 특별하게 느끼지요. 예를 들어 2017년은 닭의 해였습니다. 이때 2017년에 태어난 사람은 물론이고, 같은 연도에 12세, 24세, 36세, 48세, 60세, 72세, 84세, 96세 …인 사람들도 닭띠입니다.

해마다 12개인 십이지가 차례대로 돌아가며 각 해의 띠를 결정하기 때문입니다.

## 12로 나누었을 때 나머지에 주목하세요

어떤 사람의 나이를 알면 그 사람이 무슨 띠인지도 계산해서 알 수 있어요. 나이를 12로 나눴을 때 나머지를 보세요. 예를 들어 원숭이해에 26세인 사람은 26÷12=2, 나머지 2이기 때문에 원숭이띠보다 두 살 더 많은 말띠라는 사실을 알 수 있습니다. 12로 나눴을 때 나머지가 얼마인지에 따라 그 사람의 띠를 알 수 있습니다.

또한 다른 해가 무슨 해인지 알고 싶다면 알고 싶은 해를 12로 나눴을 때 나머지를 보세요. 2016년은 원숭이해라서 2016÷12=168로 나누어떨어집니다. 예를 들어 2050년은 2050÷12=170, 나머지 10이기 때문에 원숭이띠부터 셌을 때 10번째에 오는 말의 해가 됩니다. 다시 말해 닭·개·돼지·쥐·소·호랑이·토끼·용·뱀·말이기 때문에 2050년은 말의 해입니다. 평창 올림픽 개최 해인 2018년은 2018÷12=168, 나머지 2이기 때문에 개의 해입니다.

올해가 원숭이의 해라면, 알고 싶은 해를 12로 나누고 나머지를 확인해요.

🔍 우리 생활 속에는 12를 한 바퀴로 치는 것들이 많이 있습니다. 시계나 달력이 그렇지요. 그 밖에도 무엇이 있는지 찾아 보세요.

# 모눈종이를 사용하여 수직인 직선을 그어 봐요

**3 / 9 일**

교과서 4학년 2학기 2단원 수직과 평행

/ / /

학습원 초등과 | 오오사와 다카유키

삼각자를 쓰면 수직인 직선을 그릴 수 있다는 사실, 여러분 알고 있나요? 그런데 모눈종이에 비스듬히 직선을 그어 놓으면 삼각자가 없어도 수직인 직선을 그을 수 있습니다.

## 수직인 선을 그을 수 있을까요?

모눈종이에 아래와 같이 직선이 그어져 있습니다. 이 직선과 수직인 직선을 그으려면 어떻게 해야 할까요? 잠시 생각해 보세요.

힌트를 줄게요. 눈금을 보고 이 직선과 수직이 될 것 같은 직선을 몇 개 그어 보세요.

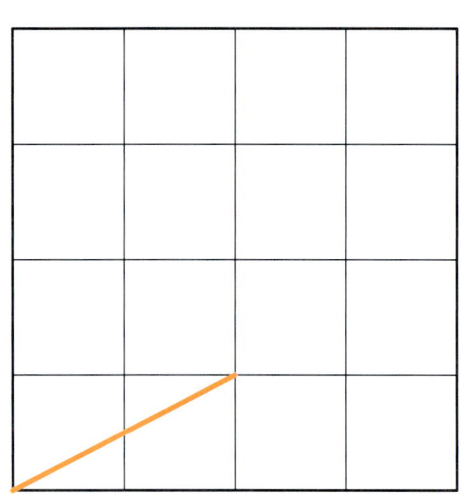

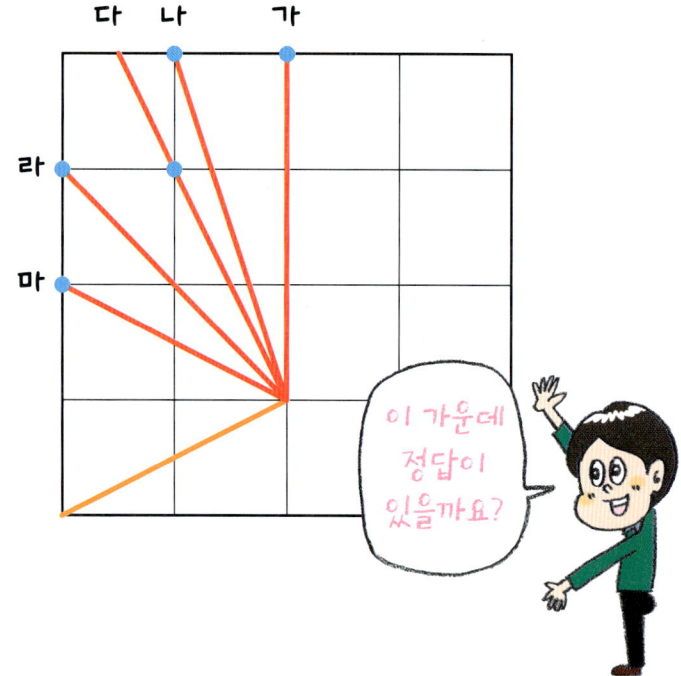

이 가운데 정답이 있을까요?

직선을 포함하는 직사각형을 찾아내는 것이 중요해요. 도형 하나를 여러 가지 관점으로 보면 수학이 더 재미있어져요!

그럼 정답을 공개하겠습니다. 정답은 '다' 직선입니다. 먼저 처음 그은 직선이 들어가는 직사각형을 찾아보세요.

다음으로 색칠한 직사각형을 90도 회전합니다. 이렇게 하면 처음에 그은 직선과 수직인 직선을 그을 수 있지요.

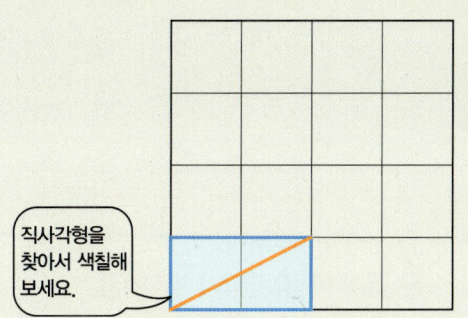
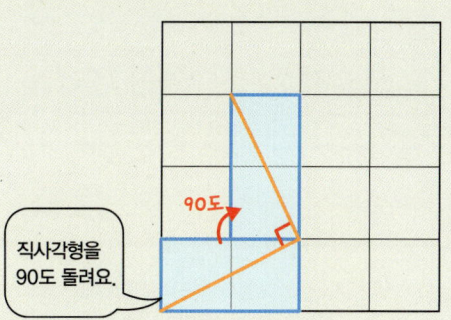

### 정사각형도 그릴 수 있어요

직사각형을 세 번 돌려서 직선을 4개 그으면 정사각형도 그릴 수 있습니다.

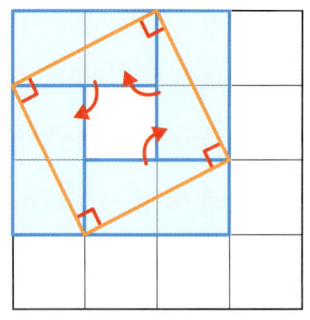

### 칸 개수가 늘어도 괜찮아요

직사각형이 3칸으로 늘어도 같은 방법으로 수직인 직선을 그을 수 있습니다.

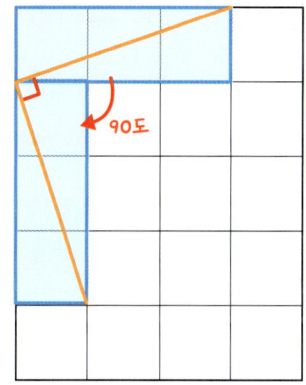

 **나도 수학자**

### 왜 90도가 될까요?

왜 직선 2개가 수직이 되는지 확인해 볼까요? 그림 1을 보세요. 직사각형 A의 아래쪽에 있는 ★과 ●를 더하면 직각이 됩니다. 두 사각형에 있는 대각선 2쌍의 각도는 똑같기 때문에 직사각형 A의 대각선 위쪽에 있는 ★과 ●는 아래쪽의 ★과 ●와 각도가 같습니다. 다음으로 그림 2를 보세요. 직사각형 B는 A를 회전한 것이기 때문에 A의 ●와 B의 ★을 더한 각도도 똑같이 직각이 됩니다. 어때요? 이제 알겠지요?

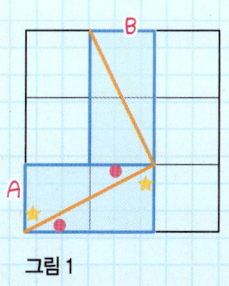
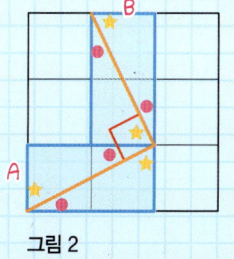

그림 1      그림 2

# 우유팩이 변신을 해요

**3 10일**

교과서 3학년 2학기 1단원 곱셈

/ / /

도쿄도 도시마구립 다카마쓰초등학교 | 호소가야 유코

## 재활용 가능한 자원

매일 먹고, 쓰고, 생활하다 보면 쓰레기가 많이 나옵니다. 여러분 집에서는 쓰레기를 분리해서 버리나요?

쓰레기 가운데에는 재활용이 가능한 것이 여러 가지 있지요. 지역에 따라서 차이는 있지만 페트병, 우유팩, 캔, 유리병, 플라스틱 용기, 포장재 등 많은 것들을 재활용할 수 있습니다. 작은 쓰레기도 있지만 버리는 물건에는 큰 것도 있습니다. 더 커다란 물건 중에는 텔레비전, 냉장고, 세탁기, 자전거, 자동차, 컴퓨터도 있습니다. 그중에서 여러분이 흔히 볼 수 있는 물건으로 변신하는 우유팩을 생각해 볼까요?

## 우유팩은 무엇이 될까요?

우유팩은 휴지나 키친타월 등으로 다시 태어납니다. 1리터짜리 우유팩 30개가 있으면 두루마리 휴지 5개(1개에 60m 길이)를 만들 수 있대요. 30÷5=6이므로 우유팩 6개가 있으면 두루마리 휴지 하나를 만들 수 있다는 뜻이지요.

한 사람이 1년 동안 사용하는 두루마리 휴지 양은 약 50개라고 합니다. 60×50=3000이므로 3km 길이네요. 이것을 우유팩 개수로 생각해 볼까요? 두루마리 휴지 하나를 만드는 데 우유팩 6개를 사용하므로 6×50=300이 됩니다. 우유팩 300개를 재활용으로 내놓으면 한 사람이 1년치 사용하는 휴지를 만들 수 있다는 뜻이군요.

 우유팩은 다른 종이와 섞지 말고 분리해서 배출하세요. 세균이 들어가거나 우유가 배어 종이가 찢어지는 것을 막기 위해 종이 양면이 폴리에틸렌으로 덮여 있기 때문입니다.

# 숨겨진 숫자는 몇일까요?

**교과서** 2학년 2학기 6단원 규칙 찾기

오차노미즈여자대학 부속초등학교 | 오카다 히로코

## 곱셈구구표에 숨겨진 숫자의 합은?

그림 1의 곱셈구구표 숫자를 색 카드로 두 칸씩 숨깁니다. 이때 숨겨진 숫자를 더하면 얼마인지 알아볼까요?

먼저 노란색 카드로 숨겨진 숫자 2개를 더하면 얼마일까요? 정답은 ①이 $2 \times 4 = 8$, ②가 $3 \times 4 = 12$이니, 더하면 $8 + 12 = 20$입니다.

다음으로 파란색 카드로 숨겨진 두 칸을 더하면 얼마일까요? 정답은 ③이 $4 \times 2 = 8$, ④가 $5 \times 2 = 10$ 더하면 $8 + 10 = 18$입니다.

그런데 노란색 칸의 합이나 파란색 칸의 합은 계산을 하지 않아도 바로 정답을 구할 수 있습니다. 왜일까요?

## 정답을 바로 알 수 있는 비밀은?

그림 2를 보세요. ①과 ②의 합은 '가로줄 5의 단'과 '①과 ②가 있는 세로줄 4의 단'이 교차하는 노란색 칸의 20입니다. ①과 ②는 모두 4를 곱하므로, 세로줄 4의 단 안에서 움직입니다. 그다음 숨겨진 숫자의 위치를 살펴보면, ①의 가로줄 2의 단과 ②의 가로줄 3의 단의 합은 5의 단입니다. 세로줄 4의 단과 가로줄 5의 단이 교차하는 지점은 노란색 칸의 20이란 사실을 알 수 있지요.

같은 방법으로, ③과 ④의 정답은 세로줄 2의 단과 가로줄 9의 단이 교차하는 $9 \times 2 = 18$입니다.

⑤와 ⑥의 정답도 바로 구할 수 있어요. ⑤와 ⑥의 합은 3의 단과 6의 단을 더했기 때문에 같은 세로줄에 있는 9의 단의 숫자를 보면 됩니다. 정답은 72예요.

그림 1

| × | 1 | 2 | 3 | 4 | 5 | 6 | 7 | 8 | 9 |
|---|---|---|---|---|---|---|---|---|---|
| 1 | 1 | 2 | 3 | 4 | 5 | 6 | 7 | 8 | 9 |
| 2 | 2 | 4 | 6 | ① | 10 | 12 | 14 | 16 | 18 |
| 3 | 3 | 6 | 9 | ② | 15 | 18 | 21 | ⑤ | 27 |
| 4 | 4 | ③ | 12 | 16 | 20 | 24 | 28 | 32 | 36 |
| 5 | 5 | ④ | 15 | 20 | 25 | 30 | 35 | 40 | 45 |
| 6 | 6 | 12 | 18 | 24 | 30 | 36 | 42 | ⑥ | 54 |
| 7 | 7 | 14 | 21 | 28 | 35 | 42 | 49 | 56 | 63 |
| 8 | 8 | 16 | 24 | 32 | 40 | 48 | 56 | 64 | 72 |
| 9 | 9 | 18 | 27 | 36 | 45 | 54 | 63 | 72 | 81 |

그림 2

| × | 1 | 2 | 3 | 4 | 5 | 6 | 7 | 8 | 9 |
|---|---|---|---|---|---|---|---|---|---|
| 1 | 1 | 2 | 3 | 4 | 5 | 6 | 7 | 8 | 9 |
| 2 | 2 | 4 | 6 | ① | 10 | 12 | 14 | 16 | 18 |
| 3 | 3 | 6 | 9 | ② | 15 | 18 | 21 | ⑤ | 27 |
| 4 | 4 | ③ | 12 | 16 | 20 | 24 | 28 | 32 | 36 |
| 5 | 5 | ④ | 15 | **20** | 25 | 30 | 35 | 40 | 45 |
| 6 | 6 | 12 | 18 | 24 | 30 | 36 | 42 | ⑥ | 54 |
| 7 | 7 | 14 | 21 | 28 | 35 | 42 | 49 | 56 | 63 |
| 8 | 8 | 16 | 24 | 32 | 40 | 48 | 56 | 64 | 72 |
| 9 | 9 | **18** | 27 | 36 | 45 | 54 | 63 | **72** | 81 |

 색 카드를 세로로 놓지 않고 가로로 놓아도 정답을 바로 알 수 있어요. 색 카드로 숫자를 3개 숨겨도 재미있답니다.

# 돌 잡기 놀이

**3**
**12**일

교과서 4학년 1학기 1단원 큰 수

후쿠오카현 다가와군 가와사키초립 가와사키초등학교 | 다카세 다이스케

## 민우와 정석이의 승패는?

민우와 정석이가 돌 잡기 놀이에 도전했습니다. 자루 안에는 검정색, 회색, 노란색, 흰색의 네 가지 색 돌들이 들었는데, 이 돌들은 1점, 10점, 100점, 1000점으로, 돌의 색깔에 따라 점수가 다르다고 합니다. 두 친구가 잡은 돌은 그림 1과 같습니다.

이 놀이는 누가 이겼을까요? 돌을 많이 잡은 정석이가 이겼을까요? 돌 색깔이 제각각이므로 같은 색깔끼리 나눠서 나열해 보겠습니다.(그림 2) 만약 검정색이 1000점이라면 민우가 이길 수도 있지만 노란색이 1000점이라면 정석이 이기겠네요. 즉 어떤 색깔 돌이 높은 점수냐에 따라 승패가 갈립니다.

- 1000점이 검정색이면 → 민우 승리
- 1000점이 회색이면 → 민우 승리
- 1000점이 노란색이면 → 정석 승리
- 1000점이 흰색이면 → 정석 승리

## 그런데 대호가 중간에 들어왔어요

이때 대호가 갑자기 게임에 끼어들더니 자루 안에 양손을 집어넣어 돌을 한가득 꺼내서는, "내가 이겼어!" 하고 우겼어요.(그림 3) 민우와 정석이는 "우리는 한 손으로 잡았는데…." 하며 억울해합니다. 정말 두 사람은 대호를 이길 수 없을까요?

예를 들어 노란색이 1000점, 흰색이 100점, 회색이 10점, 검정색이 1점이라면 그림 4의 '가'가 됩니다. 각 자리에는 9까지만 들어갈 수 있지요? 10이 되면 위의 자리로 옮겨야 합니다. 그러면 천의 자리보다 하나 더 큰 '만의 자리'가 생깁니다. 그래서 '나'가 됩니다. 이렇게 하면 민우도 정석이도 절대 대호를 이기지 못하겠네요.

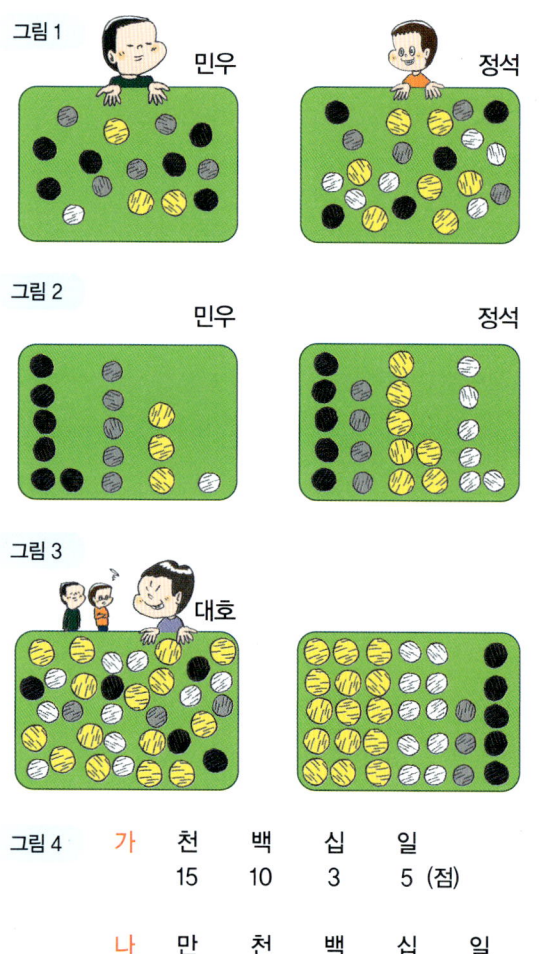

| 그림 4 | 가 | 천 | 백 | 십 | 일 |
|---|---|---|---|---|---|
| | | 15 | 10 | 3 | 5 (점) |

| | 나 | 만 | 천 | 백 | 십 | 일 |
|---|---|---|---|---|---|---|
| | | 1 | 6 | 0 | 3 | 5 (점) |

 각 돌에 매기는 점수를 여러 가지로 바꿔 보면 민우나 정석이도 욕심쟁이 대호를 이길 수 있어요. 어떻게 매겨야 할지 꼭 찾아보세요.

# 오리고 비튼 다음 붙여요

**3월 13일**

교과서 4학년 1학기 4단원 평면도형의 이동 심화

/ / /

오차노미즈여자대학 부속초등학교 | 구가야 아키라

## 어떻게 만들까요?

오른쪽 사진을 보세요. 초록색 종이로 만든 모양은 종이 한 장으로 만들었습니다. 그런데 자세히 보니 신기하네요. 서 있는 부분을 쓰러뜨리면 겹치는 부분이 생깁니다. 어떻게 종이 한 장으로 이런 모양을 만들었을까요? 사진을 보고 곰곰이 생각해 보세요.

이 신기한 모양을 만드는 방법은 아주 쉽습니다. '오리고 비튼 다음 붙이면' 끝입니다.

자료 : 구가야 아키라

## 만드는 방법은 간단해요!

바로 만들어 볼까요? 먼저 직사각형으로 된 양면 색상지를 한 장 준비합니다. 아래 그림처럼 반으로 접어서 접은 선을 만들어요. 접을 때는 앞뒤로 한 번씩 접어놓습니다. 그리고 그림처럼 세 군데에 가위질을 하고 한쪽 끝을 아래로 잡아당겨 위로 반 바퀴 돌린 다음 바탕 종이에 붙이면 완성입니다.

### 나도 수학자

**자르는 모양을 바꾸면 어떻게 될까요?**

아래 그림처럼 파란선 부분에 가위질을 하고 빙글 돌리면 어떤 모양이 생길까요? 이미 눈치챘지요? 집 모양이 생겼어요. 사진은 종이로 집과 나무 모양을 만든 작품입니다. 여러분도 해 보세요.

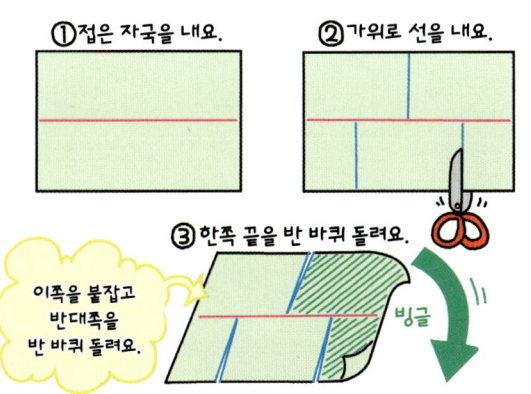

 이처럼 신기한 종이는 옛날부터 유명한 퍼즐로 소개되었어요. 직접 여러 가지 방법으로 오리면서 다양한 모양을 만들어 보세요.

# 2 오늘은 원주율의 날

**3월 14일**

교과서 6학년 1학기 5단원 원의 넓이

도쿄도 도시마구립 다카마쓰초등학교 | 호소가야 유코

## 원주율의 날이 정해진 이유

우리나라에서 '화이트데이'라고 알려진 3월 14일의 숫자를 가만히 살펴보세요. 혹시 어디서 본 적 있는 숫자 아닌가요? 3월 14일은 원주율 3.14의 숫자와 같답니다. 프랑스의 수학자인 자르투가 원주율을 최초로 고안해 낸 것을 기념하는 '파이 데이', 즉 '원주율의 날'이기도 하지요.

원주율이란 지름에 대한 원둘레(원주)의 비율, 즉 원둘레 길이가 지름 길이의 몇 배인지 나타내는 숫자를 말합니다. 원주율은 '원둘레÷지름'으로 구할 수 있습니다. 일반적으로는 3.14를 이용하는데, 사실은 3.141592653589793238…이에요. 이렇게 끝없이 이어지는 숫자를 보통 줄여 써요.

## 원주율에 도전한 사람들

원주율은 어떻게 발견했을까요? 옛날부터 많은 사람들이 원주율을 더 정확하게 구하기 위해 도전했습니다. 그리스의 아르키메데스가 원주율이 3과 $\frac{10}{71}$보다 크고 3과 $\frac{1}{7}$보다 작다는 사실을 발견했지요. 소수로 표현하면 3.1408…보다 크고 3.1428…보다 작다는 뜻이므로 아주 정확합니다. 중국의 조충지는 3.1315926보다 크고 3.1415927보다 작다는 사실을 발견하여 $\frac{355}{113}$라고 했습니다.

최근에도 원주율 계산에 계속해서 도전해 기록을 세우는 사람들이 있습니다. 2010년 일본의 한 회사원은 원주율을 소수점 이하 5조 자리까지 계산하는 데 성공했고, 2016년 스위스의 물리학자가 원주율을 22조 4,591억 5,771만 8,361자리까지 계산했어요. 앞으로도 많은 사람들이 도전하겠지요.

 **나도 수학자**

### 원주율을 구해 보세요

동그란 물건(물통, 주스 캔, 과자 상자 등)을 준비합니다. 원둘레와 지름을 잰 다음 원둘레÷지름 계산으로 구해 보세요. 3.14에 가까운 답이 나왔나요?

 수학자들에게 원주율과 관련된 날은 많습니다. 7월 22일은 아르키메데스가 낸 원주율인 $\frac{22}{7}$(즉 3과 $\frac{1}{7}$)에서 왔습니다. 12월 21일은 조충지가 낸 원주율인 $\frac{355}{113}$에서 왔는데, 새해 첫날부터 355일째 되는 날 1시 13분을 기린다고 합니다.

# 성냥개비를 움직여 정사각형 수를 바꿔요

**교과서** 4학년 1학기 4단원 평면도형의 이동

훗카이도 교육대학부속 삿포로초등학교 | 다키가 히라유시

## 성냥개비로 만든 정사각형

성냥개비 12개를 그림 1처럼 정사각형이 4개 생기도록 놓았습니다. 성냥개비는 모두 길이가 같습니다. 이 성냥개비 12개 가운데 3개를 움직여서 정사각형을 3개로 만들어 보세요. 단, 성냥개비를 부러뜨리거나 새로 더해서는 안 됩니다.

## 2개를 없애고 1개를 만들어요

먼저 그림 2처럼 성냥개비 2개를 빼서 정사각형 1개를 없앱니다. 이제 정사각형이 3개가 되었네요. 뺀 성냥개비 2개는 정사각형을 새로 만들기 위해 그림 3처럼 오른쪽 아래로 이동해서 놓으세요.

다음으로 그림 4처럼 성냥개비 1개를 빼서 정사각형 1개를 없앱니다. 그리고 뺀 성냥개비 1개를 방금 빼서 놓은 성냥개비 2개와 합치면 새 정사각형이 생깁니다. 이렇게 성냥개비 3개를 움직여 정사각형 3개를 만들었습니다.

그림 3

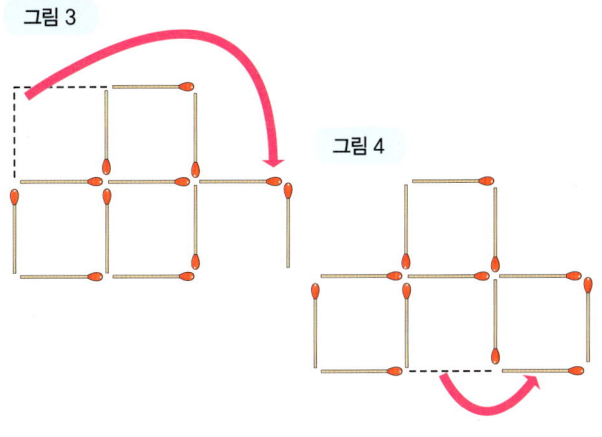

그림 4

그림 1      그림 2

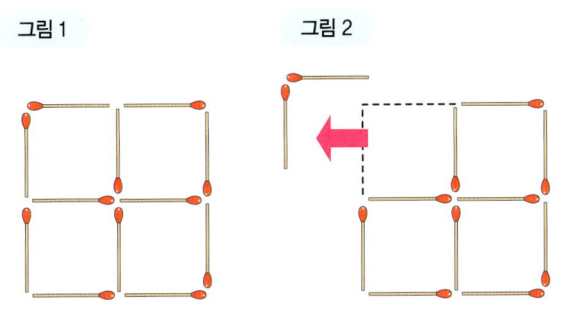

### 나도 수학자

**성냥개비 3개를 움직여 1개 줄이기**

아래 그림과 같이 성냥개비로 만든 정사각형 5개가 있습니다. 성냥개비를 3개 움직여서 정사각형을 4개로 만들어 보세요. 방금 한 것과 똑같은 방법을 사용할 수 있을까요?

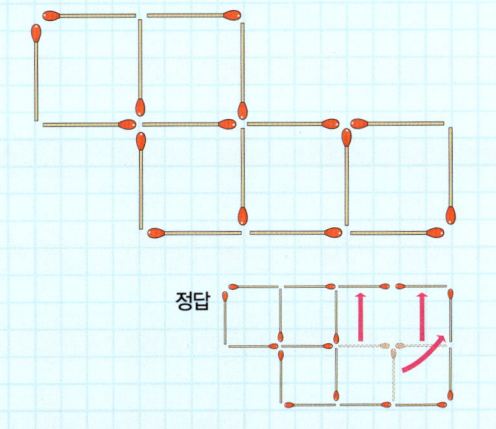

정답

 그림을 그리면서 생각하는 것도 좋지만, 실제로 성냥개비를 준비해서 해 보면 더 쉬워요. 이쑤시개나 젓가락 등 길이가 같은 막대기도 쓸 수 있어요.

# 단위에 익숙해지는 신기한 주문

**3 / 16일**

교과서 3학년 1학기 5단원 길이와 시간

/ / /

오차노미즈여자대학 부속초등학교 | 구가야 아키라

## 우리 주변의 여러 가지 단위

'길로(킬로) 헥토 데카(디카) 갖고 나온 미터 씨가 대시해 따라오는 제자에게 쫓겨 센티 밀리밀리.'

난데없지만 이 문장을 세 번 읽어 보세요. 마치 무슨 주문 같은 이 문장은 대체 무슨 말일까요?

이 문장은 단위의 접두어를 모은 글입니다. 예를 들어 m(미터)라는 단위만 있으면 연필의 길이를 구할 때는 난감하지요. 그래서 그림과 같은 법칙이 생겼습니다. 센티라는 접두어를 붙여 더 작은 단위 cm(센티미터)를 만들었어요. 그렇게 짧은 길이도 측정하고 표현할 수 있습니다.

## 이런 단위 아나요?

평소에는 km(킬로미터)나 m(미터), cm(센티미터), mm(밀리미터)밖에 쓰지 않지만, 이 밖에도 hm(헥토미터)나 dam(데카미터), dm(데시미터)라는 단위가 있다고 합니다. 이는 부피 단위인 L(리터)나 무게 단위인 g(그램)도 마찬가지입니다.

이 단위의 접두어를 언어유희로 외우기 쉽게 만든 것이 바로 처음에 쓴 문장입니다. 미터가 킬로(길로) 접어들었는데도 왜인지 제자가 대시해서 쫓아와 난처한 모습이 그려지지요?

### 나도 수학자

**메가와 기가, 나노와 피코**

킬로보다 큰 단위를 나타내는 접두어로는 메가, 기가, 테라, 페타, 엑사, 제타, 요타가 있습니다. 밀리보다 작은 단위를 나타내는 접두어로는 마이크로, 나노, 피코, 펨토, 아토, 젭토, 욕토가 있습니다.

작은 단위 접두어로는 젭토, 욕토가, 큰 단위 접두어로는 제타와 요타가 1991년 국제단위가 되었습니다. 그리고 펨토와 아토는 1964년, 엑사와 페타는 1975년, 나머지는 1960년에 국제단위가 되었어요.

## 2 칼은 왜 썰 수 있을까요?

3월 17일

교과서 5학년 1학기 5단원 다각형의 넓이

쓰쿠바대학 부속초등학교 | 나카타 도시유키

### 오이에 닿는 면은?

칼은 '날 끝이 날카롭기 때문에' 썰립니다. 그러면 '날 끝이 날카로우면 왜 썰 수 있는지' 알아볼까요?

칼로 오이를 썰 때를 떠올려 보세요. 칼의 날 끝이 날카롭다는 말은 오이에 닿는 칼날 끝의 '넓이'가 아주 좁다는 말입니다. 이 '넓이'를 '면적'이라고 부릅니다. 이 면적이 좁을수록 면적에 모이는 힘은 커집니다.

### 면적과 힘의 관계

같은 힘을 주었을 때 면적이 좁아지면 그 힘이 좁은 면적에 모입니다. 만약 면적이 넓으면 같은 힘을 주더라도 힘이 분산되기 때문에 약하지요.

칼날 끝의 면적은 아주 좁습니다. 따라서 큰 힘이 칼날 끝에 모이기 때문에 큰 힘을 주지 않아도 채소를 썰 수 있어요. 만약 주걱을 사용해서 칼과 똑같은 힘으로 오이를 썬다면 잘 썰리지 않겠지요?

### 나도 수학자

**호스의 물도 같을까요?**

물을 뿌릴 때 호스 끝을 살짝 누르면 물의 세기가 강해집니다. 수도에서 나오는 물의 힘은 같아도 호스 끝의 면적이 좁기 때문이지요.

이 면적이 아주 좁아요.

탁탁

잘 썰리는 칼날 끝의 폭은 0.002mm 정도라고 합니다. 이는 1mm의 $\frac{1}{500}$ 길이입니다. 칼 500자루의 날 끝을 모아도 1mm밖에 되지 않으니 자세히 봐도 잘 모르겠지요?

# 지구에 밧줄을 두르면?

**3 / 18일**

교과서 6학년 1학기 5단원 원의 넓이

오차노미즈여자대학 부속초등학교 | 오카다 히로코

## 지구 적도의 길이

지구 적도에 밧줄을 두르면 어느 정도 길이가 될까요? 정답은 약 4만km입니다. 아주 길지요. 그럼 이 밧줄을 1m 더 늘여서 다시 지구의 적도에 두른다고 생각해 보세요. 그러면 밧줄이 길어진 만큼 지구와 밧줄 사이에 틈이 생기겠네요. 이 틈은 어느 정도일까요? 세 가지 보기 중에 선택해 보세요.(그림 1) ① 개미가 지나갈 수 있을 만큼. ② 쥐가 지나갈 수 있을 만큼. ③ 고양이가 지나갈 수 있을 만큼.

## 틈은 어느 정도 벌어질까요?

정답은 ③고양이가 지나갈 수 있을 만큼입니다. 겨우 1m만 길어졌으니 틈이 거의 생기지 않으리라 생각한 친구도 많겠지요?

틈이 어느 정도 생기냐면, 사실 약 16cm 정도 벌어집니다. 밧줄의 길이는 지구의 지름×3.14로 구할 수 있습니다.

계산해서 생각해 보면(계산 방법은 '나도 수학자'를 보세요) 지름은 약 32cm 늘어난다는 사실을 알 수 있으므로 지구에서는 약 16cm 정도 밧줄이 붕 뜨게 됩니다. 겨우 1m 늘어났지만 상상한 것보다 틈이 많이 벌어지네요.

### 나도 수학자

**5학년 이상인 친구들은 아래 계산을 할 수 있을까요?**

늘어난 지름의 길이를 □cm라고 하면
(지구의 지름+□cm)×3.14=4만km+1m
(지구의 지름×3.14)+(□cm×3.14)=4만km+1m
□cm×3.14=1m(100cm)
□cm=100cm÷3.14
따라서 □cm는 약 32cm
그림의 Ⓐ와 Ⓑ를 합쳐서 약 32cm이므로 지구와 밧줄의 틈은 약 16cm

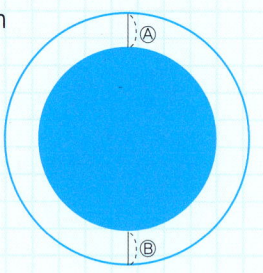

 적도의 길이를 알면 지구의 지름을 구할 수 있습니다. '지구의 지름×3.14=적도의 길이'이므로 지구의 지름=4만km÷3.14, 약 1만 2,742km라는 답이 나옵니다.

# 우리나라 초등학생이 모두 한 줄로 서면?

**교과서** 3학년 1학기 5단원 길이와 시간

오차노미즈여자대학 부속초등학교 | 구가야 아키라

## 우리나라 초등학생은 모두 몇 명?

여러분, 우리나라 초등학생은 모두 몇 명인지 아나요? 조사해 보면 1학년부터 6학년까지 모두 합쳐 약 267만 명이라고 합니다.(2016년 기준)

267만 명이라는 숫자를 듣고 많다는 생각을 했나요? 아니면 적다고 느꼈나요? 267만 명이라는 숫자를 듣고 감이 오지 않을지도 모르겠네요.

또한 학년별 인원수를 살펴보면 차이는 조금씩 있겠지만 각 학년에 약 44만 명 가까이 있다는 사실을 알 수 있습니다. 오늘은 267만과 44만이라는 커다란 숫자의 차이를 생각해 보겠습니다.

## 한 학년이 모두 한 줄로 서면?

예를 들어 "초등학교 5학년생 여러분! 지금부터 여러분 모두 한 줄로 설 테니까 서울역으로 모이세요!" 하고 우리나라 초등학교 5학년생 44만 명을 모이도록 한다고 상상해 보세요. 그리고 서울역에서 남쪽으로 곧장 1m씩 띄엄띄엄 한 줄로 선다고 생각해 보세요. 그럼 이 줄의 가장 뒤에 서는 사람은 어디까지 갈까요?

1m 간격으로 서기 때문에 줄은 약 44만m입니다. 1,000m=1km이므로 44만m는 440km입니다. 서울역에서 남쪽으로 약 440km는 어디에 해당하는지 알아봤더니, 무려 제주도 우도에서 북쪽으로 약 10km 떨어진 지점이었습니다. 여기에서는 5학년 학생을 예로 들었는데, 제주도 인근까지 갈 정도로 많은 수라니 정말 놀랍지요. 실제로 바다 위에 줄을 설 수는 없겠지만요.

그러면 모든 초등학생이 서울역에 모여서 남서쪽으로 1m씩 띄엄띄엄 한 줄로 서면 어디까지 갈까요? 약 267만 명이므로 약 2,670km인 곳까지 줄이 뻗겠지요. 알아봤더니 서울역에서 약 2,670km 떨어진 곳은 필리핀의 수도 마닐라입니다. 정말 대단하지요?

 숫자가 커지면 상상하기가 쉽지 않지요. 그럴 때는 다른 것에 비유해서 숫자를 떠올리면 쉽게 파악할 수 있어요.

# 옛날에는 어떤 계산기를 썼을까요?

교과서 1학년 2학기 3단원 덧셈과 뺄셈(1) 심화

오오이타현 오오이타시립대 니시초등학교 | 니노미야 다카아키

## 계산기가 없던 시절

지금은 전자계산기를 사용해서 계산하는 일이 전혀 신기하지 않습니다. 그러나 전자계산기가 세상에 나오기 전에는 기계식 계산기를 썼습니다. 수많은 톱니바퀴가 복잡하게 움직이는 정밀한 기계이지요.

기계식 계산기는 먼 옛날 17세기에 프랑스 철학자 파스칼이 최초로 발명했어요. 계산기는 19세기 후반이 되자 과학기술 발달과 함께 유럽을 중심으로 퍼졌습니다. 그리고 여러 가지 기계식 계산기가 만들어지고 팔리기 시작했습니다. 그중에서도 '마지막 기계식 계산기'라고 불렸던 아주 작은 계산기가 있었습니다. 그것이 쿠르타 계산기입니다.

## 쿠르타 계산기의 탄생 비화

쿠르타 계산기는 유대계 오스트리아인인 쿠르트 헤르츠슈타르크가 개발했습니다. 쿠르트는 제2차 세계대전 때 나치에 붙잡혀 수용소로 보내졌습니다. 그러나 뛰어난 기술자였던 쿠르트는 정밀기계 공장 관리를 명령받았고, 계산기 설계를 허락받았습니다.

1945년에 전쟁이 끝나고 쿠르트는 수용소에서 살아남았습니다. 그 후 리히텐슈타인 공국으로 불려가서 쿠르타 계산기 제조를 시작했습니다. 계산기가 손에 쏙 들어오는 크기라고 해서 유명해졌지만, 전자계산기가 등장하면서 기계식 계산기를 더 만들지 않게 되었습니다.

쿠르타 계산기. 높이는 약 11cm. 위에 달린 손잡이를 잡고 돌려서 계산합니다. 자료 : 니노미야 다카아키

### 나도 수학자

**세계 최초의 계산기가 만들어진 계기는?**

파스칼은 1642년 세계에서 처음으로 기계식 수동 계산기를 발명했어요. 세금 계산을 하는 아버지를 도우려고 만들었답니다. 그가 만든 계산기는 덧셈과 뺄셈, 반복을 통한 곱셈과 나눗셈도 할 수 있었대요. 이를 시작으로 세계에서 기계식 수동 계산기 개발이 이루어지기 시작했습니다.

 1962년 이만영 박사가 우리나라 최초의 전자계산기를 개발했습니다. 당시 국내에서 고성능 컴퓨터가 필요하지 않아 상업화되지 못했지만 국내 컴퓨터 역사에 획을 그은 사건이라 할 수 있어요.

# 2. 천둥은 어디에 있을까요?

**3월 21일**

교과서 6학년 2학기 2단원 비례식과 비례배분

도쿄학예대학부속 고가네이초등학교 | 다카하시 다케오

천둥친 곳까지 거리(km) = 번개가 친 후 천둥소리가 들릴 때까지 걸리는 시간(초) ÷ 3

### 천둥까지 거리를 알 수 있는 방법

번개가 번쩍한 다음에는 반드시 천둥소리가 쿠르르릉 들리지요. 그런데 번개가 친 후 천둥소리가 들릴 때까지 걸리는 시간으로 천둥 친 곳까지의 거리를 알 수 있답니다. 과연 어떻게 알 수 있을까요?

방법은 간단합니다. 섬광이 번쩍하면 쿠르르릉 하고 천둥소리가 들릴 때까지 시간이 얼마나 걸리는지 재 보세요. 스톱워치나 벽시계로 재도 좋고요. 몇 초가 걸리는지 세기만 해도 좋아요. 시간이 얼마 걸렸는지 알았으면 그 숫자를 3으로 나눠 보세요. 3으로 나눴을 때 나온 숫자가 여러분이 있는 장소에서 천둥까지 얼마나 떨어져 있는지 킬로미터로 표현한 대략적인 거리입니다.

예를 들어 섬광이 번쩍한 후 천둥소리가 울리기까지 6초가 걸렸다고 해 보세요. 그러면 6÷3은 2이므로 천둥 친 곳까지 거리는 약 2km입니다.

### 왜 3으로 나누나요?

소리는 1초 동안 약 340m, 즉 3초에 약 1,000m (1km) 움직입니다. 천둥소리가 들리기까지 걸리는 시간(초 단위)을 3으로 나눈다는 것은 시간을 3초 단위로 계산한다는 뜻이에요.

예를 들어 6초가 걸렸을 때는 어떨까요? 이때 6÷3=2입니다. 이때 2는 3초 단위가 2번 있는 것, 즉 1,000m가 2개 있다는 사실을 나타내기 때문에 2km입니다.

 섬광이 보인 다음 시간을 재서 천둥까지 거리가 얼마나 떨어져 있는지 계산해 보세요.

# 갈릴레이는 대발명가?

교과서 4학년 1학기 2단원 각도

메이세이대학 객원교수 | 호소미즈 야스히로

## 직접 만든 망원경으로 대발견

이탈리아의 천재 과학자인 갈릴레오 갈릴레이는 직접 만든 망원경으로 밤하늘의 달을 관찰했습니다. 그랬더니 매끈매끈한 공인 줄 알았던 달이 지구와 마찬가지로 울퉁불퉁한 것이 아니겠어요?

그뿐이 아닙니다. 금성은 달처럼 차고 이지러지는 현상이 있었고, 목성은 자그마한 별 4개를 거느리고 있었습니다. 태양이 꿈쩍도 않고 있는 것이 아니라 스스로 돈다는 사실도 발견했습니다. 그런 갈릴레이가 후세에 별 연구로 유명해진다는 사실은 자신도 생각지 못했겠지요?

## 발명품이 큰 인기를 얻었어요!

갈릴레이는 젊은 시절 대학에서 수학을 가르쳤습니다. 어릴 때부터 계산을 하거나 도형을 그리는 것을 아주 좋아했기 때문입니다. 편리한 물건도 많이 발명했습니다. 그림 1은 갈릴레이가 발명한 계산용 도구입니다. 여러분이 도형을 배울 때 사용하는 컴퍼스와 모양이 살짝 닮았네요. 당시 이 도구를 사용하면 대포를 쏠 때 각도를 정확하게 계산할 수 있다고 해서 아주 인기가 많았습니다.

그러나 망원경을 발명한 사람은 갈릴레이가 아닙니다. 멀리 있는 것을 크게 볼 수 있는 도구가 네덜란드에 있다는 이야기를 듣고 똑같이 만들어 본 것이지요. 완성된 망원경을 사용하니 깜짝 놀랄 정도로 멀리 있는 사물이 잘 보였습니다. 직접 손을 움직이고 머리를 굴려서 만든 것이 위대한 발견으로 이어졌지요.

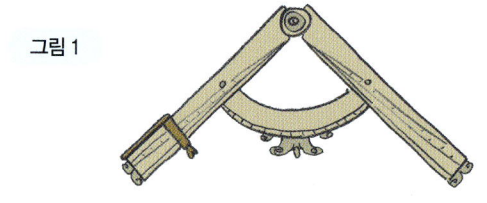

그림 1

이번엔 무엇을 발명할지 고민이오.

이탈리아에서는 역사상 위인을 성이 아니라 이름으로 부르는 일이 많다고 합니다. 참고로 갈릴레오 갈릴레이는 라틴어로 하면 갈릴레우스 갈릴레우스입니다. 성과 이름이 똑같다니 신기하지요.

## 2 신호등 크기는 얼마만 할까요?

**교과서** 3학년 1학기 5단원 길이와 시간

3월 23일

도쿄도 도시마구립 다카마쓰초등학교 | 호소가야 유코

### 신호등이 의외로 크다고요?

여러분은 신호등을 본 적이 있지요? 신호등은 교통사고를 막고 차량의 흐름을 원만하게 하며 교통질서를 잡는 역할을 합니다.

신호등의 세 가지 색깔인 파란불·노란불·빨간불은 세계에서 공통으로 쓰는데, 파란불은 '지나가도 좋아요', 노란불은 '정지 위치에서 멈추세요', 빨간불은 '지나가면 안 돼요'를 뜻합니다. 색깔이 바뀌거나 깜박이는 방법은 나라마다 달라요.

그런데 신호등의 크기는 어느 정도일까요? 우리나라 자동차용 신호등의 둥근 렌즈는 지름이 30cm입니다. 보행자용 신호등은 한 변이 30cm이고, 보조 신호등은 보통 지름이 20cm예요.

### 횡단보도에 있는 줄무늬는?

횡단보도는 줄무늬 모양으로 되어 있지요. 포장도로 위에 흰 페인트로 줄무늬가 그려져 있습니다. 이 흰 페인트가 그려진 부분과 그려지지 않은 부분 사이의 폭은 어느 정도일까요? 사실 대부분은 45cm입니다. 도로 폭이 좁은 곳에서는 폭이 30cm라고 합니다. 횡단보도의 줄무늬 수로 도로 폭을 계산할 수도 있겠네요.

자동차용 신호등
지름 30cm

보행자용 신호등
한 변이 30cm

30~45cm

한국 최초의 교통신호기는 1940년에 생겼어요. 기차 승강장 입구의 기둥에서 세 가지 색깔의 날개가 튀어나오는 형태였습니다. 종로, 을지로 입구에도 설치되었지만 전등이 없어 밤에 쓸 수 없었고, 사람이 직접 조작했어요. 오늘날 볼 수 있는 삼색 신호등은 광복 이후 미군이 들어오면서 생겼습니다.

# 2 평소 사용하는 종이에도 비밀이 있어요

**교과서** 3학년 2학기 4단원 분수

시마네현 이이난초립 시시초등학교 | 무라카미 유키토

## 종이를 반으로 잘라 보면?

색종이를 반으로 잘라 보세요. 두 개로 나눠지지요. 이번에는 가늘고 긴 종이테이프를 반으로 잘라 보세요. 이번에도 두 개로 나눠집니다.(그림 1) 너무 당연한가요?

그럼 이번에는 여러분이 평소에 사용하는 복사 용지를 반으로 잘라 보세요. 컴퓨터 프린터에 사용하는 보통 크기의 종이예요. 반으로 나눠 보니 특이한 점 없었나요? 이 용지는 특별합니다. 무엇이 특별하냐고요? 절반 크기가 되어도 크기만 작아졌을 뿐 자르기 전의 도형과 같은 모양이에요. 거기에서 다시 반으로 나눠도 같은 모양입니다.(그림 2)

여러분이 잘 아는 신문지도 같은 특징이 있답니다. 신문지를 펼쳤을 때 크기는 A1이라고 해요. A1 크기를 반으로 자르면 A2, 다시 반으로 자르면 A3, 다시 반으로 자르면 A4 크기가 되어(신문지를 3번 반으로 접기) 여러분이 학교에서 받는 프린트물 크기와 같아집니다. 학교에서 나눠 주는 프린트물도 반으로 자르면 마찬가지로 원래 모양과 같은 모양이 됩니다. 우리 주변에는 이렇게 특별한 성질을 가진 도형이 많답니다.

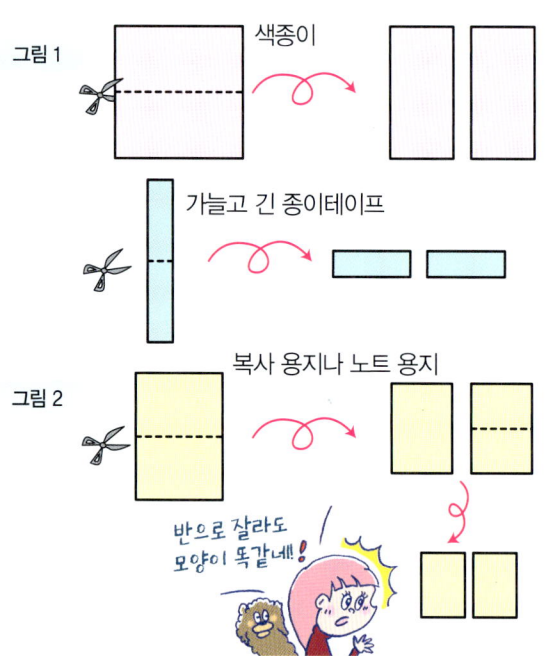

### 나도 수학자

#### A4나 B5가 뭘까요?

종이나 책은 A4나 B5 크기로 만듭니다. A4는 공장에서 만든 첫 종이 모양 A0(841mm×1189mm)를 4번 자르면 만들 수 있습니다. B5는 B0(1030mm×1456mm)를 5번 잘라서 생긴 모양입니다. A0, B0 용지를 만들면 잘랐을 때 자투리가 나오지 않고, 자르는 횟수에 따라 모양은 같고 크기만 다른 종이를 만들 수 있으니 편리하지요.

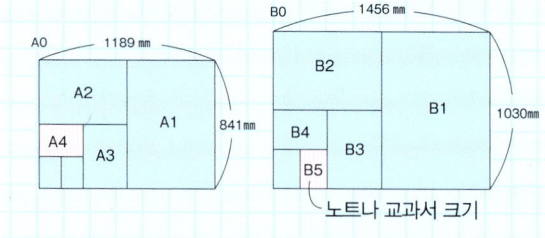

여기에서 소개한 A0, A4 등의 용지 크기 규격 'A판'은 19세기 말에 독일 물리학자 오스왈드가 제안했습니다. 현재 국제 종이 규격입니다.

# 숫자를 나타내는 한자는 어떻게 생겼을까요?

**3 25일**

교과서 1학년 1학기 1단원 9까지의 수

아오모리현 산노헤초립 산노헤초등학교 | 다네이치 요시타케

## 숫자를 나타내는 한자의 모양은?

한자를 배울 때는 먼저 숫자를 익히기 시작하지요. 수를 나타내는 한자는 어떻게 이런 모양이 되었는지 생각해 본 적 있나요?

대부분 손가락이나 손으로 그 숫자를 표현한 모습을 본떠 만들어진 것으로 보여요. 예를 들어 '一'(일), '二'(이), '三'(삼)은 각 숫자를 표현한 손가락을 옆으로 누인 모습입니다.

'六'(육), '七'(칠), '八'(팔), '九'(구)는 중국에서 숫자를 표현할 때의 손가락 모양에서 유래했다고 추측됩니다. '六'(육)은 엄지손가락과 새끼손가락을 펴고 나머지 손가락을 접습니다. '칠'(七)은 엄지손가락과 집게손가락, 가운뎃손가락을 펴고 나머지 손가락은 접습니다. '八'(팔)은 엄지손가락과 집게손가락을 펴고 나머지 손가락은 접습니다. '九'(구)는 집게손가락만 애벌레처럼 구부립니다.

## 산가지에서도 유래했어요

'十'(십)은 손 모양에서 유래했습니다. 두 손을 모은 손의 모양 '丨'을 '一'(일)과 구별하기 위해 조금 바꾼 것으로 보여요. 한편 '四'(사), '五'(오), '百'(백), '千'(천) 등은 다릅니다. 산가지(나무를 이용해 계산하는 도구)나 갑골문자가 변화된 모양, 어떤 두 한자를 합친 모양에서 유래했습니다.

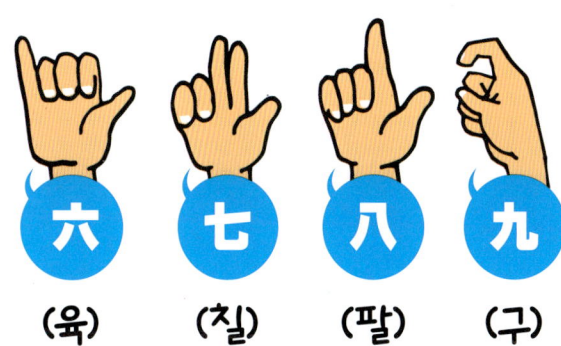

(육) (칠) (팔) (구)

 **나도 수학자**

### 숫자를 나타내는 한자

| 1 | 2 | 3 | 4 | 5 | 6 | 7 | 8 | 9 | 10 | 100 | 1000 | 10000 |
|---|---|---|---|---|---|---|---|---|----|-----|------|-------|
| 일 | 이 | 삼 | 사 | 오 | 육 | 칠 | 팔 | 구 | 십 | 백 | 천 | 만 |
| 一 | 二 | 三 | 四 | 五 | 六 | 七 | 八 | 九 | 十 | 百 | 千 | 萬 |

 사람은 여러 가지 숫자를 생각해 냈습니다. 같은 숫자인데도 시대나 지역에 따라 나타내는 방법이 전혀 다르지요. 이 책에서는 고대 마야인의 숫자(33쪽)와 로마 숫자(139쪽)를 소개했습니다.

# 2 음료수는 mL로 표시할까요, g으로 표시할까요?

교과서 3학년 2학기 5단원 들이와 무게

도쿄도 스기나미구립 다카이도 제3초등학교 | 요시다 에이코

## 우유나 물의 표시는 다르다?

여러 가지 음료수에는 안에 내용물이 얼마나 들어 있는지 적혀 있습니다. 작은 갑에 든 우유는 200mL(밀리리터)라고 적힌 것도 있고, 180mL라고 적힌 것도 있고, 큰 용기에 든 음료수는 1L(리터)나 2L 등이라고 다양하게 표시되어 있어요. 작은 페트병에 든 물은 500mL입니다. 이러한 단위는 캔에 든 주스나 커피에도 적혀 있는데, mL가 아니라 g(그램)으로 표시하는 나라도 있대요. mL와 g에는 어떤 차이가 있을까요?

## 부피가 아니라 무게 단위

mL나 L는 액체의 부피 단위인데, 부피를 '용량'이라고 합니다. 1L는 1,000mL와 같지요. 한편 g은 무게를 나타내는데, '중량'이라고도 하지요.

커피 같은 액체는 따뜻하게 덥히면 용량이 커집니다. 반대로 차갑게 식히면 용량이 줄어들지요. 커피를 mL가 아닌 g으로 표시하는 나라에서는 커피를 90℃ 정도 온도로 캔에 넣는다고 합니다. 그런데 팔 때는 온도가 달라지기 때문에 용량이 변합니다. 액체는 뜨거우면 기체 상태로 변하고, 반대로 차가워지면 고체 상태로 변하기도 하지요. 같은 원리로 용량은 조금씩 변한답니다. 따라서 액체의 부피 단위인 mL를 쓰지 않고 무게 단위인 g을 쓰는 것입니다.

 **나도 수학자**

**물건에 표기된 용량을 찾아보세요**
그 밖에도 g으로 표시하는 물건에는 무엇이 있는지 찾아볼까요?

 용량과 무게 중 어느 쪽을 사용해서 기재할지는 '계량법'이라는 규칙에 따릅니다.

# 여러 도형으로 만드는 아름다운 무늬

**3월 27일**

교과서 4학년 2학기 3단원 다각형

가나가와현 가와사키시립 쓰치하시초등학교 | 야마모토 나오

삼잎

칠보

## 도형을 겹쳐 만든 삼잎과 칠보 무늬

위 왼쪽 그림은 '삼잎', 오른쪽 그림은 '칠보'라 불리는 무늬입니다. '삼잎'은 삼(마)의 잎을 말하고, '칠보'(七寶)는 한 원의 네 모퉁이에 원 4개를 겹친 모양입니다. 이러한 모양은 기하학적인 형태라고도 불리는데, 색종이나 포장지, 방석 무늬, 벽지 등 다양한 곳에서 사용합니다. 여러분 주변에도 반드시 있을 테니 찾아보세요.

## 자세히 보면 같은 모양이 한가득해요

이러한 모양을 자세히 보면 같은 모양이 빼곡히 나열되어 있다는 사실을 알 수 있습니다. 삼잎 모양은 모두 크기가 같은 이등변삼각형이 꽉 차 있네요. 이렇게 생김새나 크기가 같아서 딱 겹쳐지는 무늬를 빈틈없이 나열하는 것을 '테셀레이션'이라고 말합니다.(45쪽 참조)

그런데 칠보 무늬에 사용된 원은 빈틈없이 나열할 수 없습니다. 그러나 이 모양처럼 원과 원을 겹쳐 사이에 있는 모양을 모두 똑같이 만들었더니 같은 무늬가 반복되어 나열된 것처럼 보이네요.

### 나도 수학자

**같은 모양에 색을 칠해 보세요**

'삼잎'은 이등변삼각형뿐 아니라 여러 가지 모양으로 가득 채워져 있습니다. 여러분도 여러 가지 모양을 생각하며 색을 칠해 보고 모양을 만들어 보세요.

 무늬에서 이등변삼각형, 정삼각형 등의 삼각형이나 직사각형, 정사각형 등의 사각형이 빈틈없이 나열되어 있는지 확인해 보세요. 어떻게 해야 같은 모양이 빈틈없이 나열될 수 있을지 알아보고 생각해 보는 것도 좋아요.

# 맨홀 뚜껑은 왜 동그랗게 생겼을까요?

**3월 28일**

교과서 2학년 1학기 2단원 여러 가지 도형

후쿠오카현 다가와군 가와사키초립 가와사키초등학교 | 다카세 다이스케

그림 1 — 대각선이 가장 기네!

그림 2 — 원의 지름은 어디를 재도 모두 같아요.

## 떨어지기 쉬운 모양은?

인도나 차도, 공원 등 여기저기에서 금방 찾을 수 있는 것이 맨홀입니다. 맨홀에는 여러 가지 모양이 있는데, 그 모양은 대부분 동그랗습니다. 왜 사각형이나 삼각형은 없을까요?

가장 중요하게 생각해야 할 점은 사람들의 안전입니다. 맨홀 뚜껑이 틀어져 안으로 떨어져서 보행자나 차에 탄 사람들이 사고를 당하면 큰일이지요. 그러면 어떤 맨홀 모양이 떨어지기 쉬울까요?

정사각형이나 직사각형 등의 사각형은 네 변의 길이보다 대각선 길이가 더 깁니다.(그림 1) 즉 뚜껑의 세로나 가로 길이보다 맨홀 구멍의 대각선 길이가 더 길기 때문에 방향이 틀어지면 뚜껑이 빠지고 맙니다. 그럼 원은 어떨까요?

## 맨홀은 대부분 원 모양

원의 지름은 모두 길이가 같기 때문에 뚜껑에는 지름보다 긴 변이 없습니다.(그림 2) 따라서 맨홀이 원형이면 뚜껑이 안으로 떨어지는 일이 없습니다.

그 밖에도 맨홀 뚜껑이 원으로 된 이유가 있습니다. 삼각형이나 사각형은 반드시 각이 있지요. 각은 힘이 가해지면 부러지기 쉽습니다. 그러나 원 모양에는 각이 없습니다. 그래서 뚜껑의 한 점에 힘을 가해도 원 모양 뚜껑은 잘 부러지지 않습니다. 만약 맨홀 뚜껑이 부러지기라도 하면 큰일 나니까요.

 원은 운반하기도 편리해요. 무거운 뚜껑은 들지 않고 굴려서 옮길 수 있으니까요. 여러분 주변에도 맨홀이 있지요? 모양이나 형태, 크기를 주의해서 보세요.

# 한 손으로 몇까지 셀 수 있을까요?

**3월 29일**

교과서 2학년 1학기 1단원 세 자리 수

오차노미즈여자대학 부속초등학교 | 오카다 히로코

## 10까지밖에 셀 수 없다고요?

한 손으로 몇까지 셀 수 있을까요? 손가락이 다섯 개니까 5까지 셀 수 있을까요? '10까지 셀 수 있어요!' 하는 친구도 있겠지요. 보통은 많아도 10까지밖에 셀 수 없을 것 같은데, 사실 31까지 셀 수 있습니다. "네? 손가락은 다섯 개밖에 없는데 어떻게 31까지 세요?" 이런 의문이 드는 친구도 있을 텐데, 손가락 세우기와 접기를 조합해서 31까지 숫자를 표현할 수 있어요.

그럼 31까지 세어 볼까요? 그림 1을 보세요. 엄지손가락을 세우면 1, 집게손가락을 세우면 2, 가운뎃손가락은 4, 약손가락은 8, 새끼손가락은 16이라고 할게요. 세운 손가락 합계를 세 보세요. 이 방법을 사용하면 0부터 31까지 숫자 32개를 나타낼 수 있습니다. 예를 들어 그림 2는 엄지손가락(1)과 집게손가락(2)이 세워져 있으므로 1+2=3을 표현합니다. 그림을 따라 하며 0부터 순서대로 31까지 나타내 보세요.(그림 3)

## 양쪽 손가락을 모두 사용하면 숫자 몇?

오른손 엄지손가락을 1, 오른손 집게손가락을 2, 오른손 가운뎃손가락을 4, 오른손 약손가락을 8, 오른손 새끼손가락을 16, 왼손 엄지손가락을 32, 왼손 집게손가락을 64, 왼손 가운뎃손가락을 128, 왼손 약손가락을 256, 왼손 새끼손가락을 512라고 하면 양쪽 열 손가락으로 1023까지 나타낼 수 있어요.(그림 4) 1023이나 되는 숫자를 단 열 손가락으로 나타낼 수 있다니 놀랍지요?

**그림 3**

**그림 1**  **그림 2**  **그림 4**

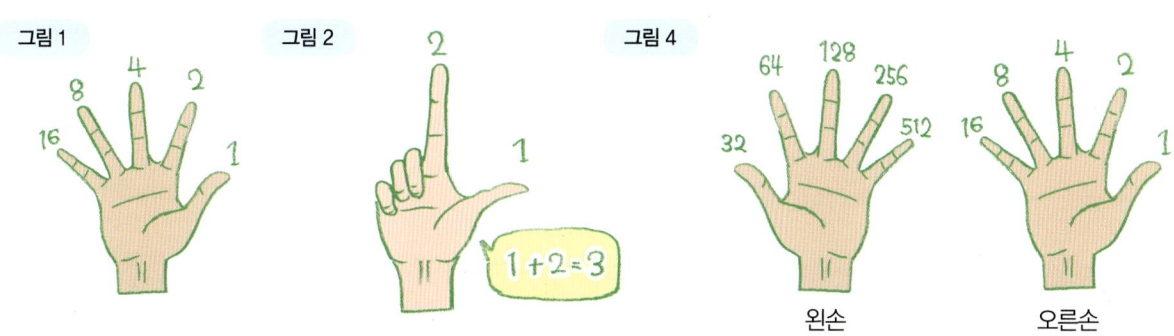

왼손　오른손

 손가락 숫자 표현은 2진법을 사용했습니다. 2진법은 컴퓨터나 바코드, 점자 등에도 사용돼요.

# 바둑돌을 전부 주울 수 있을까요?

**3 30일**

교과서 6학년 2학기 6단원 여러 가지 문제 심화

오오이타현 오오이타시립대 니시초등학교 | 니노미야 다카아키

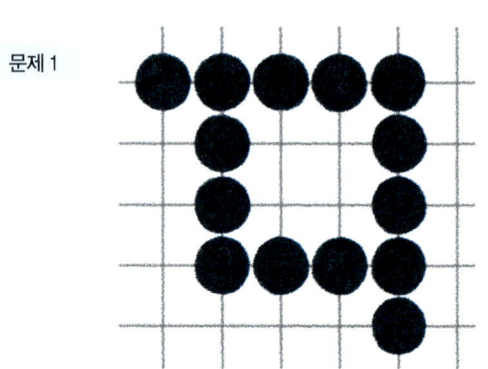

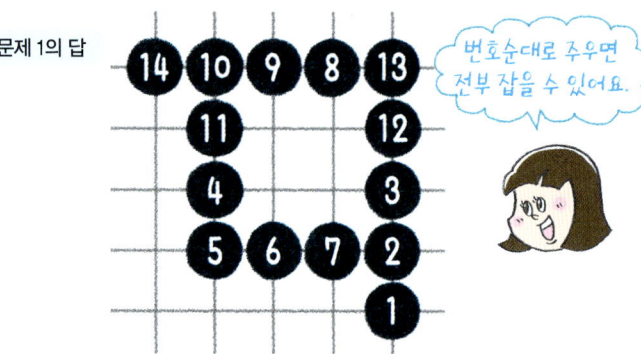

## 바둑돌로 놀 수 있는 퍼즐이에요

'줍기 놀이'라 불리는 퍼즐이 있습니다. 규칙은 간단해서 바둑판과 바둑돌만 있으면 바로 할 수 있어요. 먼저 바둑판 위에 바둑돌을 문제 1처럼 나열합니다. 이 바둑돌을 하나씩 주워서 바둑판 위에 아무것도 남지 않으면 성공입니다. 단, 주울 때는 다음과 같은 규칙이 있습니다.

① 시작점은 어디든 상관없습니다.
② 줍는 방향은 세로와 가로로만 가능하고 대각선으로는 안 됩니다.
③ 중간에 바둑돌이 있으면 건너뛰지 말고 반드시 줍습니다.
④ 같은 선 위에 있는 바둑돌은 떨어져 있더라도 주울 수 있습니다.
⑤ 왔던 길을 되돌아갈 수는 없습니다.

정답이 있으니 잘 모르겠으면 확인해 보세요.

## 친구와 함께해 보세요

'줍기 놀이'는 혼자서뿐만 아니라 여럿이서도 할 수 있어요. 한 가지 문제를 서로 도우면서 생각해 보거나 문제를 만들어서 서로 내 보세요. 마지막에 주울 바둑돌부터 거꾸로 놓으면 문제를 만들 수 있겠지요. 시작점과 끝 지점을 힌트로 내도 좋습니다. 마지막으로 문제를 하나 더 풀어 볼까요?(문제 2) 정답은 없으니 곰곰이 생각해 보세요.

 그림 1 문제는 되 모양을 나타냅니다. 옛날에 곡식 분량을 헤아리는 데 썼던 되에는 손잡이가 달려 있었어요. 그림 2 문제는 화살 깃 모양입니다. 직접 문제를 만들어 보고 이름을 붙여 보세요.

# 인도에서는 십구단 곱셈까지 외운대요

**3월 31일**

교과서 3학년 2학기 1단원 곱셈

도쿄도 도시마구립 다카마쓰초등학교 | 호소가야 유코

### 두 자리 곱셈구구를 암기한다고요?

여러분은 초등학교 2학년 때 곱셈구구를 배웁니다. 외우기 힘든 단이나 어려운 단이 있어서 고생하는 친구들도 있겠네요. 우리나라에서는 보통 곱셈구구를 9×9(81가지)까지만 외우는데, 인도에서는 19×19(361가지)까지 암기한다고 합니다. 그리고 일상생활이나 학교에서 '계산 비법'을 익히기 때문에 조금 어려운 계산도 간단히 답을 구할 수 있대요. 인도의 계산 비법에는 어떤 것이 있는지 알아볼까요?

### 계산을 간단히 만드는 비법

그림 1은 12×32를 계산하는 과정입니다. 선과 점을 사용해서 간단히 풀었네요. 먼저 곱해지는 숫자 12를 그림의 빨간 선과 같이 비스듬한 선으로 나타냅니다. 이어서 곱하는 숫자 32를 빨간 선과 교차하도록 파란 선으로 그립니다. 선이 교차한 부분에 점을 찍습니다. 다음으로 초록색 틀 안에 있는 점의 개수를 셉니다. 오른쪽부터 일의 자리, 십의 자리, 백의 자리로 하여 정답은 384가 되었습니다. 한국식으로 계산해도 같은 답이 나왔네요.

그림 2는 모눈종이로 12×32를 계산하는 방법입니다. 곱해지는 숫자 12를 네모 칸 위쪽에 쓰고, 곱하는 숫자 32를 네모 칸 오른쪽에 씁니다. 각 숫자를 곱한 값을 각 네모 칸 안에 쓰되, 왼쪽 위에는 십의 자리를, 오른쪽 아래에는 일의 자리를 나눠 적습니다. 2×3은 곱한 값이 6이므로 06이라고 씁니다. 0과 6을 나누어 적었어요. 그다음 그림에서 대각선 방향으로 숫자를 묶어 더하면 답이 나와요.

그림 1

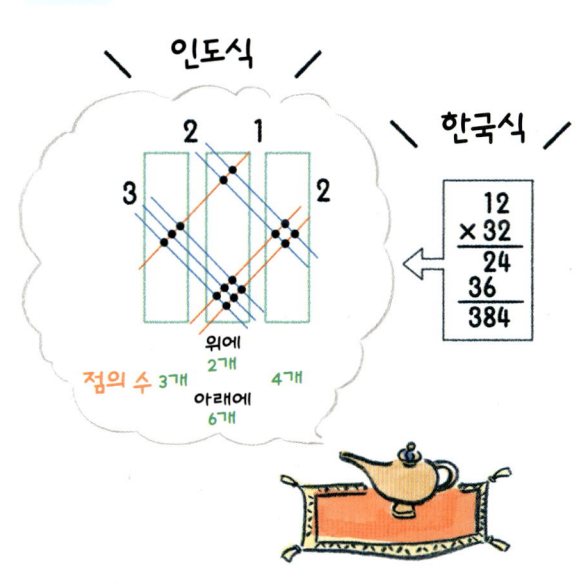

그림 2

 이 밖에도 계산 비법이 많습니다. 왜 그렇게 되는지 연구하고 자신만의 비결을 찾아보세요.

# 칼레이도 사이클을 만들어 봐요

## 회전하는 사면체를 갖고 놀아요

삼각형 4개로 만든 입체도형을 **사면체**라고 합니다. 이 사면체를 6개 만들어 이으면 바깥쪽에서 안쪽으로, 안쪽에서 바깥쪽으로 회전하는 입체도형인 **칼레이도 사이클**(Kaleido cycle)이 생깁니다. 색종이로도 만들 수 있는데, 일반 편지 봉투 3장을 사용하면 가장 간단하게 만들 수 있습니다. 90×205mm 크기 정도면 돼요.

칼레이도 사이클은 삼각형 부분을 양쪽에서 잡고 안쪽으로 밀어 아래로 돌릴 수 있어요. 바깥쪽에서 안쪽으로, 안쪽에서 바깥쪽으로 돌아갑니다. 처음에는 조금 뻑뻑하지만, 점점 부드럽게 돌아가요.

### 만드는 법

① 먼저 세 장의 편지 봉투를 준비합니다. 그중 한 장의 봉투 입구에 테이프를 붙인 후 한가운데를 반으로 자릅니다. 두 장이 생겼지요? 두 장 다 같은 방법으로 접을 텐데, 우선 봉투 입구가 있던 부분부터 접어 볼게요.

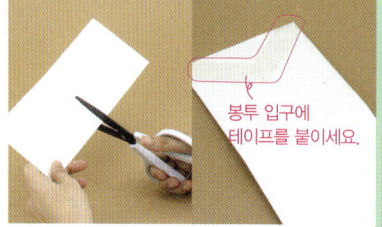
봉투 입구에 테이프를 붙이세요.

② 자른 부분을 벌린 다음, 벌린 쪽이 봉투 입구(테이프 붙인 부분)와 직각을 이루도록 잡으세요. 벌린 쪽의 양쪽 종이를 맞닿게 하여 테이프를 붙입니다. 오른쪽 아래 그림을 참고하여 봉투 입구가 있는 단면이 역삼각형 모양이 되도록 접으세요.

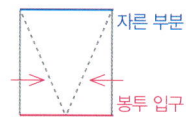
자른 부분 / 봉투 입구

③ 이렇게 해서 겉면이 삼각형 4개로 이루어진 사면체가 생겼습니다. 봉투 하나로 사면체 2개를 만들 수 있어요. 모두 6개의 사면체를 만들어 보세요.

④ 만든 사면체 6개를 테이프로 서로 이어 붙일 거예요. 먼저 2개씩 붙이는데, 역삼각형 단면의 윗변을 맞닿게 하세요. 그다음 아래의 완성 사진처럼 이어 테이프로 붙이면, 완성!

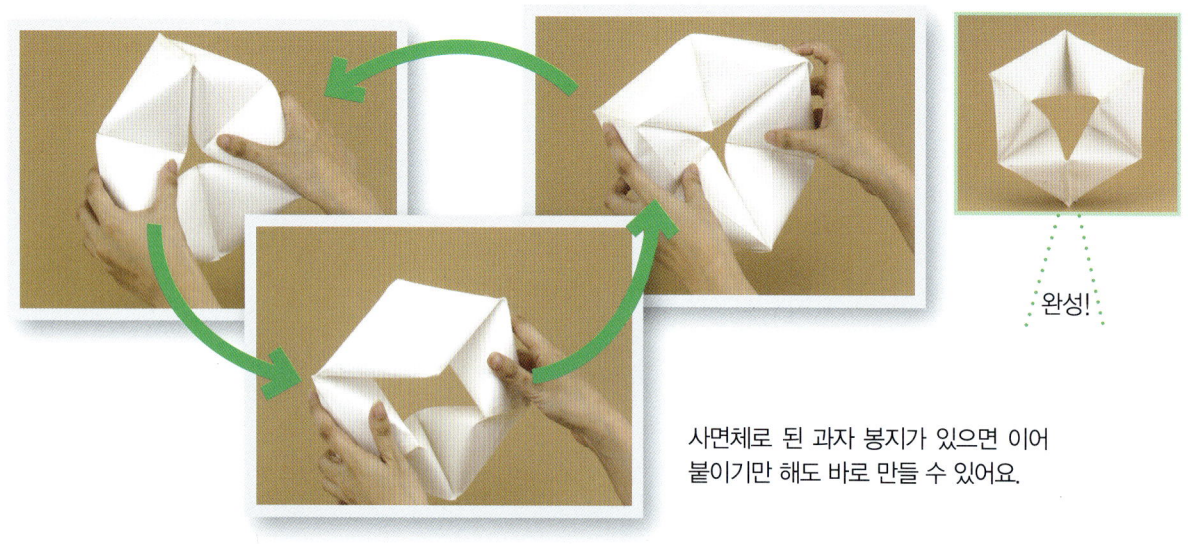

완성!

사면체로 된 과자 봉지가 있으면 이어 붙이기만 해도 바로 만들 수 있어요.

◎자료 : 요시다 에이코

# 4월

우리 주변에서 세모 모양의 물건을 찾아보세요. 삼각자나 블록 장난감, 삼각 김밥 등 세모 모양이 많지요. 그러면 이번에는 삼각형을 찾아보세요. 삼각형은 세모와 비슷하지만, 끝이 둥근 표지판이나 삼각 김밥은 삼각형이 아니랍니다. 그 이유가 무엇인지, 주변에 삼각형 모양은 무엇이 있는지 알아볼까요?

➜ 4월 12일 130쪽

# 10을 읽으면 십일까요, 열일까요?

**4 1일**

교과서 1학년 1학기 5단원 50까지의 수

학습원 초등과 | 오오사와 다카유키

## '10'을 읽는 방법은 여러 가지?

여러분은 다음 말을 어떻게 읽나요?

'10개'

'열 개'라고 읽었나요? 설마 '십 개'라고 읽은 친구는 없겠지요?

초등학교 1학년 국어 교과서를 펴 보세요. '10'을 읽는 방법은 '열' 또는 '십'으로 되어 있습니다. '10시'는 '열 시'라고 읽습니다.

보통 10은 '십'이라고 읽지만, 10 뒤에 단위나 말이 붙으면 '열'이라고 읽기도 합니다. '10진수', '10 손가락 깨물어 안 아픈 손가락 없다'를 국어사전에서 한번 찾아보세요. '십진수', '열 손가락'으로 되어 있습니다.

## 여러 가지 수를 읽어 봐요

오른쪽 위 그림 속의 말을 읽어 보세요.

정답은 '십분간', '강수 확률 삼십 퍼센트', '이십 점 오', '일곱 시 삼십 분', '오십 번째'입니다.

어때요? 잘 읽었나요? 일기예보나 뉴스에서 시간, 강수 확률 등을 말하면 잘 들어 보세요. 아나운서가 얼마나 정확히 읽는지 알 수 있습니다.

### 나도 수학자

**0~10 바르게 읽기**

0부터 10까지 바르게 읽을 수 있나요? '영, 일, 이, 삼, 사, 오, 육, 칠, 팔, 구, 십'입니다. 개수를 셀 때는 '하나, 둘, 셋…' 하고 셉니다. 잘 구분해서 말해 보세요.

4는 보통 '사'라고 읽는데, '3이나 4'를 뜻할 때는 '서너'라고 읽습니다. 개수를 셀 때는 '네 마리', '네 번'처럼 '네'라고 읽지요. 앞뒤로 붙는 말에 따라 발음하기 쉽게 바뀌지요.

## 2 측정용 자와 커팅용 자는 다른가요?

교과서 2학년 2학기 3단원 길이 재기

4일 2

도쿄도 스기나미구립 다카이도 제3초등학교 | 요시다 에이코

### 용도에 따라 자의 측정 방법이 달라요

여러분은 측정용 자와 커팅용 자의 차이점을 아나요? 측정용 자는 사물의 길이를 재는 도구이며 커팅용 자는 직선을 긋는 도구입니다. 측정용 자는 길이를 정확히 잴 수 있도록 온도 변화에 잘 변하지 않는 알루미늄, 스테인리스, 대나무 등의 소재를 사용해서 만듭니다.

측정하는 방법도 다릅니다. 대나무로 된 자의 눈금에는 보통 숫자가 적혀 있지 않아요. 측정용 자는 눈금이 시작되는 자 끝부분이 0을 뜻합니다. 따라서 만약 30cm짜리 측정용 자로 아주 긴 사물을 잴 때 몇 번을 가더라도 더 편리하게 잴 수 있겠지요.

그런데 30cm보다 짧은 길이를 잴 때는 끝을 딱 맞춰서 재면 재기 힘들거나 직선 끝이 잘 보이지 않기도 해요. 그럴 때는 5cm나 10cm마다 있는 눈금 표시를 사용해서 중간 눈금을 0으로 치고 잴 수도 있습니다.

### 직선을 그어 봐요

측정용 자로 직선을 그어 볼까요?

① 눈금이 있는 쪽으로 길이를 재고 점으로 표시합니다.
② 눈금이 없는 쪽으로 점과 점을 연결합니다.

이 순서로 하면 눈금 부분이 더러워지지 않아요. 또한 눈금이 없는 쪽이 살짝 솟아 있어서 자와 종이가 닿는 부분에 연필 끝을 대면 깨끗하게 직선을 그릴 수 있습니다.

#### 나도 수학자

**붓으로 직선 그리기**

측정용 자의 파인 부분은 붓으로 직선을 그릴 때 사용합니다. 다른 막대기를 파인 부분에 대고 붓과 같이 잡은 다음, 미끄러지면서 직선을 그리면 잘 그려져요.

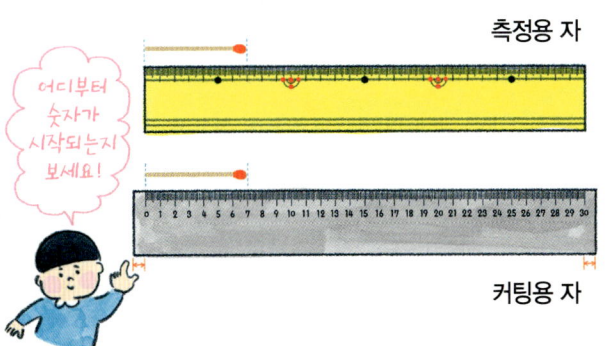

측정용 자

커팅용 자

자에는 이 밖에도 곡선을 그리기 위한 곡자나 삼각자 등이 있습니다. 삼각자는 삼각형 모양에 따라 직각삼각자와 정삼각자가 있어요. 본 적 있나요?

# 사다리 타기를 어떻게 만들까요?

교과서 6학년 2학기 6단원 여러 가지 문제

4일 3

오차노미즈여자대학 부속초등학교 | 오카다 히로코

## 왜 도착지가 서로 다를까요?

여러분은 사다리 타기를 해본 적이 있나요? '사다리 타기'란 세로선과 가로선을 조합하여 만든 제비뽑기를 말합니다. 먼저 간단한 사다리 타기를 해 보세요. 그림 1에서 토끼는 어떤 음식에 도착할까요?

그림 1의 사다리 타기에서 토끼는 당근에 도착합니다. 곰은 밤, 여우는 포도가 나왔네요. 왜 도착지가 겹치지 않을까요?

그림 2를 보세요. 가로선을 지나갈 때 토끼와 곰이 교차한다는 사실을 알 수 있어요. 가로선은 동물의 위치를 서로 바꾸는 역할을 합니다. 가로선에서 반드시 동물의 자리가 바뀌기 때문에 서로 다른 동물이 같은 도착지에 도착하는 일은 절대 없습니다.

## 사다리 타기를 만들어 봐요

그림 3에서 토끼, 곰, 여우, 오리가 각자 본인의 집으로 돌아갈 수 있도록 가로선을 넣어 볼까요? 먼저 동물과 본인의 집을 선으로 연결합니다. 다음으로 선과 선이 만나는 부분을 가로선으로 만듭니다. 사다리 타기 모양을 정리하면 완성입니다.

이 방법을 쓰면 아무리 세로선이 늘어나도 간단히 사다리 타기를 만들 수 있겠지요?

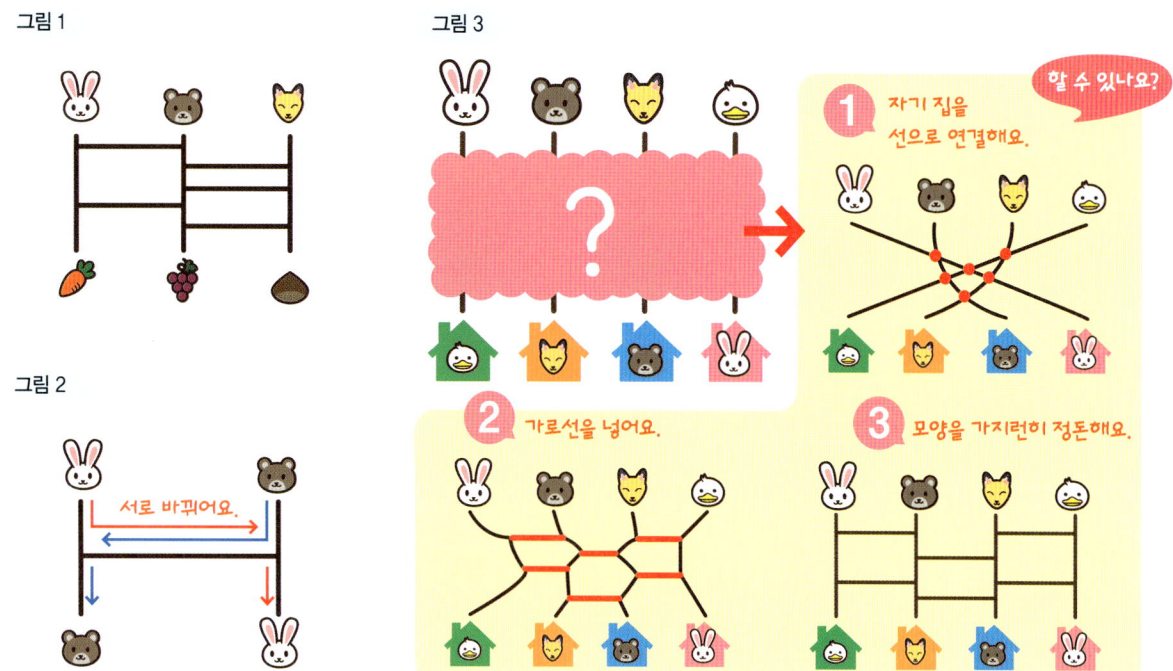

🔍 사다리 타기를 미국에서는 'Ghost Leg'라고 부르고 일본에서는 '아미다 타기'라고 부른대요.

# 숫자 4로 1부터 5까지 만들기

**교과서** 3학년 1학기 3단원 나눗셈

홋카이도교육대학부속 삿포로초등학교 | 다키가 히라유시

### 4를 네 개 써서 숫자 만들기

4가 네 개 있습니다. 이것을 모두 써서 1부터 5까지 숫자를 만들어 볼까요? +, −, ×, ÷를 모두 쓸 수 있어요. 시험 삼아 먼저 1을 만들어 보겠습니다.

4를 두 개 써서 4÷4를 하면 1이 나옵니다. 남은 두 개도 4÷4로 해서 1을 만듭니다. 마지막으로 이 두 개의 1로 1÷1을 하면 1이 나오네요.

### 2부터 5까지 만들기

이번에는 2를 만들어 볼까요? 우선 위와 같은 방법으로 1을 두 개 만듭니다. 이 두 개의 1을 더하면 2가 돼요.

3은 어떨까요? 먼저 4를 세 개 더해서 12를 만듭니다. 마지막으로 12를 4로 나누면 3을 만들 수 있어요.

다음으로 4를 만들려면 먼저 4−4를 해서 0을 만듭니다. 그리고 0에 4를 곱해서 다시 0을 만듭니다. 마지막으로 0에 4를 더하면 4가 나와요.

5를 만들어 볼까요? 4를 두 개 곱해서 16을 만듭니다. 여기에 4를 하나 더해서 20을 만들어요. 마지막으로 20을 남은 4로 나눠 보세요. 이렇게 5가 생깁니다. 4를 네 개 사용해서 1부터 5까지 모든 숫자를 만들었네요.

```
4÷4=1,  4÷4=1            1÷1=1

4÷4=1,  4÷4=1            1+1=2

4+4+4=12                 12÷4=3

4−4=0,  0×4=0            0+4=4

4×4=16, 16+4=20          20÷4=5
```

## 나도 수학자

### 6부터 9 만들기도 도전해 봐요

이번에는 마찬가지로 4를 4개 써서 6부터 9까지 숫자 만들기에 도전해 보세요.

4  4  4  4 = 6
4  4  4  4 = 7
4  4  4  4 = 8
4  4  4  4 = 9

3을 4개 써도 1부터 9까지 숫자를 만들 수 있어요. 그리고 5를 4개 썼을 때는 딱 한 숫자만 만들 수 없습니다. 어떤 숫자를 만들 수 없는지 찾아보세요.

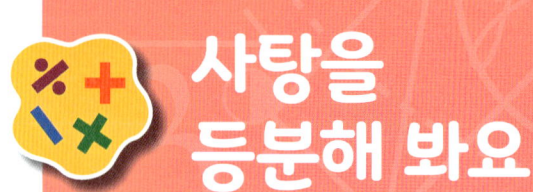

# 사탕을 등분해 봐요

교과서 5학년 1학기 1단원 약수와 배수

구마모토현 구마모토시립 이케노우에초등학교 | 후지모토 구니아키

## 같은 수로 나눠요

사탕이 6개 있습니다. 이 사탕을 두 사람이 나눠 먹으려고 합니다. 어떻게 나눌까요?(그림 1)

2개와 4개로도 나눌 수 있습니다. 그런데 이때 2개를 받는 사람이 불쌍하지 않나요? 그러면 2개와 2개로 나누면 될까요? 이러면 6개 가운데 4개를 나눠 가지니 사탕이 남습니다. 3개와 3개로 나누면 같은 수로 나눌 수 있고 사탕도 남지 않아요. 이렇게 같은 양으로 나누는 것을 '등분'이라고 합니다. 사탕이 6개일 경우에는 어떨까요? 다음과 같이 네 가지 방법으로 등분할 수 있네요.

그림 1

① 2명에게 3개씩
② 3명에게 2개씩
③ 6명에게 1개씩
④ 1명에게 6개 전부

## 사탕이 12개 있으면?

사탕을 12개로 늘려 볼게요. 이번에는 등분 방법이 몇 가지 있을까요?(그림 2) 이번에는 여섯 가지가 있네요. 사탕 수를 늘리니 나누는 방법도 더 늘어났나 봅니다. 이번에는 사탕 17개를 나눠 보겠습니다. 몇 가지 방법이 있을까요?

그림 2

방법은 모두 6가지!

### 나도 수학자

**나누는 방법이 두 가지밖에 없는 숫자**

사탕 17개를 나누는 방법은 '1명에게 17개'와 '17명에게 1개', 이렇게 두 가지밖에 없습니다. 신기하지요. 사탕이 17개일 때처럼 나누는 방법이 2가지밖에 없는 숫자는 또 1~20 사이에 몇 개가 있을까요?

어떤 수를 나누어떨어지게 할 수 있는 수를 '약수'라고 합니다. 약수에는 1과 '어떤 수 자신'이 반드시 들어가지요. 약수가 1과 자기자신인 수를 '소수'(素数)라고 부르는데, 1부터 20 사이에는 2, 3, 5, 7, 11, 13, 17, 19 이렇게 소수 여덟 개가 있습니다.

# 장난감 빠르기는 어떻게 비교할까요?

**4 / 6일**

교과서 6학년 1학기 4단원 비와 비율

/ / /

가나가와현 가와사키시립 쓰치하시초등학교 | 야마모토 나오

## 빠르기를 비교해요

달리기로 속도를 겨룰 때는 시작점과 도착점을 정해서 '준비, 시작!' 하고 뛰어서 도착점에 먼저 도착한 사람이 이깁니다. 그런데 사람이 많을 때는 한꺼번에 달릴 수 없겠지요. 그럴 때는 순서대로 시간을 재서 같은 거리를 더 짧은 시간에 달린 사람을 빠른 사람으로 인정합니다.

그런데 장난감 자동차나 전철, 앞으로 가는 로봇 등은 달릴 수 있는 거리가 다르기 때문에 도착점을 정해도 끝까지 가지 못할 수도 있어요. 달린 거리가 다를 때는 어떻게 빠르기를 비교할까요?

1m를 5초에 ….

5m를 20초에 ….

누가 더 빠를까?

## '거리' 또는 '시간'을 통일해요

장난감 중에 1m를 5초에 달리는 전철과 5m를 20초에 달리는 자동차가 있다고 생각해 보세요. 이 두 장난감 가운데 어느 쪽이 빠를까요?

예를 들어 전철이 똑같은 속도로 5m 달렸다고 생각해 보세요. 그러면 5초의 5배, 즉 25초가 걸리므로 자동차보다 더 시간이 걸린다는 사실을 알 수 있습니다. 반대로 자동차가 1m 달리는 데 얼마나 걸렸는지 알고 싶다면 20÷5=4, 즉 4초가 걸리므로 전철보다 1m를 더 빨리 달렸다는 사실을 알 수 있지요.

이처럼 빠르기를 비교할 때는 달린 거리나 걸린 시간 중 하나를 같게 만들면 돼요.

### 나도 수학자

**줄자나 시계로 재 보아요**

장난감 전철이나 자동차의 빠르기를 실제로 재어 보세요. 줄자와 시계가 있으면 바로 잴 수 있어요. 1m 가는 데 몇 초가 걸렸는지 계산해서 구해 보세요.

자료 : 야마모토 나오

 자동차 속도계는 '시속'이라고 해서 한 시간에 얼마나 달렸는지 재어 빠르기를 나타냅니다. 여기에서도 시간을 통일하는 아이디어를 썼네요.

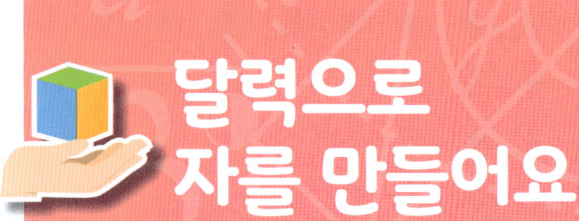

# 달력으로 자를 만들어요

**4 / 7일**

교과서 2학년 2학기 3단원 길이 재기

도쿄도 스기나미구립 다카이도 제3초등학교 | 요시다 에이코

## 일단 해 보세요

여러분, 달력 자를 아나요? 어디 한번 만들어 볼까요? 준비물은 약 5cm 폭으로 자른 도화지(약 33cm 길이), 자, 연필, 색연필, 달력입니다. 먼저 도화지로 자를 만듭니다.

① 도화지 왼쪽 끝을 0이라고 생각하고 왼쪽 끝에서 1cm 되는 곳에 1이라고 씁니다.
② 자로 30cm까지 1cm마다 눈금을 그립니다.
③ 눈금 위에 순서대로 숫자를 적습니다. 30cm 자가 생겼네요.(그림 1)

## 나만의 자를 만들어요

이번에는 앞에서 만든 자를 달력 자로 변신시켜 볼까요?

① 만들고 싶은 달의 달력을 보고 눈금 위 숫자 가운데 일요일에 해당하는 날짜에 빨간색으로 동그라미 표시를 합니다.

② 빨간색 동그라미 앞에 파란색 동그라미로 토요일을 표시해도 좋습니다. 짠! 달력 자가 생겼어요.(그림 2)

마지막으로 빈 곳에 몇 월인지 쓰고, 그 달에 맞는 그림을 그립니다.(그림 3) 2월은 28일이나 29일까지 있으니 조금 짧아집니다. 반대로 31일까지 있는 달은 조금 길어지겠네요.

나만의 독특한 달력 자를 만들어 보세요. 여러분이 좋아하는 달뿐만 아니라 가족이나 친구 생일이 들어 있는 달의 달력 자를 만들어서 선물하면 좋아하지 않을까요?

그림 1
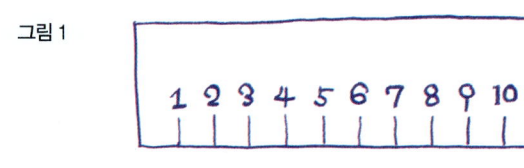

그림 2
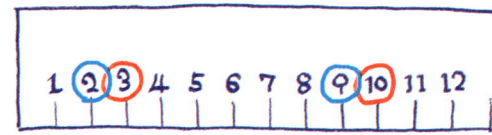

그림 3

🔍 우리가 흔히 쓰는 달력(태양력)은 1개월이 31일 있는 달을 '큰 달', 30일 이하인 달을 '작은 달'이라고 부릅니다. 큰 달은 1, 3, 5, 7, 8, 10, 12월이며 작은 달은 2, 4, 6, 9, 11월입니다.

# 조 다음은 무엇일까요? 큰 수 이야기

교과서 4학년 1학기 1단원 큰 수

시마네현 이이난초립 시시초등학교 | 무라카미 유키토

## 한국의 인구수를 읽을 수 있나요?

우리나라에는 많은 사람이 살고 있습니다. 다 합쳐서 몇 명 정도 살고 있을까요? 수많은 사람을 모두 세기란 어려운 일이지만, 자료를 찾아보면 금방 알 수 있어요. 우리나라 통계청에서 조사한 자료로는 2017년 현재 약 51,446,000명이라고 합니다. 잠깐, 이 수를 읽을 수 있나요? 초등학교 4학년이 되어야 읽는 법을 배우기 때문에 조금 어려울 수도 있어요.

이것은 5144와 6000, 이렇게 끊어서 5,144만 6,000, 즉 '오천백사십사만 육천'이라고 읽습니다. 이처럼 큰 수는 일의 자리부터 네 자리씩 끊으면 읽기 쉽습니다. 다만, 수에 찍는 쉼표는 우리와 달리 세 자리씩 끊어 읽는 서양의 영향을 받아 세 자리마다 표시한답니다.

## 억보다 큰 단위는 조, 조 다음은?

그러면 더 큰 수는 어떻게 읽을까요? 우리나라의 2017년 국가 예산을 살펴보면, 400.7조 원입니다. 숫자로 나타내면 400,700,000,000,000입니다. 이는 400조 7,000억이라고 읽습니다. 천억 단위보다 큰 단위가 되면 '조'라는 단위를 사용해요. 그럼 '조'보다 더 큰 단위는 뭘까요?

10,000,000,000,000,000

바로 이 숫자입니다. 가족 중에서 읽을 수 있는 사람이 적을지도 몰라요. 1경이라고 읽습니다. 평소에는 이렇게 큰 수까지 필요하지 않지만, 나온 김에 기억해 두세요.

우리나라 인구 약 51,446,000명
(2017년 우리나라 인구. 백의 자리에서 반올림)

### 나도 수학자

**큰 수는 어디까지 있을까요?**

경보다 큰 수는 얼마인지 궁금하지 않나요? 일부터 순서대로 소개하겠습니다.

| 1000000000000000000000000000000000000000000000000000000000000000000000 |
|---|
| 무량대수 불가사의 나유타 아승기 항하사 극 재 정 간 구 양 자 해 경 조 억 만 일 |

1무량대수를 숫자로 쓰면, 1 오른쪽에 0이 68개나 붙어요.

# 뻥 뚫린 축구공을 만들어요

**4 / 9일**

교과서 4학년 2학기 3단원 다각형

도쿄도 스기나미구립 다카이도 제3초등학교 | 요시다 에이코

축구공을 자세히 본 적 있나요? 축구공은 같은 모양의 도형이 여러 개 합쳐져 있어요. 오늘은 색종이를 사용해서 축구공을 만들어 보세요.

**준비물**
- 색종이 20장
- 셀로판테이프
- 연필 ▶ 자 ▶ 가위

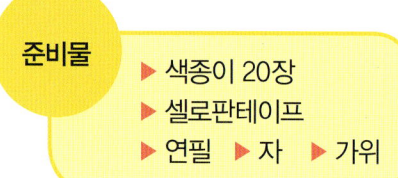

## 축구공은 어떻게 생겼을까요?

먼저 축구공을 자세히 살펴봐요. 축구공을 자세히 보면 정육각형과 정오각형을 합쳐서 만들었다는 사실을 알 수 있습니다.

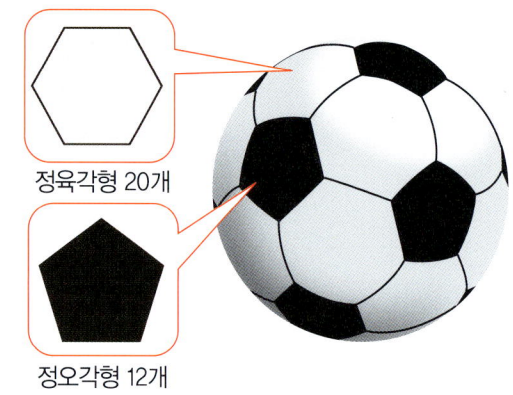

정육각형 20개

정오각형 12개

## 색종이로 만들어 봐요

색종이를 사용하여 직접 축구공을 만들어 볼까요?

① 색종이를 반으로 접어서 한가운데에 접은 선을 낸 다음 펼칩니다.

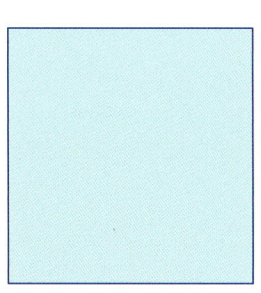
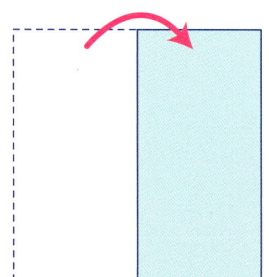

축구장의 골네트도 육각형 모양으로 이루어졌어요. 사각형보다 충격을 흡수하기 쉽기 때문에 요즘에는 육각형이 많이 쓰이지요.

126

② 색종이 오른쪽 아래 모서리가 가운데 접은 선에 오도록 접습니다. 그다음 접은 부분을 따라 연필로 선을 긋습니다.

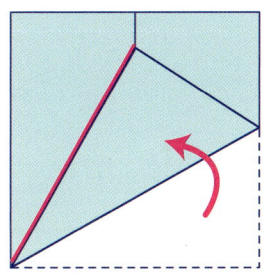

③ 반대쪽도 마찬가지로 접은 다음 선을 긋습니다.

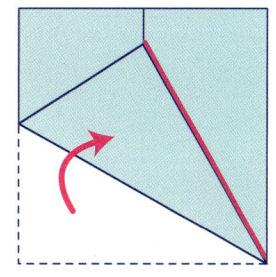

④ 색종이를 펼치고 연필 선을 따라 가위로 오립니다. 이렇게 하면 정삼각형이 만들어져요.

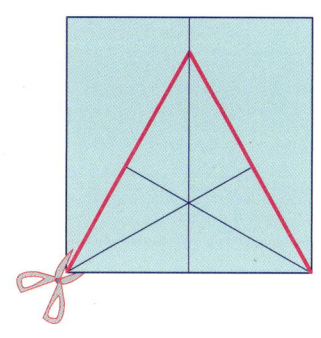

⑤ ④에서 만든 정삼각형을 정육각형으로 만들 차례입니다. 정삼각형의 각 모서리가 중심점에 오도록 접은 다음 셀로판테이프로 붙입니다.

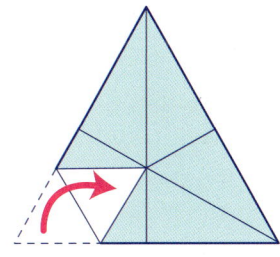 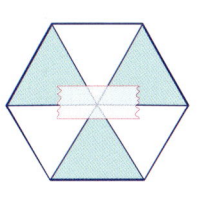

⑥ 정육각형을 위아래로 연결하여 셀로판테이프로 붙입니다. 이렇게 하면 '연결된 정육각형'이 1쌍 만들어진 거예요.

⑦ '연결된 정육각형' 10쌍을 만들어 아래 그림처럼 배치한 다음 셀로판테이프로 고정합니다.

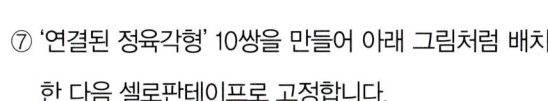

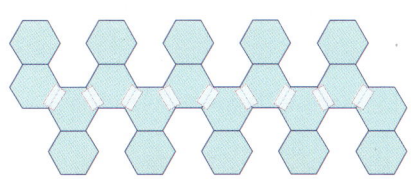

⑧ 마지막으로 옆에 오는 정육각형 변끼리 연결하여 셀로판테이프로 붙여서 입체를 만듭니다. 양쪽 끝에 오는 정육각형 변끼리 붙이면 축구공이 완성됩니다.

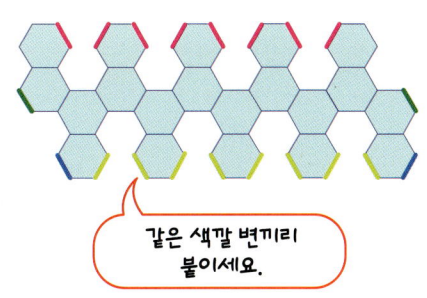

같은 색깔 변끼리 붙이세요.

완성!

뚫린 정오각형 부분에 다른 색깔의 정오각형 색종이를 붙이면 멋진 축구공이 완성됩니다.

# 생물 중에서는 누가 누가 클까요?

교과서 2학년 2학기 3단원 길이 재기

쓰쿠바대학 부속초등학교 | 나카타 도시유키

## 가장 키가 큰 동물은?

같은 학년이라도 반에서 가장 키가 큰 친구가 있는가 하면 키가 작은 친구도 있지요. 친구들의 키는 다양합니다. 그러면 지구상에 있는 생물 가운데 가장 키가 큰 동물은 무엇일까요?

큰 몸집으로 유명한 코끼리의 키는 3m 정도입니다. 그중에는 4m를 넘는 코끼리도 있대요. 3m는 거의 교실 천장까지 오는 높이입니다. 코끼리가 교실에 있으면 등이 천장에 닿겠네요. 사람처럼 두 다리로 서는 동물 중에는 북극곰이 가장 크다고 합니다. 키가 3m를 넘는 북극곰도 있다니 놀랍지요?

## 기린은 목 길이만 2m래요

지구상에서 가장 키가 큰 동물은 기린입니다. 암컷보다 수컷이 더 키가 크고, 키가 5m를 넘습니다. 학교 건물 옆에 서면 밖에 있어도 2층 창문으로 교실 안을 들여다볼 수 있겠지요.

기린은 수컷이 암컷보다 1m 정도 더 커요. 5m 50cm나 되는 기린도 있습니다. 어깨까지 높이가 3m라서 교실에 넣는다면 몸밖에 들어가지 못해요.

기린은 키가 크기 때문에 다른 동물이 먹을 수 없는 높은 나무의 잎을 먹을 수 있습니다. 목 길이만 2m 정도 되기 때문에 연못의 물을 마시기가 힘들어요. 그래서 잎에서 대부분의 수분을 보충합니다.

### 나도 수학자

**기린은 혀도 길어요**

기린은 혀가 40cm 정도로 길어요. 동양인의 혀 길이는 7cm 정도니까 5배나 6배에 해당해요. 이 기다란 혀로 나뭇잎을 휘리릭 감아 먹습니다.

 기린의 키는 사람과 비교가 안 될 정도로 크지만, 목뼈의 수는 7개로 사람과 같대요. 기린의 목뼈는 굵고 긴 데 반해 사람의 목뼈는 작고 납작해요.

# 수학으로 많은 사람을 구한 나이팅게일

**4월 11일**

교과서 6학년 2학기 4단원 비율 그래프

메이세이대학 객원교수 | 호소미즈 야스히로

## 수학을 아주 좋아하는 숙녀

세상에서 제일 유명한 간호사를 물으면 보통 나이팅게일이라고 대답하겠지요. 전쟁에서 상처 입은 병사들을 정성껏 돌봤다는 이야기로 알려졌으니까요. 그런데 나이팅게일이 수학과 깊은 관련이 있다는 사실은 별로 알려지지 않았어요.

나이팅게일은 지금으로부터 약 200년 전에 영국의 유복한 가정에서 태어났습니다. 어린 시절부터 공부를 좋아해서 여러 가지 계산을 하거나 그림과 그래프를 보고 생각하는 것에 능숙했지요.

## 그래프로 결과를 한눈에 보여 줘요

그 후 간호 공부를 한 나이팅게일은 영국 정부의 부름을 받아 크림전쟁이 일어난 곳으로 갔습니다. 그러나 전쟁터의 병원은 참혹한 상황이어서 약도 음식도 충분치 않았어요. 그래서 나이팅게일은 전쟁에서 사망한 병사의 수와 그 원인을 자세히 알아봤습니다. 그러자 놀랍게도 전쟁터보다 병원의 더러운 침대 위에서 목숨을 잃은 병사들이 훨씬 더 많다는 사실을 깨달았어요.

나이팅게일은 그 결과를 정부에 보고하여 병원 구조를 바꿔 달라고 강하게 요청했습니다. 이때 조사한 자료를 그림이나 그래프 등으로 나타내서 누구든 한눈에 알 수 있도록 연구했습니다. 이러한 노력 덕분에 영국군이 있는 병원은 점점 깨끗해져서 사망자 수도 눈에 띄게 줄었습니다. '백의의 천사'라 불린 나이팅게일은 수학 지식으로 많은 생명을 구한 셈입니다.

저는 숫자에 강하답니다.

### 나도 수학자

**알기 쉬운 그래프 만들기**

다음 그림은 나이팅게일이 만든 그래프입니다. 이렇게 원그래프로 만들면 복잡한 데이터도 한눈에 알 수 있지요. 여러분도 조사를 했다면 결과를 그래프로 나타내 보세요.

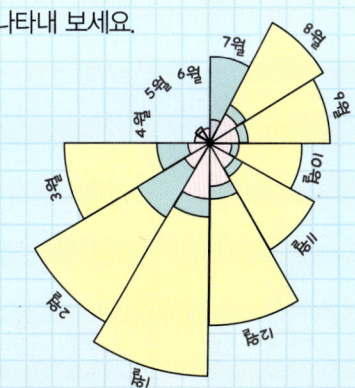

 나이팅게일은 세계에서 처음으로 간호사 학교를 세웠습니다. 또한 병실에서 벨을 눌러 간호사를 부르는 너스 콜과 식사를 한꺼번에 옮기는 운반 카트도 만들었어요.

# 어느 것이 삼각형일까요?

**4월 12일**

교과서 2학년 1학기 2단원 여러 가지 도형

시마네현 이이난초립 시시초등학교 | 무라카미 유키토

## 삼각형은 어떤 건가요?

우리 주변에는 여러 가지 사물들이 많이 있습니다. 주변을 둘러보세요. 텔레비전, 휴대전화, 시계, 테이블, 의자, 연필, 지우개 등 많은 물건들이 있지요. 각각 모양이 어떤가요? 동그란 모양도 있고 네모도 있고 세모도 있고…. 말로는 설명하기 어려운 특이한 모양도 있습니다.

그중에서 오늘은 '세모'를 이야기해 보겠습니다. '세모'는 어떤 모양이라고 해야 좋을까요? '네모'와는 어떤 점이 다를까요? 그렇습니다. 세모는 선 3개로 만들어졌습니다. 네모는 선 4개로 이루어졌고요.

더 알아볼까요? 선분 3개로 둘러싸여 있는 모양을 '삼각형'이라고 불러요. 이때 선분을 '변'이라고 부릅니다.

## 우리 주변의 삼각형은?

우리 주변에서 삼각형을 찾아볼까요? 이를테면 삼각자, 블록 장난감, 커다란 다리 등에서도 찾을 수 있습니다. 삼각 김밥이나 '천천히'라고 쓰인 빨간 표지판은 세모나지만, 자세히 보면 모서리가 뾰족하지 않습니다. 이것은 '삼각형'이라고 부를 수 없어요. 삼각형은 선분 3개가 세 각을 이루어야 하거든요.

 **나도 수학자**

### 밤하늘에도 삼각형이 있어요

이 시기에는 날이 맑다면 밤하늘에서 커다란 삼각형을 찾을 수 있어요. 남동쪽 방향을 중심으로 관찰해 보세요. 밝은 별이 3개 보이지요? 그 별을 점으로 보고 머릿속으로 선을 그리면 커다란 삼각형이 생겨요. 이것을 '봄철 대삼각형'이라고 부릅니다. 이는 우리 주변에서 볼 수 있는 가장 커다란 삼각형일 거예요.

 점 3개를 직선으로 연결하면 삼각형이 생깁니다. '봄철 대삼각형'의 별 3개는 바로 목동자리의 1등성 '아르크투루스', 처녀자리의 1등성 '스피카', 사자자리의 2등성 '데네볼라'입니다.

# 이집트의 밧줄 측량사

**4월 13일**

교과서 2학년 1학기 2단원 여러 가지 도형

오오이타현 오오이타시립대 니시초등학교 | 니노미야 다카아키

## 나일강의 홍수 때문에 못 살아요

이집트에는 나일강이라는 커다란 강이 흐릅니다. 옛날 나일강에서는 매년 7월 초가 되면 반드시 홍수가 났습니다. 홍수는 작물이 잘 여무는 비옥한 흙을 상류에서 운반해 왔답니다. 그런데 곤란한 일도 있었어요. 땅과 땅의 경계나 표지도 함께 쓸려 왔기 때문입니다. '내 땅은 여기부터 여기까지다.', '아니, 그곳은 내 땅이다.' 이러한 분쟁을 막기 위해 땅을 정확히 측정할 필요가 있었어요.

그래서 고대 이집트에서는 땅을 정확히 측정하는 기술이 발달했습니다. '밧줄 측량사'라 불리는 사람들이 있었는데, 밧줄 하나를 이용하여 땅 위에 정확한 도형을 그렸습니다. 예를 들어 그 유명한 피라미드의 밑면은 정사각형입니다. 아주 커다란 정사각형인데, 직각에는 한 치의 오차도 없습니다.

## 밧줄의 매듭이 특징이에요

'밧줄 측량사'는 밧줄을 어떻게 사용했을까요? 예를 들어 볼게요. '밧줄 측량사'가 사용하는 밧줄에는 매듭이 같은 간격으로 있었습니다. 이 매듭과 매듭 사이의 수가 3개, 4개, 5개인 삼각형을 만듭니다. 그러면 이 삼각형은 직각삼각형이 됩니다. 이런 식으로 직각을 만들 수 있습니다. 고대 이집트인은 밧줄이라는 간단한 도구를 사용하여 생활을 편리하게 만들었어요.

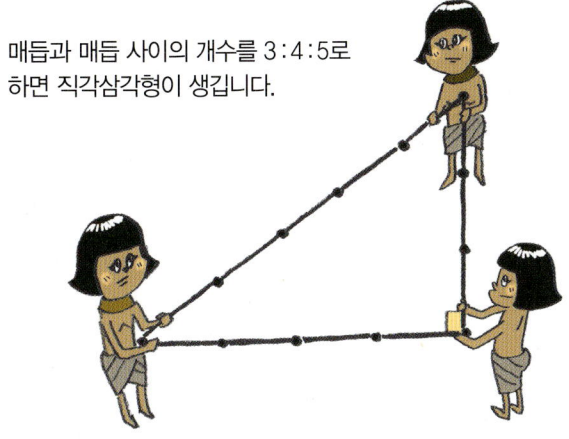

매듭과 매듭 사이의 개수를 3 : 4 : 5로 하면 직각삼각형이 생깁니다.

 **나도 수학자**

### 밧줄을 사용해 거리 측정하기

지금은 기계를 사용하는 일이 많지만, 옛날에는 손으로 벼를 심었습니다. 벼와 벼 사이의 거리가 같아야 벼를 베기가 쉬워요. 그래서 예전에는 못줄 같은 도구를 사용하여 간격이 같도록 벼를 심었대요.

 이집트 기자 지역의 사막에는 거대한 피라미드가 3개 있습니다. 그중에서 가장 큰 피라미드는 쿠푸왕의 피라미드입니다. 완성했을 때 높이는 146m, 밑면인 정사각형의 한 변은 230m, 경사는 52°로 기원전 2,550년경 만들어졌습니다.

# 컴퍼스로 동그랗게 원을 그려요

**4월 14일**

교과서 3학년 2학기 | 3단원 원

도쿄도 스기나미구립 다카이도 제3초등학교 | 요시다 에이코

## 밥그릇을 따라 그리면?

여러분은 동그라미를 예쁘게 그리고 싶을 때 무엇을 사용하나요?

"밥그릇이나 동그란 접시를 대고 그려요!"

맞아요. 원래 동그랗게 생긴 사물을 대고 그리면 예쁜 동그라미를 그릴 수 있습니다. 이렇게 그린 동그라미를 '원'이라고 부릅니다.

## 컴퍼스로 원을 그려요

컴퍼스는 원을 그릴 수 있는 도구입니다. 다리 부분을 조절해서 길이를 재면 다른 곳에 그 길이를 그대로 옮길 수도 있어요. 그러므로 컴퍼스 바늘을 중심으로 똑같은 길이에 점들을 찍으면 그 점들이 이어져 원이 됩니다.

### ■ 컴퍼스를 사용할 때 주의할 점

- 머리 부분을 팽이 돌리듯 움직이세요.
- 원이나 점을 찍는 노트나 종이를 반대 손으로 고정하세요.
- 손이 바늘에 찔리지 않도록 조심하세요.
- 두 다리가 이어진 부분의 나사가 헐거워지면 다리가 벌어져서 원이 잘 그려지지 않아요. 점검하세요.

## 나도 수학자

### 나만의 컴퍼스를 만들어요

① 두꺼운 모눈종이를 1~2cm 폭과 약 10cm 길이의 폭으로 자릅니다.

② 끝에서 1cm 간격마다 압정으로 구멍을 뚫습니다. 손이 압정에 찔리지 않도록 조심하세요.

③ 제일 끝 구멍에는 압정을 꽂아 노트나 종이 등에 고정한 다음 다른 구멍 중 한 곳에 연필을 넣어 원을 그려 보세요.

 컴퍼스라는 이름은 외래어입니다. 우리나라에서는 원래 '걸음쇠'라고 불렀다는군요.

# 우리나라 인구는 많나요? 적나요?

**교과서** 5학년 2학기 6단원 자료의 표현

이와테현 구지시 교육위원회 | 고모리 아쓰시

## 인도는 우리나라 인구의 약 20배

세계 전체 인구수는 74억 3,300만 명(세계 인구 현황 보고서, 2016년)입니다. 그중에서 우리나라 인구는 약 5,000만 명입니다. 이 숫자는 세계 다른 나라와 비교해서 많은 것 같나요?

나라별 인구 순위 상위 5위는 표1에 있습니다. 인구 순위 2위인 인도와 우리나라 인구를 비교하면 약 20배 이상 차이 납니다. 여기서 20배의 차이를 전교 학생 수와 비교해서 생각해 볼까요?

한 반에 학생이 30명인 초등학교가 있습니다. 이 초등학교가 한 학년에 한 반만 있다고 치면 전교 학생 수는 180명입니다. 그 학생 수보다 20배가 많은 학교가 있다면 전교 학생 수는 3,600명이며 반은 120개입니다. 그러면 한 학년에 20반까지 있으며 한 학년 당 학생 수는 600명입니다.

## 우리나라는 세계 27위

인구 순위 22위에서 32위를 볼까요?(표 2) 우리나라는 유럽연합을 제외하고 세계 인구 순위에서 27위입니다. 이는 세계 나라를 194개국으로 했을 때 순위입니다. 즉 우리나라보다 인구가 적은 나라가 167개 있다는 뜻입니다. 우리나라 인구는 세계에서 많은 편이네요.

### 표 1

| 순위 | 나라 | 인구(명) |
|---|---|---|
| 1 | 중국 | 13억 7,350만 |
| 2 | 인도 | 12억 6,690만 |
| 3 | 미국 | 3억 2,400만 |
| 4 | 인도네시아 | 2억 5,830만 |
| 5 | 브라질 | 2억 5,820만 |

자료 : CIA(2016년 7월 기준. 유럽연합 제외. 만의 자리에서 반올림)

### 표 2

| 순위 | 나라 | 인구(명) |
|---|---|---|
| 22 | 영국 | 6,440만 |
| 23 | 이탈리아 | 6,200만 |
| 24 | 미얀마 | 5,690만 |
| 25 | 남아프리카공화국 | 5,430만 |
| 26 | 탄자니아 | 5,250만 |
| 27 | 대한민국 | 5,090만 |
| 28 | 스페인 | 4,860만 |
| 29 | 콜롬비아 | 4,720만 |
| 30 | 케냐 | 4,680만 |
| 31 | 우크라이나 | 4,420만 |
| 32 | 아르헨티나 | 4,390만 |

자료 : CIA(2016년 7월 기준. 유럽연합 제외. 만의 자리에서 반올림)

통계 자료는 유엔인구기금의 '2016 CIA The World Factbook'을 바탕으로 만들었습니다. 우리나라 인구는 세계 다른 나라와 비교해서 많다고 생각했나요? 적다고 생각했나요?

# 나눗셈이 대체 뭐예요?

교과서 3학년 1학기 3단원 나눗셈

도쿄도 스기나미구립 다카이도 제3초등학교 | 요시다 에이코

## 어떻게 나눠요?

사과가 12개 있습니다. 두 사람이 어떻게 나눌까요?(그림 1)

① 10개와 2개. 12는 10과 2로 나눌 수 있지요.
② 형이 8개, 동생이 4개. 이렇게 나누면 싸움이 일어날지도 몰라요.
③ 6개씩. 두 사람이 같은 개수를 가졌네요. 이렇게 나누면 싸움이 일어나지 않겠어요. 사과 12개를 두 사람이 같은 개수로 나누면 각자 6개씩 가져갑니다. 이것을 수학식으로 표현하면, 12÷2=6(12 나누기 2는 6)이 됩니다.

## 나눗셈이 뭐예요?

사과 12개를 3개씩 봉지에 담으면 봉지는 전부 4개가 생깁니다.(그림 2) 이것도 수학식을 사용하여 나타내면, 12÷3=4가 됩니다. 이러한 계산을 '나눗셈'이라고 부릅니다.

이처럼 나눗셈은 같은 개수로 나눌 때 봉지가 몇 개 생기는지, 또는 그 봉지 안에 사과가 몇 개 들어가는지 알고 싶을 때 사용합니다.

그림 2

그림 1

① 10개와 2개

② 형이 8개, 동생이 4개

③ 각각 6개씩

### 나도 수학자

**나눗셈으로 어떻게 답을 찾을까요?**

사과 15개를 3개씩 봉지에 넣는다고 생각해 보세요. 봉지가 몇 개 생기는지 알고 싶을 때는 '15÷3'을 씁니다. 한 봉지에 3개, 봉지 개수는 모르기 때문에 □로 하고, 사과는 전부 15개가 있으니 '3×□=15', 이렇게 곱셈으로 나타낼 수 있습니다. 15÷3의 정답은 3의 단 곱셈구구로 구할 수 있을 것 같네요.

 형이 8개, 동생이 4개 갖고 있을 때 형은 동생보다 2배를 갖고 있지요. 이것도 8÷4=2로 표현할 수 있습니다. 몇 배인지 알고 싶을 때도 나눗셈을 사용합니다.

# 의외로 친숙한 외국 단위

교과서 5학년 2학기 5단원 여러 가지 단위 심화

도쿄도 도시마구립 다카마쓰초등학교 | 호소가야 유코

## 미국의 길이 단위는 인치

마트의 가전제품 매장에 가면 여러 종류의 텔레비전을 팝니다. 텔레비전 크기가 '30인치', '32인치'라고 되어 있는 것을 본 적이 있나요? 이것은 텔레비전 화면의 대각선 길이를 나타냅니다. 인치는 길이 단위인데, 1인치=2.54cm입니다. 따라서 30인치=2.54×30=76.2cm, 32인치=2.54×32=약 81.3cm입니다. 텔레비전은 미국에서 개발하고 만든 수입품이었기 때문에 미국에서 쓰던 인치를 그대로 사용해요.

자전거 크기 표시에도 인치를 사용합니다. 자전거에서는 바퀴 지름의 길이를 나타내요. 요즘에는 외국에서 들어온 가게가 늘어나 신발이나 옷 사이즈에서도 인치 표시를 볼 수 있어요.

## 무게에는 파운드나 온스

인치 이외의 길이 단위에는 피트나 야드도 있습니다. 1피트=12인치=30.48cm, 1야드=3피트=91.44cm입니다. 피트는 비행기의 비행 고도나 볼링장의 레인 길이에, 야드는 골프나 미식축구 경기장에 사용합니다.

한편, 무게 단위로는 파운드나 온스가 있습니다. 1온스=28.3495231g, 1파운드=16온스=453.59237g입니다. 파운드는 볼링공이나 복싱 선수 몸무게에, 온스는 식재료나 낚시할 때 쓰는 가짜 미끼 루어의 무게를 나타낼 때 사용합니다.

 옛날 텔레비전 화면은 동그라미 모양이라서 원의 지름으로 크기를 나타냈습니다. 이제 화면 모양은 사각형으로 바뀌었지만, 숫자 하나로 크기를 표시하기 위해 대각선 길이를 이용해요.

# 테이블 둘레에 몇 명이 앉을 수 있을까요?

**4월 18일**

교과서 3학년 1학기 3단원 나눗셈

/ / /

홋카이도교육대학부속 삿포로초등학교 | 다키가 히라유시

## 테이블 둘레에 나란히 앉아요

그림 1처럼 커다란 사각형 테이블에 친구들이 네 변의 둘레를 따라 일렬로 나란히 앉기로 했습니다. 이때 사각형 테이블의 한 변에 10명이 앉게 했어요. 테이블 둘레에 앉을 수 있는 사람은 몇 명일까요?

## 적은 숫자일 때부터 생각해요

갑자기 10명부터 생각하면 숫자가 커서 어렵지요. 그럴 때는 먼저 한 변에 4명이 앉는 경우부터 생각해 보세요. 4명씩 네 변에 앉았다고 생각하면 4×4=16이기 때문에 16명이 앉았다고 예상할 수 있습니다. 그러나 그림 2를 그려 보니 12명밖에 없네요. 왜 예상한 것보다 4명이나 적어졌는지 그 이유를 생각해 볼까요?

네 변에 앉은 4명을 각각 네모로 표시해 보겠습니다.(그림 3) 그러면 모서리에 앉은 4명은 2번씩 네모 표시를 하게 되네요. 즉 2번씩 셌다는 뜻이 됩니다. 그러므로 중복해서 센 모서리의 4명은 16에서 빼야 합니다. 결국 4×4-4=12이므로 12명이라는 결과가 나옵니다.

그럼 10명일 때는 어떨지 생각해 볼까요? 10명이 네 변에 앉았다면 10×4=40이므로 40명이 됩니다. 거기서 모서리에 앉은 4명을 빼면 되니까 40-4=36, 결과는 36명입니다.(그림 4)

숫자가 커서 생각하기 어려울 때는 적은 숫자로 생각해 보면 편리해요. 그리고 그림을 그리면서 생각하는 것도 알기 쉽고 좋은 방법이에요.

그림 1

그림 2

그림 3

그림 4

### 나도 수학자

**한 변의 사람 수를 늘리면?**

이번에는 한 변에 11명, 12명, 13명…. 이렇게 늘어나면 어떻게 될지 생각해 볼까요? 전체 사람 수는 몇 명씩 늘어날까요?

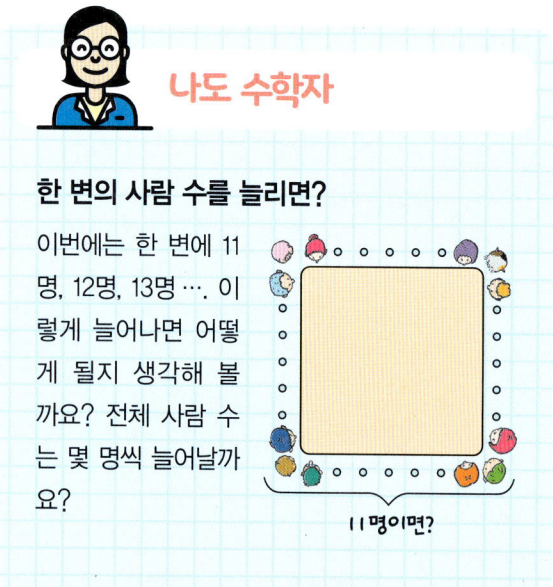

11명이면?

# 2 가장 작은 숫자는 0이 아니라고요?

**4월 19일**

교과서 6학년 2학기 6단원 여러 가지 문제

후쿠오카현 다가와군 가와사키초립 가와사키초등학교 | 다카세 다이스케

### 해수면 아래 140m에 역이 있었어요

"시험 점수 0점 받았어요! 점수가 제일 낮아요!" 하고 울상을 짓는 준태. 열심히 공부했는데 0점을 받으면 억울할 만도 하지요. 그런데 준태가 받은 0점은 정말 '제일 낮은 점수'일까요? 즉 0점보다 더 낮은 점수는 없을까요?

예를 들어 여러분이 사는 곳은 해수면에서 얼마나 높으냐에 따라 '해발 ○○○m'라고 표현할 수 있습니다. 해수면보다 140m 높은 곳에 산다면 '해발 140m'가 되겠지요.

한편 일본에는 해수면보다 낮은 땅도 있어서 해발 0미터 지대라고 불립니다. 그리고 '해수면 아래 ○○○m'라고 나타냅니다. 아오모리현과 홋카이도를 잇는 세이칸 터널에는 놀랍게도 '해수면 아래 140m'에 역이 존재했습니다. 이 '해발 140m'와 '해수면 아래 140m'는 같은 140m지만 차이는 크지요. 둘 다 해수면을 기준으로 생각합니다. 그래서 해수면을 0으로 생각하여 각각 '+(플러스) 140m', '-(마이너스) 140m'로 나타내기도 합니다. +나 -기호를 보고 덧셈과 뺄셈을 떠올린 친구도 있지 않나요? +나 -는 계산에만 사용되는 기호가 아니군요.

### 기온도 마이너스가 돼요

그 밖에도 추운 날 일기예보에서 '기온 영하 5도'(-5°c)라고 표현하는 것을 들어 본 적이 있을 거예요. 0도를 기준으로 그보다 기온이 낮을 때도 '-'가 사용됩니다.

이처럼 어떤 것을 기준으로 삼고, 그 기준보다 클 때는 '+', 작을 때는 '-'로 표현하는 방법은 우리 생활 속에서 흔히 접할 수 있지요. 0점을 받은 준태가 만약 시험지에 이름을 쓰지 않았다면 점수는 0점보다 더 낮았을지도 모르겠네요.

 주사위 놀이에도 +와 -가 있어요. 말이 앞으로 여섯 칸 이동하면 '+6', 뒤로 여섯 칸 이동하면 '-6'입니다. 용돈이 늘어나거나 줄어들 때, 계단을 오르락내리락할 때도 +와 -로 표현할 수 있어요.

# 목적에 맞게 간단히 지도를 그려요

**교과서** 4학년 2학기 2단원 수직과 평행

4 / 20일

가나가와현 가와사키시립 쓰치하시초등학교 | 야마모토 나오

## 학교 주변 지도

지도에는 오밀조밀 자세하게 그린 지도부터 필요한 길만 대충 그린 간단한 지도까지 여러 가지 종류가 있습니다. 우리는 흔히 낯선 장소에 갈 때 가는 방법을 알아보거나 목적지를 확인하기 위해 지도를 사용합니다.

사회 과목을 배울 때는 학교 주변 지도를 그리거나 만드는 시간이 있어요. 사진에 나온 지도도 초등학교 3학년 친구가 협동해서 만든 지도입니다. 이러한 지도는 학교 주변에 어떤 가게나 시설이 있고 어떤 모습인지 알기 위해 사용할 수 있어요.

## 목적에 맞게 구분해서 사용해요

얼마나 자세한 지도를 만들지는 그 지도를 어떤 목적으로 사용하는지에 따라 달라집니다. 예를 들어 자동차를 운전할 때 사용하는 내비게이션은 모든 길의 방향이나 거리를 실제와 똑같이 표시합니다. 반면 친구나 친척이 집에 놀러 올 때, 또는 집에서 학교까지 가는 길을 알려 줄 때는 필요한 정보만 적어서 최소한 간단히 깔끔하게 그리는 편이 더 알기 쉬워요. 어떻게 사용하는 지도인지, 목적에 따라 잘 구분해서 사용하면 좋겠네요.

### 나도 수학자

**학교나 역에서 집까지 가는 길의 지도**

자주 다니는 장소에서 집까지 가는 길을 지도로 만들어 보세요. 모든 길을 다 그리지 말고 필요한 길이나 큰 건물 등을 선택해서 그립니다. 실제로는 휘어진 길도 똑바로 그리거나 교차점을 직각으로 그리면 더 보기 쉽고 알기 쉬운 지도가 될 수도 있어요.

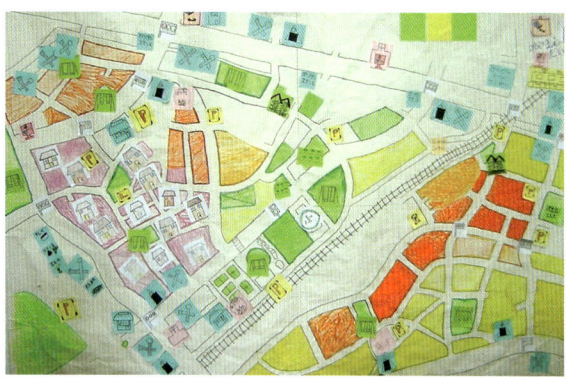

도바시 초등학교 3학년 학생의 작품(2008년)

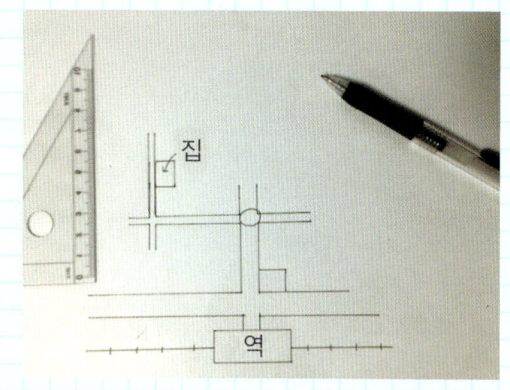

자료 : 야마모토 나오

직선과 직선이 직각으로 만날 때, 두 직선은 '수직'을 이루었다고 말해요. 그 밖에도 직선 두 개가 나란히 있을 때 '평행'이라는 말도 씁니다.

# 로마 숫자로 표현하기

**4 / 21일**

교과서 4학년 1학기 1단원 큰 수

아오모리현 산노헤초립 산노헤초등학교 | 다네이치 요시타케

## 시계에서 로마 숫자를 발견했어요

여러분은 그림 1과 같은 시계를 본 적 있나요? 우리가 늘 보는 숫자 부분이 Ⅱ나 Ⅴ처럼 낯선 문자로 표시되어 있지요. 이 문자는 '로마 숫자'라고 불러요.

시계에 사용된 숫자를 힌트로 삼으면 그림 2에서 볼 수 있듯 1부터 12까지 로마 숫자로 어떻게 나타내는지 알 수 있겠지요? 게다가 숫자를 어떻게 나타내는지 법칙도 보입니다.

① 숫자가 커지면 덧셈으로 나타냅니다.

② Ⅴ, Ⅹ처럼 5나 10을 나타내는 숫자를 먼저 쓰고, 한 가지 문자는 4번 이상 사용하지 않습니다.

③ 4(Ⅳ)는 5-1, 9(Ⅸ)는 10-1로 생각해서 작은 숫자(Ⅰ)를 먼저 씁니다.

이 법칙에 따라 18은 ⅩⅧ, 22는 ⅩⅫ로 나타낼 수 있겠네요.

## 법칙을 알면 읽을 수 있어요

혹시 '한 가지 문자를 4번 이상 사용하지 않는다'면 40 이상의 숫자는 나타낼 수 없다고 생각하나요? 맞아요. 그 이상의 수를 표현하려면 새로운 숫자가 필요해요. 50은 'L', 100은 'C', 500은 'D', 1000은 'M'을 사용해서 나타내요. 이를 알면 로마 숫자 대부분을 읽을 수 있어요.

다음 문제에 도전해 보세요. '가, 나, 다, 라, 마'는 각각 어떤 숫자를 뜻할까요?

| 가 ⅩⅤ | 나 ⅩⅨ | 다 LⅢ | 라 ⅩCⅡ | 마 MMⅩⅥ |

정답은 '가 15', '나 19', '다 53', '라 92', '마 2016'입니다. 자릿수에 따라 숫자가 적혀 있지 않으면 암호를 해독하는 것처럼 힘이 드네요.

그림 1

그림 2

| 숫자 | 로마 숫자 | 숫자 | 로마 숫자 |
|---|---|---|---|
| 1 | Ⅰ | 7 | Ⅶ |
| 2 | Ⅱ | 8 | Ⅷ |
| 3 | Ⅲ | 9 | Ⅸ |
| 4 | Ⅳ | 10 | Ⅹ |
| 5 | Ⅴ | 11 | ⅩⅠ |
| 6 | Ⅵ | 12 | ⅩⅡ |

그림 3

 로마 숫자에 10이나 100은 있지만, 0을 나타내는 숫자는 없어요.

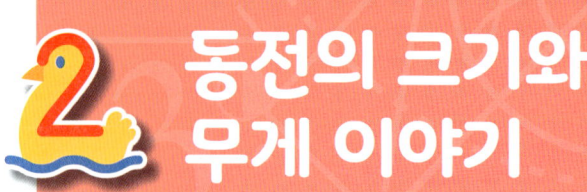

# 동전의 크기와 무게 이야기

**교과서** 1학년 1학기 4단원 비교하기 심화

이와테현 구지시 교육위원회 | 고모리 아쓰시

## 동전 크기에 순위를 매겨요

우리나라 동전에는 500원, 100원, 50원, 10원 이렇게 네 종류가 있습니다. 동전의 크기(지름 길이)로 따지면 순위가 어떻게 될까요? 가장 큰 동전은 500원, 가장 작은 동전은 10원이라는 걸 알 수 있겠지요. 그러면 남은 동전은 크기 순서가 어떨까요? 조사해 보았더니 아래 표와 같았어요. 액수의 크기 순서와 동전 크기 순서는 같네요.

## 동전 무게에 순위를 매겨요

동전 크기 순서대로 동전의 무게 순서도 같을까요? 각 동전의 무게를 알아보고 무거운 순서대로 나타내 봤습니다. 여러분 예상대로 동전의 무게 순서도 크기 순서와 같아요.

한편 50원 동전은 10원 동전과 크기가 비슷한데, 무게가 크게 차이 납니다. 50원 동전은 10원 동전 크기와 별 차이가 없는데 10원 동전 3개보다 무게가 더 나가네요. 이것은 각 동전을 만드는 재료가 다르기 때문입니다.

### 동전의 크기와 무게

| 동전 | 500 | 100 | 50 | 10 |
|---|---|---|---|---|
| 크기 (지름, mm) | 26.5 | 24 | 21.6 | 18 |
| 무게(g) | 7.7 | 5.42 | 4.16 | 1.22 |

50원 동전 지름은 21.6mm

10원 동전 지름은 18mm

100원의 지름은 24mm이므로 5개를 늘어놓으면 120mm가 됩니다. 동전을 이용해 길이를 잴 수도 있답니다.

# 고대 이집트에서 분수가 만들어졌다고요?

교과서 3학년 2학기 4단원 분수

학습원 초등과 | 오오사와 다카유키

그림 1
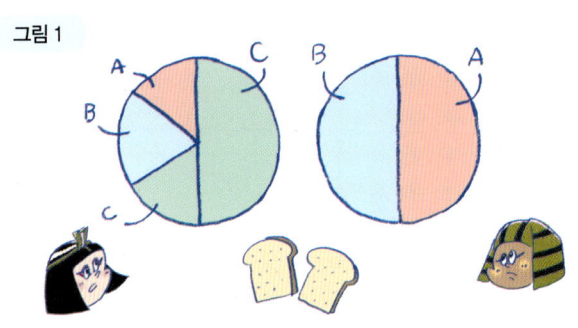

그림 2
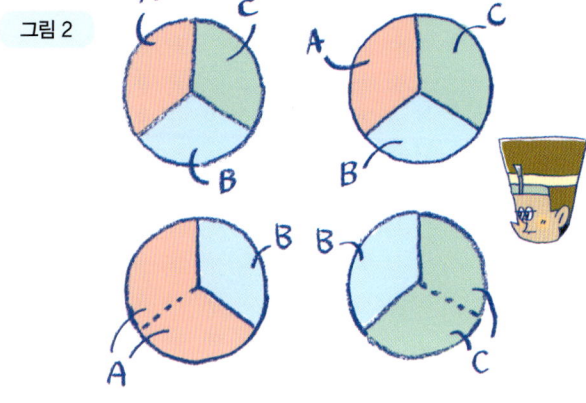

## 다 같이 빵을 나눌 때

분수는 약 3천 년 전에 고대 이집트에서 만들어졌습니다. 예를 들어 옛날 이집트 사람들은 빵 2개를 셋이서 나눌 때, 먼저 빵 반 개씩을 각자 가져갔습니다. 각자 빵 $\frac{1}{2}$개씩 가진 셈이지요. 이제 남은 빵은 $\frac{1}{2}$개입니다. 그것을 3명이 똑같이 나눴습니다. 이것은 빵 한 개 중 $\frac{1}{6}$개에 해당합니다.(그림 1) 즉 $\frac{1}{2}$개와 $\frac{1}{6}$개가 됩니다. 고대 이집트 사람들은 분자가 1이라는 사실을 중요하게 여겼어요.

## 더 깔끔하게 나눠요

빵을 잘게 써는 것을 상상해 보면 별로 깔끔하지 않지요. 그래서 가능하면 큰 덩어리를 평등하게 나눌 수 있는 방법을 생각했습니다. 그래서 남은 빵을 다시 나눴습니다.

현대에는 그림 2와 같은 방법으로 계산합니다. 한 사람의 몫은 '$\frac{1}{3}$개와 $\frac{1}{3}$개', 즉 한 사람당 $\frac{2}{3}$개로 생각하는 것입니다. 지금은 이 방법이 더 계산하기 쉽지요.

### 나도 수학자

**빵 2개를 5명이 나눠 보세요**

고대 이집트 방법으로 빵 2개를 5명이서 나눠 보세요. 한 사람이 $\frac{1}{2}$개를 가질 수 없습니다. 따라서 다음으로 $\frac{1}{3}$개를 생각합니다. 먼저 5명이 각자 $\frac{1}{3}$개씩 가져갑니다. 남은 빵을 5등분해서 다시 나눕니다. 그럼 지금 나눈 작은 덩어리는 빵 1개 중 몇 분의 1일까요?

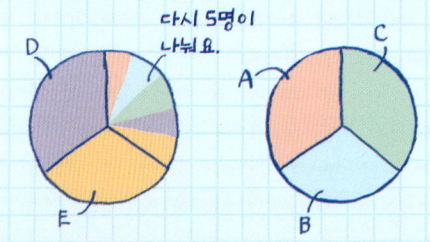

 고대 이집트에서는 '몇 분의 1'처럼 분자가 1이 되는 분수를 사용했습니다. 분자가 2가 되는 분수는 $\frac{2}{3}$(3분의 2)뿐이었습니다.('나도 수학자' 문제의 정답 : $\frac{1}{3} + \frac{1}{5} = \frac{8}{15}$)

## 2 두루미와 거북은 몇 마리일까요?

교과서 3학년 2학기 1단원 곱셈

홋카이도교육대학부속 삿포로초등학교 | 다키가 히라유시

### 동물의 합과 다리 개수의 합을 알면?

두루미와 거북을 이용한 수학 문제가 있습니다. 다음 문제를 읽어 보세요.

'두루미와 거북을 모두 합쳐 5마리 있습니다. 다리 개수는 모두 14개입니다. 두루미와 거북은 각각 몇 마리일까요?'

동물의 합계와 다리 개수 합계를 알 때 각각 몇 마리 있는지 구하는 문제입니다.

### 각각 몇 마리일까요?

각각 몇 마리인지 문제를 풀어 볼까요? 두루미는 2개, 거북은 4개의 다리를 갖고 있습니다. 만약 모두 거북이라면 어떻게 될지 먼저 생각해 보세요. 전부 거북이라면 그림 1처럼 됩니다. 그러나 이 상태로는 다리 개수의 합이 너무 많습니다. 거북을 4마리로 줄이면 그림 2처럼 다리는 모두 18개가 됩니다. 아직도 많네요. 거북을 한 마리 더 줄이면 그림 3처럼 다리 개수가 16개가 됩니다. 거북을 한 마리 줄여서 두루미가 되면 다리 개수가 2개 줄어든다는 사실을 알 수 있지요. 이 사실로 미루어 볼 때 거북을 한 마리 더 줄이면 되겠네요. 즉 거북 2마리, 두루미 3마리가 문제에 맞는 정답입니다.

 우리나라에서는 삼국 시대부터 수학이 발달하면서 수학과 밀접한 관련이 있는 천문학, 건축학이 많이 발전했어요. 달이 태양을 가리는 일식 시간을 계산하고, 불국사와 다보탑 등을 세우려면 수학이 필요하답니다.

# 정사각형을 막대기 몇 개로 만들 수 있을까요?

**4월 25일**

교과서 3학년 1학기 2단원 평면도형

시마네현 이이난초립 시시초등학교 | 무라카미 유키토

## 막대기로 정사각형을 만들어요

길이가 같은 막대기로 정사각형을 만들면, 막대기는 몇 개 필요할까요? 그림 1처럼 만들면 4개가 필요하네요. 이어서 그림 2처럼 만듭니다. 막대기가 몇 개 필요할까요? 1, 2…. 틀리지 않고 셌나요? 정답은 12개입니다. 마찬가지로 한 변을 세 칸으로 하면 막대기는 몇 개가 필요할까요?(그림 3) 앗, 세기 힘들다고요? 그렇지요. 정답은 24개입니다.

## 표로 나타내서 이해해요

한 변을 5칸으로 늘리면 막대기는 몇 개 필요할까요? 이제 그림 그리기도 힘드네요. 표로 정리해 볼까요?(그림 4) 어떤 식으로 막대기 개수가 늘었는지, 막대기가 늘어나는 개수에서 법칙을 찾아보세요. 그런데 그림 4로 보면 법칙 찾기가 쉽지 않지요.

방금 그림에 늘어난 막대기 개수를 넣어 보세요.(그림 5) 4의 단 곱셈구구 같지 않나요? 맞습니다. 늘어난 막대기 수도 표에 정리하면 법칙이 보이지요. 그러면 다음으로 한 변이 네 칸일 때 '늘어난 막대기 개수'는 16이 되고, 한 변이 세 칸일 때 필요했던 막대기 개수인 24개와 합쳐서 40개가 되겠네요.(그림 6)

**그림 4**

| 한 변의 막대기 수 | 1 | 2 | 3 | 4 | 5 |
|---|---|---|---|---|---|
| 필요한 막대기 수 | 4 | 12 | 24 | | ? |

**그림 5**

| 한 변의 막대기 수 | 1 | 2 | 3 | 4 | 5 |
|---|---|---|---|---|---|
| 필요한 막대기 수 | 4 | 12 | 24 | | ? |
| 늘어난 막대기 수 | (4) | 8 | 12 | | |

**그림 6**

| 한 변의 막대기 수 | 1 | 2 | 3 | 4 | 5 |
|---|---|---|---|---|---|
| 필요한 막대기 수 | 4 | 12 | 24 | →40 | ? |
| 늘어난 막대기 수 | (4) | 8 | 12 | 16 | |

**그림 1, 그림 2, 그림 3**

**그림 7**

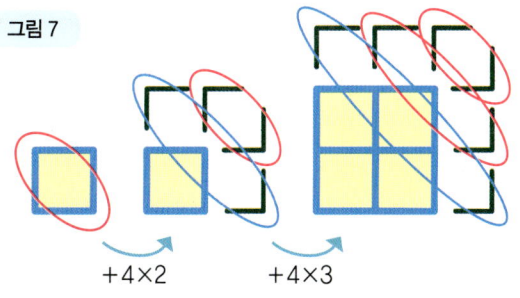

+4×2    +4×3

 왜 4의 단 곱셈구구의 곱만큼 늘어날까요? 생각할 수 있는 한 가지 예를 그림 7에 나타냈습니다. 똑같이 생각하면 한 변이 다섯 칸일 때 필요한 막대기 수를 알 수 있지요. 정답은 60개입니다. 여러분도 풀었나요?

# 보는 위치를 바꾸면 어떻게 보일까요?

**4월 26일**

교과서 6학년 2학기 1단원 쌓기나무

/ / /

오차노미즈여자대학 부속초등학교 | 구가야 아키라

## 여러 위치에서 볼 수 있어요

오늘은 우리 주변에 있는 사물들을 평소와는 다른 위치에서 보면 어떻게 보이는지 생각해 보겠습니다. 예를 들어 식탁 위에 놓인 머그컵을 다양한 방향에서 보면 어떤 모습일지 살펴볼까요?

앞에서 보면 그림 1처럼 보입니다. 위에서 내려다보면 어떻게 보일까요? 보기 전에 먼저 머릿속으로 떠올려 보세요. 위에서 내려다볼 때와 옆에서 볼 때는 그림 2와 같습니다.

이번에는 연필을 볼까요? 연필을 세우고 옆에서 보면 그림 3처럼 보입니다. 위에서 내려다보면 어떻게 보일까요? 정답은 '나도 수학자'의 그림에 있어요.

## 다른 관점으로 상상해 보세요

앞에서 해 본 것처럼 우리 주변에 있는 사물을 평소와 달리 다른 방향에서 보면 어떨지 상상해 보세요. 상상했다면 그 상상이 맞는지 실제로 그 위치에서 보고 확인해 보세요.

N서울타워나 보신각처럼 실제 눈으로는 확인할 수 없는 것도 위에서 보면 어떨지 상상해 보면 재미있을 거예요.

### 나도 수학자

**무엇을 어디에서 보고 있나요?**

어느 위치에서 보느냐에 따라 사물의 모습이 달라진다는 사실을 알았지요? 연필을 위에서 내려다본 모습은 어떨까요? 바로 아래 그림처럼 보입니다.

똑바로 위에서 본 그림을 '평면도', 똑바로 옆에서 본 그림을 '측면도', 정면에서 본 그림을 '입면도'라고 부릅니다.

# 불국사에 수학이 숨어 있다고요?

**4월 27일**

**교과서** 6학년 2학기 2단원 비례식과 비례배분

오오이타현 오오이타시립대 니시초등학교 | 니노미야 다카아키

## 불국사 무게 중심에 있는 석등

우리나라 전통 수학은 '산학'이라고 하여 신라, 백제, 고구려가 있던 삼국 시대부터 시작되었어요. 신라 시대에 만든 건축물에는 석굴암과 첨성대 등 유명한 것이 많지요. 가장 잘 알려진 불국사는 건축미가 뛰어난 불교 유적으로, 석굴암과 함께 유네스코 세계 문화유산에 지정되었을 정도입니다. 그런데 건축물에서 발견할 것은 역사적인 의미뿐만이 아니랍니다. 그 속에 숨겨진 수학 원리도 놀라운 것이 많아요.

신라 시대의 대표적인 문화재인 불국사에서 수학 원리를 찾아볼까요? 불국사의 중심 법당인 대웅전 앞에는 돌계단이 있어요. 돌계단은 청운교와 백운교로 이루어져 있는데, 아래쪽에 18단으로 이루어진 백운교를 유심히 살펴보세요. 직각삼각형이 보입니다. '피타고라스의 정리'로 알려진 '3:4:5'의 비율을 정확히 맞춘 삼각형이지요. 계단의 높이, 석등의 위치까지 수학을 활용한 것을 보면 옛 선조들의 지혜가 참 대단하네요.

불국사 백운교 자료 : 문화재청

### 나도 수학자

**신라 시대의 수학 교과서는?**

학교에서 수학 교과서로 수학을 배우듯이, 신라 시대에도 산학 교재가 있었어요. 중국의 가장 오래된 수학 책 《주비산경》을 산학 교재로 썼답니다. 책에는 '피타고라스의 정리'와 같은 '구고현의 정리'가 쓰여 있어요.

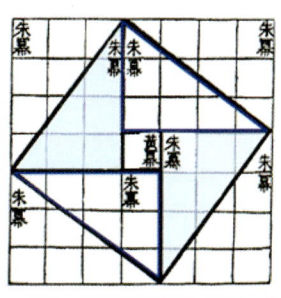

🔍 피타고라스의 정리는 '직각삼각형에서 큰 변의 길이를 두 번 곱한 값은 작은 두 변의 길이를 각각 두 번씩 곱해 더한 값과 같다'는 것을 의미합니다. 그런데 피타고라스보다 500년 빨리 동양에서 이 원리를 찾아냈대요. 밧줄로 매듭을 만들며 3마디(구), 4마디(고), 5마디(현)이라고 불러 '구고현의 정리'라고 부른답니다.

# 두루마리 휴지 심을 잘라서 펼쳐 보면?

**교과서** 6학년 2학기 3단원 원기둥, 원뿔, 구

4월 28일

/    /    /

아오모리현 산노헤초립 산노헤초등학교 | 다네이치 요시타케

## 잘라서 펼쳤더니 의외의 모양이?

통으로 된 두루마리 휴지의 심을 잘라 펼치면 직사각형이 됩니다. 그런데 두루마리 휴지의 심을 찬찬히 살펴보면 비스듬하게 선이 들어가 있다는 사실을 알 수 있습니다. 이 선을 따라 가위로 잘라서 펼치면 어떤 모양이 나올까요? 놀랍게도 평행사변형이 나오네요.(그림 1)

잘라서 펼치면 신기한 모양이 되는 물건 가운데 '피라미드형 팩'도 있습니다. 슈퍼나 편의점에서 우유나 커피 우유에 사용되는 팩이지요. 이 팩을 접착 부분을 따라 잘라서 펼치면 어떤 모양이 될까요? 놀랍게도 직사각형이나 평행사변형이 나옵니다.(그림 2)

## 평행사변형은 환경을 지켜요

왜 두루마리 휴지의 심도 피라미드형 팩도 잘라서 펼치면 모두 직사각형이나 평행사변형이 될까요? 그것은 심이나 용기를 만드는 재료인 종이를 낭비하지 않기 위한 노력입니다. 직사각형을 비스듬히 자르면 종이 낭비 없이 평행사변형을 만들 수 있기 때문에 재료인 종이를 버리지 않고 남김없이 사용할 수 있거든요.

 비닐랩의 심을 감싼 종이도 가위로 잘라서 펼치면 가늘고 긴 평행사변형이 됩니다. 평행사변형은 마주 보는 각의 크기가 같고, 마주 보는 두 쌍의 변이 평행합니다.

# 마방진으로 하는 수학 게임

**교과서** 2학년 1학기 3단원 덧셈과 뺄셈

홋카이도교육대학부속 삿포로초등학교 | 다키가 히라유시

### 어떤 방향으로 더해도 숫자가 같아요

그림 1은 마방진입니다. 마방진은 세 가지 조건을 만족하는 도형을 뜻합니다. 우선 가로, 세로 3칸씩 아홉 칸으로 이루어진 정사각형이어야 하고, 다음으로 여기에 1부터 9까지 숫자를 겹치지 않게 넣어야 합니다. 그다음 가로, 세로, 대각선 어느 방향으로 더해도 세 수의 합이 같아야 해요.

그림 1의 마방진은 가로, 세로, 대각선 어느 방향으로 더해도 숫자의 합이 15입니다. 그림 2의 마방진을 풀어 보세요. 어디부터 생각해야 할까요?

먼저 그림 3에서 빨간색으로 둘러싸인 곳을 보세요. 이 부분은 옆으로 늘어선 숫자인 8, 1, 9의 합계가 18입니다. 이 마방진은 가로, 세로, 대각선 중 아무 데나 3칸 더해도 합계가 18이 됩니다.

이번에는 파란색으로 둘러싸인 부분을 보세요. 이 부분은 4+□+9=18이어야 합니다. 따라서 가운데 빈칸에는 5가 들어갑니다. 이처럼 '한 칸만 더 채우면 완성되는 열'이 문제를 푸는 열쇠가 됩니다.

초록색으로 둘러싸인 부분도 풀 수 있겠네요. 4+□+8=18이므로 □에는 6이 들어갑니다. 이제 세 칸 남았습니다. 그림 4의 가, 나, 다에 무슨 숫자가 들어가는지 구했나요? 정답은 '돋보기'에 있어요.

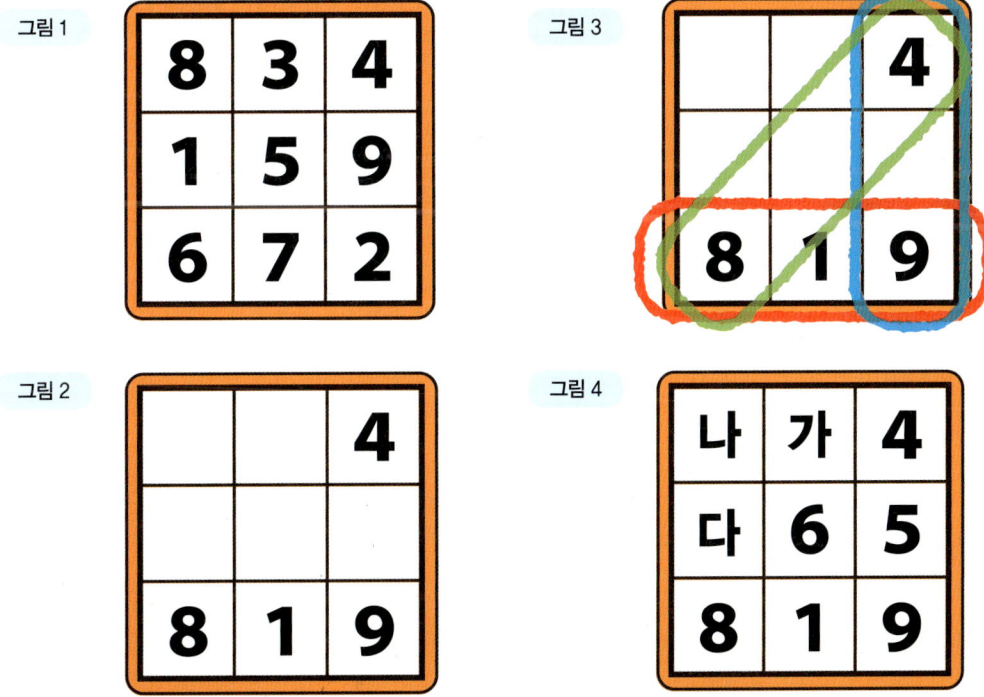

 '마방진'은 원래 아홉 칸으로 만들었지만, 규칙을 변형해 가로, 세로 네 칸으로 만들 수도 있어요. 그만큼 생각해야 할 부분이 늘어나기 때문에 더 어렵겠지요.(그림 4의 정답 : 가=11, 나=3, 다=7)

# 축제에 나온 사람들은 어떻게 셀까요?

**4 30일**

교과서 5학년 2학기 6단원 자료의 표현

/ / /

후쿠오카현 다가와군 가와사키초립 가와사키초등학교 | 다카세 다이스케

## 세기가 참 어려워요

축제를 좋아하지 않는 사람은 찾아보기 힘들겠지요? 여러 고장에서 여는 축제에서는 많은 사람들이 노래하거나 춤추면서 즐거운 시간을 보냅니다. 매년 각 고장을 대표하는 축제에는 사람들이 얼마나 모일까요?

놀이 공원처럼 입장권을 사야 하는 테마 파크는 입장한 사람 수를 정확히 알 수 있습니다. 그러면 입장권이 없는 축제에는 몇 명이 왔는지 누군가 실제로 세고 있을까요? 축제에 몇 명이 왔는지 세는 것은 경찰이나 축제 주최자가 합니다. 그런데 실제로 전부 다 세기란 어려워서 다음과 같은 기준에 따라 센다고 합니다.

$$(1m^2 당 인원수) \times (축제 장소의 넓이)$$

## 사실은 계산해서 세요

$1m^2$당 인원수도 실제로 일일이 세지는 않아요.

- 자유롭게 움직일 수 있으면 3명
- 옆 사람과 어깨가 부딪힐 정도면 6~7명

이런 식으로 기준을 세운다고 합니다. 그런데 사람들은 한 장소에 계속 머무르지 않지요. 사람들이 축제 장소를 전부 돌아다니는 평균 보행 시간을 알아보거나 몇 번 사람이 바뀌는지 조사해서 더 자세히 계산합니다.

이처럼 숫자를 대략 계산하는 것을 '추산'이라고 합니다. 이렇게 추산해서 얼마나 사람들이 모였는지 알아보고 안전한 축제를 만들기 위해 경찰관 인원수를 조정해 파견한대요.

**서울 여의도 불꽃 축제**
약 100만 명
(2016년 주최자 조사)

### 나도 수학자

**황소개구리의 알은 몇 개일까요?**

여러분도 추산 방법을 생각해 보세요. 초봄에 강이나 연못에는 개구리 알이 보입니다. 그중에서도 황소개구리(식용 개구리)는 가장 많은 알을 낳는대요. 알을 하나씩 세기란 어렵지요. 여러분이라면 어떻게 셀지 생각해 보세요.

 '나도 수학자'를 읽고 생각해 보았나요? 실제로 황소개구리의 알 수는 약 1만에서 2만 개입니다. 작은 두꺼비 알도 약 2천에서 8천 개라고 합니다. 개구리 연구자는 아마 효과적인 방법을 연구해서 셌겠지요.

# 5월

세계 지도에서 이웃한 나라를 서로 다른 색깔로 칠해 구분하려면, 몇 가지 색연필이 필요할까요? 수많은 나라를 칠해야 하니 엄청 많은 색연필이 필요할 것 같지만, 아니랍니다. 단 열 손가락 이하의 색연필 개수만 있으면 모두 칠할 수 있어요. 오늘날 컴퓨터로 겨우 풀어 낸 이 이론은 무엇일까요?

➜ 5월 24일 174쪽

# 사다리 타기 가로선의 비밀

교과서 6학년 2학기 6단원 여러 가지 문제

오차노미즈여자대학 부속초등학교 | 오카다 히로코

## 사다리 타기의 가로선은 몇 개일까요?

시작점과 도착점이 같은 글자가 되도록 가로선을 최소한의 개수로 그어 사다리 타기를 만들어 볼까요? 단, 시작점과 도착점의 글자 순서는 서로 반대입니다. 그림 1에서 글자가 5개인 사다리 타기를 만들 때, 가로선은 최소한 몇 개 필요할까요? 알 수 있는 방법을 두 가지 소개하겠습니다.

그림 1

### ① 글자가 4개일 때 이용하기

글자가 4개일 때는 그림 2의 왼쪽과 같은 사다리가 됩니다. 글자가 5개로 늘어나면 글자 4개를 도착점이 오기 전에 오른쪽으로 하나씩 밀어야 합니다. '가'를 오른쪽으로 한 칸 밀기 위해 맨 오른쪽에 세로선과 가로선을 하나씩 늘리고, '나', '다', '라'도 마찬가지로 오른쪽으로 한 칸 밀기 위해 가로선을 하나씩 늘리면 됩니다. 원래 있던 가로선 6개에 4개를 더 추가하면 되기 때문에 6+4=10개가 되겠지요.(그림 2)

그림 2

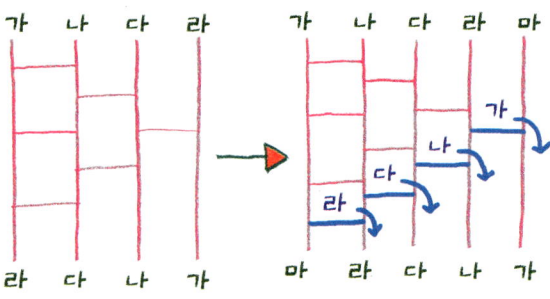

### ② 선과 선이 만나는 점 이용하기

'사다리 타기를 어떻게 만들까요?'(120쪽 참조)에 있는 사다리 타기 만드는 방법으로도 풀 수 있습니다. 같은 글자끼리 선으로 이었을 때 만나는 점이 가로선입니다. 만나는 점은 모두 합쳐 10개 있기 때문에 가로선이 10개 필요하다는 사실을 알 수 있지요.(그림 3)

그림 3

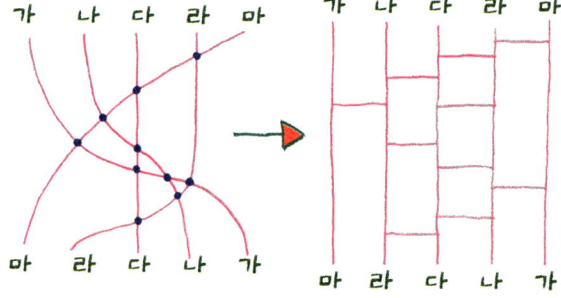

위의 규칙으로 미루어 보아 글자가 '가, 나, 다, 라, 마, 바, 사, 아, 자, 차'로 10개일 때는 가로선이 몇 개 필요할까요? 정답은 45개입니다. 여러 가지 방법으로 확인해 보세요.

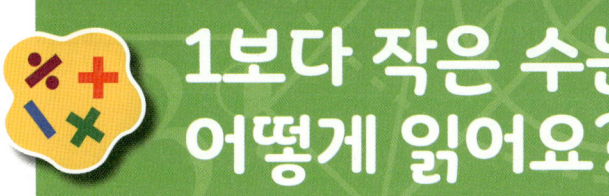

# 1보다 작은 수는 어떻게 읽어요?

교과서 4학년 2학기 1단원 소수의 덧셈과 뺄셈

시마네현 이이난초립 시시초등학교 | 무라카미 유키토

## 소수는 어떻게 읽을까요?

0보다 크고, 1보다 작은 숫자를 생각해 볼까요? 여러분은 '소수'라는 말을 들어 본 적 있나요? 일상생활에서는 키나 몸무게를 잴 때 사용합니다. 예를 들어 135.6cm나 31.2kg처럼 말이에요. 이 수들은 각각 '백삼십오 점 육', '삼십일 점 이'라고 읽습니다.

그러면 2.17539는 어떻게 읽을까요? '이 점 일칠오삼구'라고 읽습니다. '어? 큰 수랑 다르게 읽네?' 하고 느낄 수도 있어요. 그렇습니다. 큰 수처럼 네 자리씩 끊어서 읽지 않습니다. 그러기는커녕 각 자릿수를 특별한 방법으로 읽지도 않습니다. 그저 숫자만 읽을 뿐이지요. 어느 자리를 읽고 있는지 헷갈릴 것 같지 않나요?

## 옛날에는 소수를 어떻게 읽었을까요?

옛날에 1보다 작은 수는 각 자리마다 읽는 방법이 따로 있었습니다. 그림을 보세요. 단위가 큰 순서대로 '할, 푼, 리, 모, 사(絲), 홀, 미, 섬, 사(沙), 진, 애, 묘, 막, 모호, 준순, 수유, 순식, 탄지, 찰나, 육덕, 허공, 청정'입니다. 아까 읽었던 2.17539는 '21할 7푼 5리 3모 9사'라고 읽습니다.

이러한 단위가 사용된 속담을 알아볼까요? '한 푼 돈을 우습게 여기면 한 푼 돈에 울게 된다.'는 아무리 적은 돈이라도 하찮게 여기지 말라는 뜻입니다. 여기서 '한 푼 돈'은 0.01과 같습니다. '오 리를 보고 십 리를 간다.'는 5리라는 돈(0.005)을 위해 10리(약 3.93km)라는 먼 거리 가기를 마다하지 않는다는 뜻이에요. 적은 돈을 쫓아 고생을 무릅쓰는 장사꾼의 돈 집착을 조롱하는 말이지요.

### 나도 수학자

**야구 점수는 '○할 ○푼 ○리'**

야구 타율을 나타낼 때는 2할 8푼 6리 같은 말을 쓰지요. 소수로 나타내면 0.286입니다. 여기에서 '할'이라는 말은 사물의 비율을 나타내는 단위로 1할의 $\frac{1}{10}$이 1푼, 1푼의 $\frac{1}{10}$이 1리가 되는 것입니다.

🔍 '야구 타율이 2할 8푼 6리'라는 말의 뜻은 타자가 타석에 1,000번 들어갔을 때 286번 안타를 쳤다는 뜻입니다.

# 제비뽑기에서 당첨되려면?

교과서 6학년 2학기 6단원 여러 가지 문제

가나가와현 가와사키시립 쓰치하시초등학교 | 야마모토 나오

## 당첨 제비 수가 달라요

문방구에 있는 뽑기 상품을 살 때는 두근두근 마음이 설레지요. 백화점이나 마트 등에서 '○원어치 이상 사면 추첨 한 번!'이라고 쓰인 상자를 두고 추첨 행사를 하기도 합니다.

자, 그림과 같이 뽑기 상자 A, B, C가 있습니다. 당첨 제비가 A 상자에는 1개, B 상자에는 5개, C 상자에는 10개 들어 있습니다. 여러분은 어떤 상자에서 뽑겠어요? 뽑기 기회는 단 한 번뿐입니다.

## 당첨 확률이 높은 상자는?

누구나 당첨 제비 수가 많은 상자가 당첨 확률이 높다고 생각해서 C 상자를 뽑지 않을까요? 그러나 당첨 제비가 많다고 해서 반드시 당첨 확률도 높다고는 할 수 없습니다. 사실 당첨 제비보다 꽝이 얼마나 들어 있는지가 더 중요한 열쇠랍니다.

예를 들어 A 상자에 들어 있는 꽝은 1개뿐이라고 생각해 보세요. 그러면 전부 2개의 제비 중 당첨 제비가 1개이므로 두 번 뽑으면 한 번은 당첨된다는 계산이 나옵니다.

한편 C 상자에 꽝이 90개 들어 있다고 생각해 보세요. 그러면 제비는 다 합쳐 100개, 그중 당첨 제비는 10개밖에 없습니다. 열 번 뽑았을 때 겨우 1개 당첨된다는 계산이 나옵니다. 이처럼 당첨 제비 수가 많다고 해서 반드시 당첨 확률이 높다는 것은 아니니 주의하세요.

### 나도 수학자

**실제로 두 번에 한 번 반드시 당첨될까요?**

A 상자에서 뽑은 제비를 다시 상자에 넣기를 반복하여 여러 번 뽑는다고 생각해 보세요. 그러면 몇 번 당첨될까요? 사실 반드시 두 번에 한 번 당첨되는 것은 아닙니다. 세 번 연속 당첨되는가 하면 다섯 번 연속 꽝이 나올 수도 있어요. 그러나 100번, 1,000번으로 뽑는 횟수를 늘릴수록 당첨 횟수는 두 번에 한 번(뽑은 회수의 절반)꼴이 된답니다. 시간이 있을 때 진짜 그렇게 되는지 시험해 보세요.

 몇 번에 한 번 당첨되는지 따지는 것을 '확률'이라고 합니다. '비가 내릴 확률은?' 'A 후보가 대통령이 될 확률은?' 등 뉴스에서도 들어본 적이 있을 거예요.

# 우리나라에서 가장 높은 건물은?

**5** 주 **4** 일

교과서 6학년 2학기 2단원 비례식과 비례배분

/ / /

쓰쿠바대학 부속초등학교 | 나카타 도시유키

## 산 위에 우뚝 솟은 송신탑

우리나라에서 높은 건물이라고 하면 무엇이 떠오르나요? 먼저 송신탑을 예로 들 수 있어요.

우리나라에서 가장 높은 송신탑은 'N서울타워'입니다. 전망대의 건물 높이는 약 237미터이며 해발 약 480미터입니다. 1969년 세워질 당시의 이름은 남산타워인데, 3곳의 방송국이 함께 투자해 지었어요. 수도권에 TV와 라디오 전파를 보내는 송신탑으로 쓰려고 만들었지요. 공사 중에 전망 시설을 갖춘 다목적 탑으로 목적이 바뀌어 오늘날 많은 사람들이 서울 시내 전경을 보려고 찾는답니다.

N서울타워 자료 : Thaepris, Wikimedia Commons

## 우리나라 건물의 높이를 비교해요

2017년을 기준으로 서울에서 가장 높은 빌딩은 잠실에 있는 '롯데월드타워'입니다. 123층 건물로 높이가 555m나 됩니다. 서울에서 다음으로 높은 건물은 서울 국제 금융 센터 C동이 284m, 타워 팰리스 3차 G동이 265m로 그 뒤를 잇습니다. 그 밖에 서울에는 200m가 넘는 건물이 아주 많습니다.

한국에서 롯데월드타워 다음으로 높은 건물은 인천 송도의 '동북아 무역 센터'로 68층 305m입니다. 그다음으로는 부산에 있는 '위브 더 제니스 타워 101'이 80층 301m로 3위입니다.

 **나도 수학자**

### 건물의 높이를 직접 재 볼까요?

도형의 닮음과 비례식을 알면 건물의 높이를 구할 수 있습니다. 먼저 높이를 구하려는 건물의 그림자 길이(A)와, 높이가 2m(C)인 막대기의 그림자(B)를 잽니다. 막대기의 높이는 달라도 되지만, 계산이 쉽도록 1m 단위로 고르면 좋아요. 건물과 막대기의 그림자 길이의 비를 이용하면 A : B = ○ : C 라는 비례식을 만들 수 있지요. 이 비례식을 풀면 건물의 높이를 알 수 있답니다.

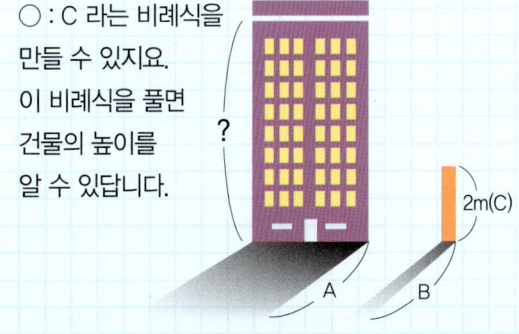

 N서울타워는 수도 서울을 상징하는 남산에 있습니다. 조선 시대 남산과 북악산과 인왕산을 이어 쌓은 성벽은 외부 공격으로부터 서울을 지키는 역할을 했습니다.

# 친구가 좋아하는 과일을 맞혀요

**5일차**

교과서 6학년 2학기 6단원 여러 가지 문제

도쿄도 스기나미구립 다카이도 제3초등학교 | 요시다 에이코

친구가 좋아하는 과일을 맞히는 게임입니다. 과일 15개가 그려진 그림에서 친구에게 좋아하는 과일을 한 개 고르게 하세요. 여러분이 카드 4장으로 친구에게 질문하는 동안 친구가 어떤 과일을 골랐는지 정확히 맞힐 수 있습니다.

### 좋아하는 과일은?

먼저 아래 그림의 과일 15개 중에서 좋아하는 과일을 친구에게 한 개 고르게 하세요.

### 4가지 질문을 해요

이번에는 A~D 카드 4장을 보여주면서 '이 중에 고른 과일이 있습니까?' 하고 질문합니다.

**A**
"이 중에 당신이 고른 과일이 있습니까?"

**B**
"이 중에 당신이 고른 과일이 있습니까?"

## C

"이 중에 당신이 고른 과일이 있습니까?"

## D

"이 중에 당신이 고른 과일이 있습니까?"

예를 들어 친구가 수박을 골랐다고 생각해 보세요. 그렇다면 A에서 D의 답은 'A=있다, B=있다, C=있다, D=없다'가 됩니다. 이것만 알면 친구가 어떤 과일을 골랐는지 알 수 있어요. 비밀은 '나도 수학자'에서 알아보세요.

 **나도 수학자**

### 카드의 합계 점수가 과일을 가리켜요

A 카드의 과일은 1점, B 카드의 과일은 2점, C 카드의 과일은 4점, D 카드의 과일은 8점으로 점수가 매겨져 있습니다. 수박은 'A=있다, B=있다, C=있다, D=없다'이기 때문에 'A=1점, B=2점, C=4점, D=0점'이 되어 모두 더하면 7점입니다.

사실 과일 15개에는 오른쪽 위의 그림처럼 1부터 15까지 번호가 붙어 있습니다. 수박 점수의 합계는 7점이었네요. 7번 그림은 수박입니다. 즉 과일 A부터 D까지 합친 점수가 그 과일의 번호를 나타낸다는 뜻입니다.

다른 과일로도 시험해 볼까요? 사과는 'A=없다, B=있다, C=없다, D=있다'이므로 'A=0점, B=2점, C=0점, D=8점'이 되어 모두 더하면 10점입니다. 10번 과일을 찾았나요? 정확히 사과가 있네요. 카드 4장을 사용하여 친구가 좋아하는 과일을 맞혀 보세요.

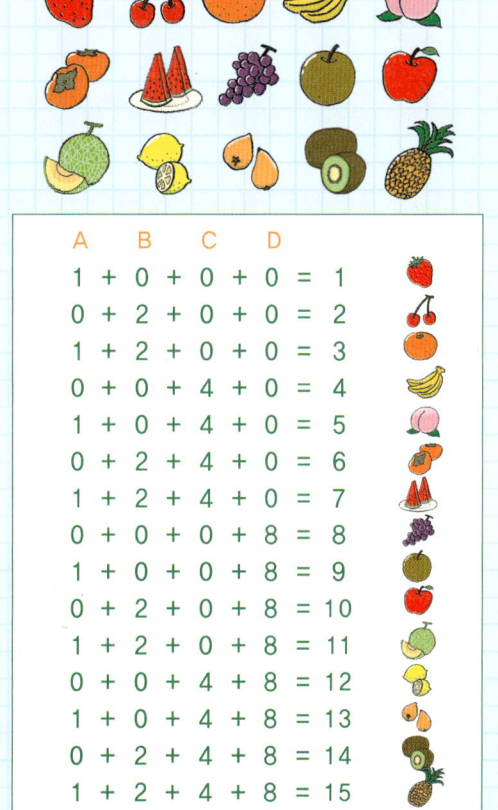

 이 놀이는 1, 2, 4, 8의 4가지 숫자를 조합하면 1부터 15까지 모든 숫자를 만들 수 있다는 원리를 이용했어요.

# 분할 퍼즐로 정사각형을 변신시켜요

**5 / 6일**

교과서 4학년 2학기 3단원 다각형

/ / /

가나가와현 가와사키시립 쓰치하시초등학교 | 야마모토 나오

## 정사각형을 도형 3개로 분할

정사각형을 나눠서 다른 모양으로 변신시켜 볼까요? 정사각형 종이를 그림 1처럼 도형 3개로 나눕니다. 겨우 도형 3개로 여러 가지 모양을 만들 수 있을까 싶기도 한데, 잘 합치면 직각삼각형이나 평행사변형, 사다리꼴 등 여러 가지 도형으로 바꿀 수 있습니다.(그림 2)

## 정사각형이 직사각형이나 삼각형으로

여러 가지 도형으로 변신할 수 있는 데는 이유가 있습니다. 그 이유는 바로 나눌 때 직각이 생기기 때문이지요. 직각을 2개 조합하면 직선의 변이 생깁니다. 따라서 정사각형으로도 직각삼각형이나 평행사변형을 만들 수 있어요. 또한 정사각형 한 변의 길이를 반으로 나눴기 때문에 길이가 같은 변을 만들어 딱 맞게 연결할 수 있습니다. 이처럼 직각이나 길이가 같은 변들이 많을수록 퍼즐을 맞추는 재미가 커져요.

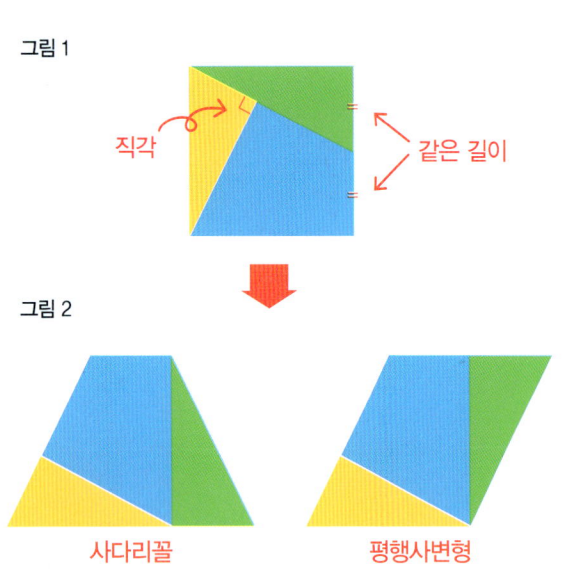

### 나도 수학자

**어떻게 움직이느냐가 중요해요**

1장씩 순서대로 잘 움직여서 모양을 바꿔 보세요. 움직일 때는 회전하거나 뒤집으면서 방향도 생각해 보세요.

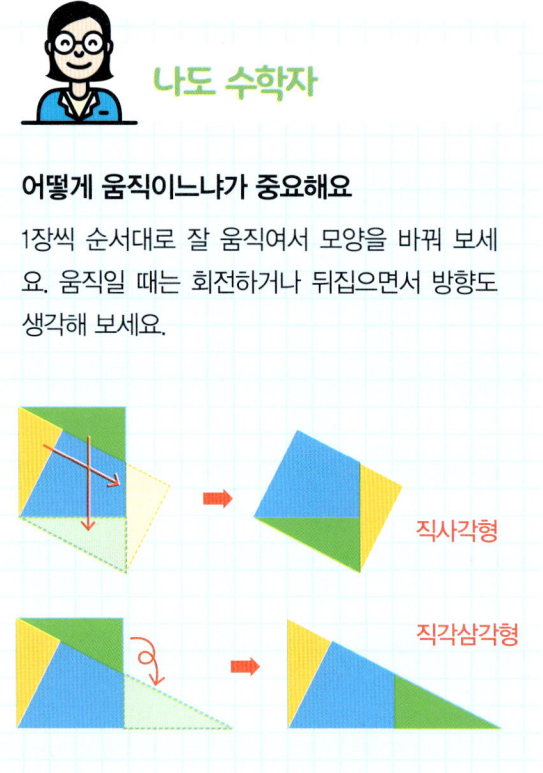

> 움직이는 방법은 '그대로 움직이기', '회전해서 움직이기', '뒤집어서 움직이기', 이렇게 세 가지가 있습니다. 여러 가지 방법으로 움직여 보세요.

# 유도 체급의 비밀

**교과서** 4학년 1학기 6단원 규칙 찾기

오차노미즈여자대학 부속초등학교 | 오카다 히로코

### 유도의 체급은 어떻게 될까요?

여러분은 유도라는 스포츠를 본 적이 있나요? 유도는 선수의 체중에 따라 나갈 수 있는 시합이 정해져 있어서 체중이 비슷한 사람끼리 시합을 합니다. 체급은 체중 때문에 생기는 불리한 조건을 줄여서 체중이 비슷한 사람끼리 겨루게 하기 위해 만든 규칙입니다.

여자는 48kg, 52kg, 57kg, 63kg, 70kg, 78kg, +78kg(78kg 이상)으로 모두 일곱 가지 체급이 있습니다. 예를 들어 체중이 50kg인 사람은 52kg급 시합에 출전합니다. 52kg급 시합에는 52kg 이하인 사람이 나갈 수 있습니다. 남자는 60kg, 66kg, 73kg, 81kg, 90kg, 100kg, +100kg(100kg 이상)으로 모두 일곱 가지 체급으로 나누어져요.

### 체급은 몇 kg씩 늘어나나요?

체급은 5kg이나 10kg처럼 일정한 숫자로 늘어나지 않습니다. 그럼 체급은 얼마씩 늘어날까요? 그림 2에서 여자 체급을 보세요.

48kg에서 52kg까지 4kg이 늘어나고, 52kg에서 57kg까지 5kg이 늘어나고, 57kg에서 63kg까지 6kg, 63kg에서 70kg까지 7kg, 70kg에서 78kg까지 8kg 늘어납니다. 즉 체급 간격은 4kg, 5kg, 6kg, 7kg, 8kg으로 1kg씩 늘어납니다.

남자도 마찬가지로 6kg, 7kg, 8kg, 9kg, 10kg으로 간격이 1kg씩 늘어납니다. 체급과 체급 간격이 일정하지는 않지만, 1kg씩 늘어난다는 점은 재미있네요.

그림 1

그림 2

 유도 외에도 레슬링이나 복싱, 역도는 체급별로 나눠서 시합을 벌입니다.

# 위에서 보고 옆에서 보면 달라요

**5일 8**

교과서 6학년 2학기 1단원 쌓기나무

구마모토현 구마모토시립 이케노우에초등학교 | 후지모토 구니아키

## 어떻게 보일까요?

주사위처럼 정육면체 모양으로 생긴 입체도형을 '쌓기나무'라고 해요. 쌓기나무 5개로 그림 1과 같은 모양을 만들어 보세요.(그림 1) 이 모양을 위에서 내려다본 그림이 그림 2입니다. 어떻게 배치되어 있는지 알 수 있지요. 입체 모양을 위에서 내려다본 그림을 '평면도'라고 부릅니다. 평소에 자주 보는 지도도 평면도와 친구예요. 그러면 바로 위에서 내려다봤을 때 그림 3처럼 되려면 어떻게 배치해야 할까요?

정육면체가 4개밖에 보이지 않네요. 그러나 실제로는 5개가 있습니다. 어떻게 했을까요? 그렇습니다. 정육면체 2개가 2층으로 되어 있어요.(그림 4) 이처럼 평면도만 보고는 입체가 어떻게 되어 있는지 알기 어려울 때가 있습니다. 그림 5와 같은 평면도는 실제로 어떻게 배치되어 있을까요? 몇 가지를 생각해 볼 수 있습니다.(그림 6)

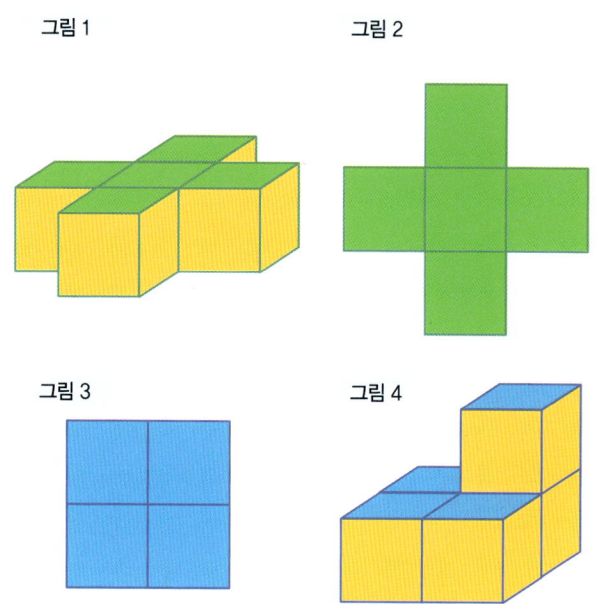

그림 1　그림 2

그림 3　그림 4

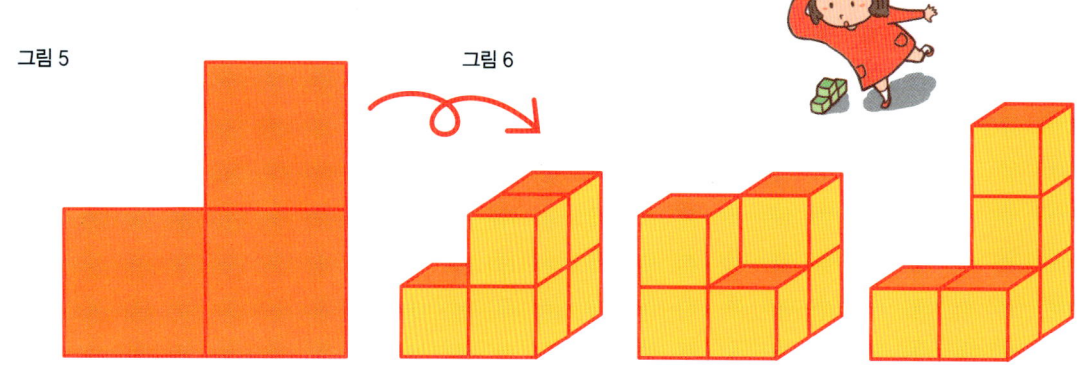

그림 5　그림 6

🔍 위에서 내려다본 모양과 옆에서 본 모양은 어떻게 다를까요? 쌓기나무를 여러 가지 모양으로 쌓아 올려서 위에서 내려다본 평면도와 옆에서 본 측면도를 그려 보세요. 정말 재미있어요.

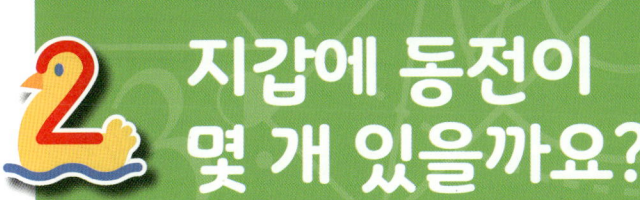

# 지갑에 동전이 몇 개 있을까요?

**5 9일**

교과서 2학년 1학기 3단원 덧셈과 뺄셈

/ / /

홋카이도교육대학부속 삿포로초등학교 | 다키가 히라유시

## 지갑에 119원이 있다면?

여러분은 지갑을 갖고 있나요? 지갑에는 돈을 넣지요. 지금 지갑 안에 119원이 들어 있다고 생각해 보세요. 이때 어떤 동전이 몇 개 들어 있을까요? 힌트 나갑니다. '동전은 모두 7개 들어 있습니다.'

## 큰 동전부터 생각해요

우리가 사용하는 동전에는 10원, 50원, 100원, 500원이 있습니다. 그런데 실제 우리나라에서 발행하는 돈에는 5원과 1원이 있답니다. 우리가 자주 볼 수 없는 이유는 은행끼리 계산의 편의를 위해 만드는 돈이기 때문이에요. 한번 5원과 1원까지 사용해서 계산을 해 볼까요?

큰 동전부터 생각해 보겠습니다. 이 중에서 500원이 지갑에 있다고 가정하면 이미 119원을 넘었네요. 따라서 500원 동전은 지갑에 없다는 말이 됩니다.

100원 동전은 어떨까요? 119원 중에 100원은 1개밖에 들어갈 수 없습니다. 즉 아무리 많아도 1개라는 뜻이 됩니다. 100원 동전이 들어 있다고 가정해 보세요. 나머지는 19원이니 50원 동전은 쓸 수 없습니다. 100원 동전 1개, 10원 동전 1개를 합쳐서 동전을 2개 쓰고 110원이 되었습니다. 즉 남은 동전 5개로 9원을 만들면 되겠네요.

1원이나 5원 동전을 사용해서 9원을 만들려면 그림 '가'와 '나'처럼 두 가지 방법이 있습니다. 이 중에서 동전 5개를 쓰는 방법은 '나'입니다. 이렇게 5원 동전 1개와 1원 동전 4개도 지갑에 있다는 사실을 알았어요.

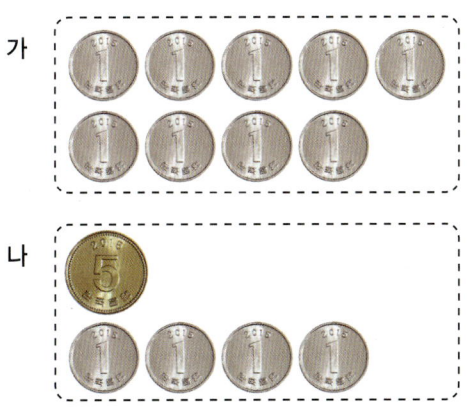

### 나도 수학자

**다른 개수의 조합은?**

지갑에 들어 있는 동전이 '만약 7개가 아니라면' 어떤 동전이 몇 개 들어 있는 경우를 생각할 수 있을까요? 다른 경우도 생각해 보세요.

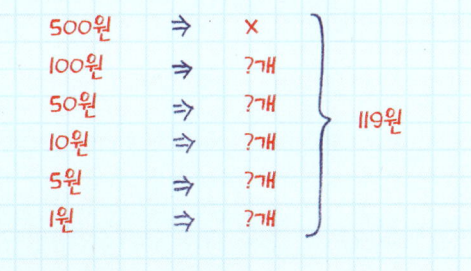

🔍 가게에서 물건을 살 때 돈을 어떻게 낼지 생각해 봐도 재미있어요. 110원짜리 물건을 살 때도 지갑에 있는 동전을 이용해 여러 가지 조합을 만들 수 있지요.

# 전통 시장에서 쓰는 옛날 부피 단위 홉·되·말

교과서 3학년 2학기 5단원 들이와 무게

도쿄도 도시마구립 다카마쓰초등학교 | 호소가야 유코

## 한 홉의 10배는 한 되

마트나 시장에서 쌀을 어떻게 파는지 찾아보세요. 보통 한 자루에 5kg이나 10kg처럼 kg 단위로 무게를 표시해서 팔아요. 그런데 전통 시장에서는 간혹 옛날에 쓰던 '홉, 되, 말'이라는 단위로 부피를 표시하기도 합니다.

홉, 되, 말은 옛날에 곡류나 가루 등을 잴 때 쓰던 단위인데, 오늘날 길이는 미터, 무게는 그램, 부피는 리터로 표시하도록 규정이 바뀌었어요. 옛날에는 부피를 재는 도구인 되의 크기가 지역에 따라 달랐기 때문에 단위를 통일해 쓰기로 했지요.

'되'는 지금까지도 가장 흔히 사용하는 단위인데, 약 1.8L입니다. 한 되의 $\frac{1}{10}$이 1홉이에요. 즉 가장 작은 단위인 '홉'은 약 180mL를 뜻합니다. 쌀 두 홉은 360mL이지요. '말'은 가장 큰 단위로, 한 되의 10배인 18L입니다. 한 말의 10배를 뜻하는 단위도 있어요. 바로 한 '섬'입니다.

## 되로 주고 말로 받는다

되를 활용한 속담에 "되로 주고 말로 받는다."라는 말이 있어요. 조금 주고 난 뒤 그 대가로 몇 배나 많이 받는다는 뜻이에요. 말은 되의 10배이니 준 것에 비해 정말 아주 많이 챙긴다는 비유가 되겠네요.

"구슬이 서 말이라도 꿰어야 보배다."라는 속담도 들어보았나요? 서 말은 18×3=54L이니 구슬이 아주 많아도 쓰기 편하게끔 꿰어야 가치가 있다는 뜻이지요.

홉 < 되 < 말 < 섬
180mL   1.8L   18L   180L

> 한 말의 10배가 섬이라고 배웠지요. 짚으로 엮어 곡식을 담을 때 쓰던 큰 포대도 '섬'이라고 합니다.

# 없지만 있다고 생각하면 계산이 쉬워져요

5 | 11일

교과서 2학년 1학기 3단원 덧셈과 뺄셈

/  /  /

도쿄도 스기나미구립 디카이도 제3초등학교 | 요시다 에이코

## 99+99의 정답은 얼마일까요?

99+99의 정답은 얼마일까요? 써서 계산해 보세요.

```
  9 9
+ 9 9
-----
1 9 8
```

정답은 198입니다. 받아올림이 두 번 있기 때문에 조심해야 해요. 그런데 이 계산도 조금만 머리를 쓰면 아주 간단하답니다. 99는 1만 있으면 100이 돼요. 따라서 먼저 100+100을 계산합니다. 계산하면 200이 되지요. 방금 99 대신 100으로 계산했기 때문에 남는 두 개의 1을 더한 값 2를 200에서 뺍니다. 그렇게 하면 정답은 198이지요. 식으로 쓰면 다음과 같습니다.

```
100 + 100 = 200
 ↑+1  ↑+1  ↓-2
 99 +  99 = 200-2
```

### 나도 수학자

**999 + 999는 어떨까요?**

역시 숫자가 하나씩 없지만 있다고 생각하고 1000으로 계산합니다.

```
1000 + 1000 = 2000
 ↑+1  ↑+1   ↓-2
 999 +  999 = 2000-2
```

따라서 정답은 1998이 되겠네요.

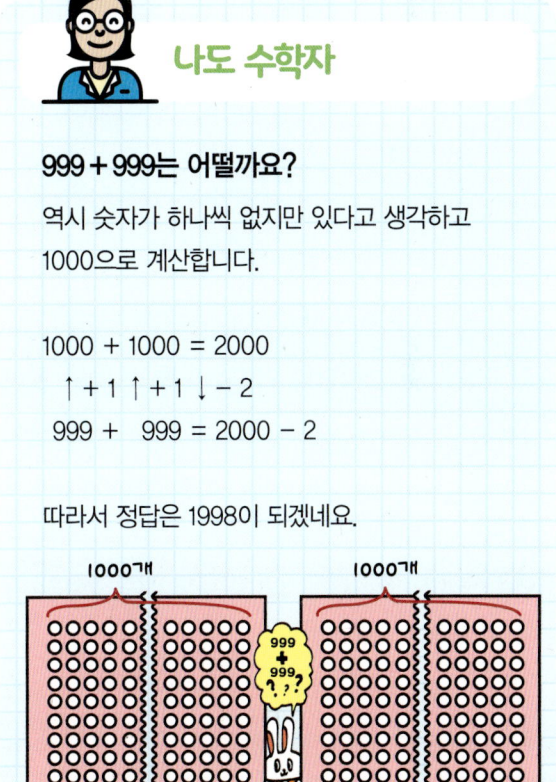

그림으로 설명할까요? 오른쪽 위 그림을 보세요. ●는 사실 없지만, 있다고 생각하면 다 해서 200이 됩니다. 그러나 사실은 없기 때문에 ● 2개를 빼서 정답은 198이 됩니다.

 아무리 큰 숫자여도 이렇게 머리를 쓰면 간단히 계산할 수 있어요.

# 이쑤시개로 정삼각형을 만들어요

**5 12일**

교과서 4학년 2학기 3단원 다각형

가나가와현 가와사키시립 쓰치하시초등학교 | 야마모토 나오

## 정삼각형의 변은 몇 개일까요?

직선 3개로 둘러싸인 도형을 '삼각형'이라고 합니다. 이때 둘러싸는 직선을 '변'이라고 해요. 삼각형 변 3개의 길이가 같으면 '정삼각형'입니다.

이쑤시개로 정삼각형을 만들어 보세요. 쉬워요. 3개를 잘 놓기만 하면 됩니다. 이 정삼각형을 2개로 만들려면 이쑤시개는 몇 개 필요할까요? 3×2=6 이므로 6개 있으면 만들 수 있어요. 그러나 더 적은 개수로 만들 수도 있습니다. 그림 1처럼 변 1개를 겹치면 5개로도 만들 수 있어요.

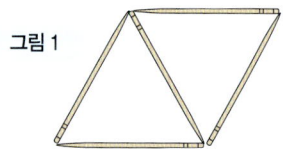

그림 1

## 정삼각형 3개, 4개는?

정삼각형을 더 늘리려면 이쑤시개를 몇 개씩 늘려야 할까요? 그림 2, 그림 3에서는 2개씩 늘어나서 정삼각형이 3개일 때는 7개, 4개일 때는 9개가 필요합니다. 이번에는 정삼각형을 5개, 6개로 늘려 볼까요? 사실 이쑤시개 1개만 더해도 정삼각형이 늘어날 수 있어요.(그림 4)

이쑤시개를 놓는 방법에 따라 사용하는 개수도 달라집니다. 정삼각형이 늘어나면 점점 모양이 다양해지네요. 놓는 방법을 달리 해서 여러 가지 모양을 만들어 보세요.

 삼각형을 육각형이 되도록 이어나가면 5개에서 6개가 될 때 필요한 이쑤시개는 1개뿐입니다.

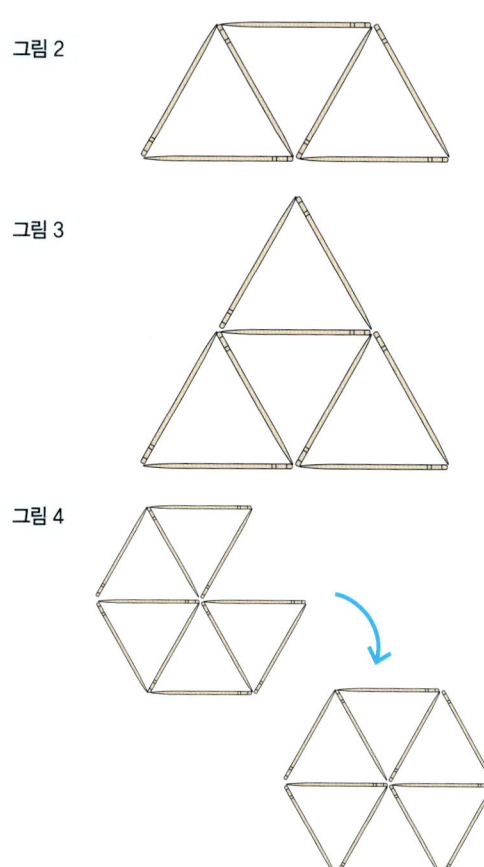

그림 2

그림 3

그림 4

### 나도 수학자

**이쑤시개 6개로 정삼각형이 4개?**

이쑤시개 6개만 있으면 정삼각형을 4개나 만들 수 있어요. 어떻게 놓았을까요? 정답은 아래 그림과 같습니다. 입체로 보이지요. 이처럼 시점을 달리 생각하면 다른 답이 보이기도 하니 재미있답니다.

# 백두산 정상에서 어디까지 보일까요?

**5 13일**

교과서 6학년 1학기 4단원 비와 비율 심화

이와테현 구지시 교육위원회 | 고모리 아쓰시

## 백두산 정상에서 본 전망

높은 곳에 오르면 전망이 좋아져서 멀리까지 내다볼 수 있지요. 우리나라에서 가장 높은 백두산 정상에서는 얼마나 멀리 보일까요? 얼마나 멀리 보이는지, 삼각형으로 구할 수 있습니다.(그림 1)

그림 1의 삼각형 abc는 직각삼각형입니다. 주황색 변 ab의 길이가 백두산 정상에서 얼마나 멀리 보이는지를 나타내요. 피타고라스의 정리를 활용하면 백두산 정상에서 얼마나 멀리 보이는지 구할 수 있어요. 피타고라스의 정리는 '직각삼각형에서 직각을 이루는 두 변 길이를 각각 제곱하여 더한 값은 빗변 길이의 제곱과 같다'는 수학 원리입니다.

그림 1

- **지구의 반지름(변 bc) : 약 6,378km**
- **백두산의 높이 : 약 2,744m**
- **지구의 반지름 + 백두산의 높이(변 ac) : 6380.744km**

$(ac)^2 = (ab)^2 + (bc)^2$

$(6380.744)^2 = \square^2 + (6378)^2$

따라서 빨간색 변의 길이는 약 187km가 됩니다.

## 백두산에서 187km 거리까지 내다봐요

그림 2는 백두산을 중심으로 한 반지름 187km짜리 원을 그린 것입니다. 북쪽으로 중국을, 남쪽으로 북한 함경남도까지 볼 수 있어요. 정말 높네요.

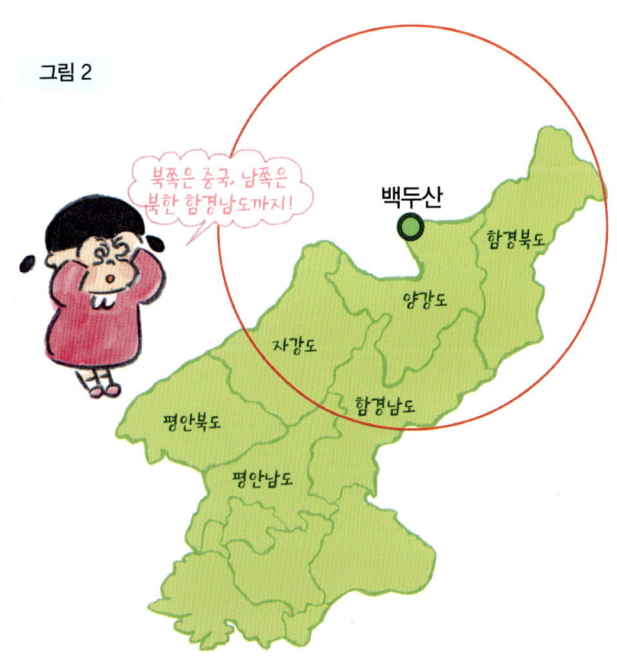

그림 2

 피타고라스는 그리스의 학자로, 이집트에서 토지 측량을 할 때 직각삼각형을 이용하던 것을 보고 이론적으로 그 원리를 밝혀냈어요.

# 가로수 길의 거리를 구해요

**5월 14일**

교과서 3학년 1학기 4단원 곱셈

홋카이도교육대학부속 삿포로초등학교 | 다키가 히라유시

## 나무 개수와 간격으로 거리를 구해요

여러분이 사는 집 주변 거리나 도로나 정원 등에서 일정한 간격으로 늘어선 나무를 본 적 있나요? 이렇게 쭉 늘어선 나무를 가로수라고 합니다. 가로수를 이용해 수학 문제를 낼 테니 풀어 보세요.

'곧게 뻗은 길 끝부터 반대편 끝까지 나무 다섯 그루가 8m 간격으로 심어져 있는 가로수 길이 있습니다. 이 길은 몇 미터일까요?' 나무 개수와 간격의 길이를 바탕으로 구해 보세요.

8m  8m  8m  8m

## 가로수 길은 몇 m일까요?

언뜻 보면 간단한 곱셈 문제로 보입니다. 나무와 나무 사이 간격이 8m, 나무가 다섯 그루니까 8×5=40m이지 않을까요?

하지만 그림을 그려 보면 위의 식이 이상하다는 사실을 알 수 있습니다. 나무는 다섯 그루지만, 나무와 나무 사이의 길이(8m)가 5개는 아니기 때문입니다. 즉 8×5라는 식은 성립되지 않아요. 나무와 나무 사이 간격인 8m는 나무 5그루보다 1개가 적은 4개입니다. 따라서 8×(5-1)=32가 되어 거리는 32m입니다.

잘못해서 나무 개수를 곱하지 않도록 조심해야겠네요.

### 나도 수학자

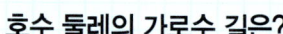

**호수 둘레의 가로수 길은?**

길이 곧지 않고 아래 그림처럼 원으로 되어 있는 경우는 어떨까요? 마찬가지로 나무 다섯 그루가 8m 간격으로 심어져 있다고 생각했을 때 길은 몇 미터일까요? 나무 개수와 나무 사이 간격 수를 생각해 보세요.

🔍 '앞으로 나란히'를 했을 때, 제일 앞줄에 있는 친구는 손을 뻗지 않아도 되지요. 따라서 간격 수는 사람 수보다 하나가 적어요.

# 1L는 1mL의 몇 배일까요?

**교과서** 3학년 2학기 5단원 들이와 무게 심화

오차노미즈여자대학 부속초등학교 | 구가야 아키라

## 여러 가지 단위를 나열해 봐요

학교에서 물의 부피를 공부했나요? 아마 L(리터)나 dL(데시리터), mL(밀리리터)라는 단위를 배웠겠지요. 각 단위의 크기 관계는 그림 1의 두꺼운 글씨와 같습니다.

길이에도 m(미터), cm(센티미터), mm(밀리미터)라는 단위가 있지요. 마찬가지로 각 관계를 비교해 보았어요.(그림 2)

## 센티리터와 데시미터도 있대요

여기에서 빠진 단위가 있네요? cL(센티리터)와 dm(데시미터)입니다. 이런 단위가 있냐는 의문을 가질 수 있는데, cL나 dm이라는 단위도 실제로 있답니다. 단, 이 단위들은 우리 생활 속에서 거의 쓰이지 않아요. 그러나 cL를 찾아보면 찾을 수도 있습니다. 어떤 곳에서 쓰일까요? cL이라는 단위는 약의 용량이나 해외에서 수입된 음료수 양을 나타낼 때 씁니다. 여러분도 한번 찾아보세요.

그림 1

그림 2

### 나도 수학자

#### 1L? 아니면 1l?

리터라는 단위 기호에는 '엘'을 나타내는 대문자 'L'이나 소문자 'l', 그리고 소문자의 필기체인 'ℓ'를 사용합니다. 국제적으로는 원래 소문자 l을 사용했습니다. 그러나 숫자 '1'과 혼동된다는 이유 때문에 대문자 L을 사용하기로 했습니다. 이는 1979년 제16회 국제 도량형 총회라는 회의에서 결정되었어요.

교과서에도 전에는 소문자 필기체 'ℓ'이 사용되었지만, 지금은 'L'로 바뀌었습니다. 우리나라에서는 아직까지 필기체 'ℓ'이 사용되기도 하지만, 국제적인 기호로는 인정되지 않습니다.

 많은 단위 기호는 소문자를 쓰지만, 사람의 이름에서 따온 단위는 대문자로 시작합니다. 예를 들어 아이작 뉴턴(Isaac Newton)이라는 사람의 이름에서 따온 힘의 단위 N(뉴턴) 등이 있습니다.

# 그림과 식을 바꾸어 생각해요

**5 16일**

교과서 3학년 2학기 6단원 자료의 정리

/  /  /

메이세이대학 객원교수 | 호소미즈 야스히로

그림 1

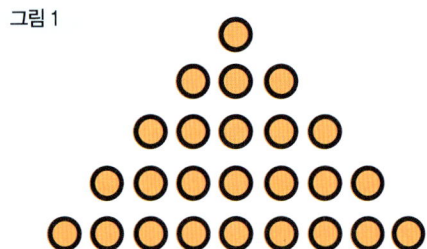

그림 2

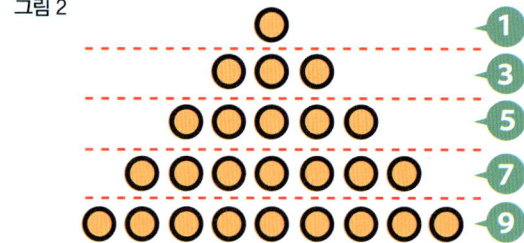

## 몇 장 있을까요?

그림 1과 같은 모양으로 붙인 스티커 개수를 구해 볼까요? 우선 그림 1을 봤으면 책을 덮으세요.

　그림 1을 떠올려 노트에 그릴 수 있나요? 피라미드 모양이며, 위에서부터 1, 3, 5, 7, 9 이렇게 5단으로 되어 있습니다. 그림을 그린 친구는 나중에 스티커 개수를 천천히 세면 구할 수 있겠네요. 모두 25장입니다. 그런데 "응?", "정말?", "진짜 25장이야?" 하고 질문을 받았을 때 "왜냐하면" 하고 설명할 수 있으면 멋있겠지요. 계산 과정을 식으로 나타낼 수 있다면 더 훌륭할 거예요.

## 식을 읽을 수 있을까요?

식을 읽을 때 그림과 연결하여 생각할 수 있으면 아주 재미있습니다. 예를 들어 1+3+5+7+9=25라는 식을 읽으면 그림 2와 같은 그림을 떠올릴 수 있어요.

### 나도 수학자

다음 식에 각각 알맞은 그림을 찾아보세요.

① 1+2+3+4+5+4+3+2+1=25
② (1+9)×5÷2=25
③ 5×5=25

정답은 '돋보기'에 있어요.

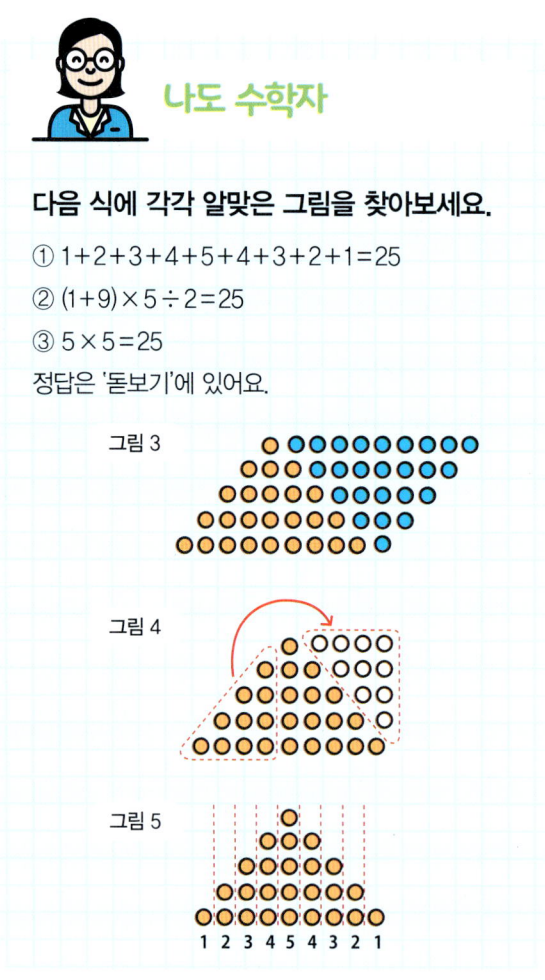

 1+3=4=2×2, 1+3+5=9=3×3처럼 1+3+5+7=16=4×4. 홀수의 합은 같은 수끼리 곱한 수가 됩니다. ('나도 수학자' 문제의 정답 : ①=그림 5, ②=그림 3, ③=그림 4)

# 각설탕 둘레를 도는 로봇 경비원을 속여라

**5월 17일**

교과서 5학년 1학기 5단원 다각형의 넓이

학습원 초등과 | 오오사와 다카유키

## 개미를 잡을 수 있을까요?

로봇 경비원이 각설탕을 지키고 있습니다. 그런데 개미가 각설탕을 호시탐탐 노리네요.(그림 1)

로봇 경비원은 각설탕 둘레를 한 바퀴 돌며 거리가 같으면 '이상 없음'이라고 판단합니다. 개미가 각설탕을 한 개를 몰래 훔쳐 오면, 로봇 경비원은 알아차릴까요?

앗? 둘레 길이가 똑같기 때문에 알아차리지 못합니다.(그림 2) 둘레 길이는 정말 변하지 않을까요? 확인해 볼게요. 각설탕이 줄어들어도 둘레 길이는 원래 정사각형과 같습니다.(그림 3) 사실 그림 4와 같이 5개만 남아도 둘레 길이는 똑같습니다.

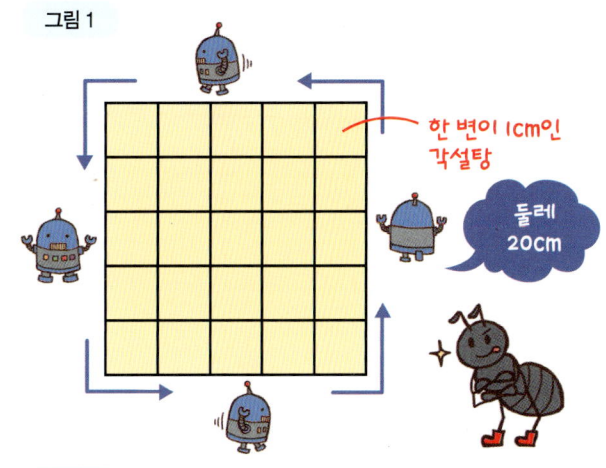

둘레 길이가 같다고 해서 넓이가 같다고는 할 수 없겠네요. 둘레 길이만 잴 수 있는 로봇은 경비원 자격이 없어요.

# 1부터 5까지 사용한 덧셈

**교과서** 3학년 1학기 3단원 나눗셈

아오모리현 산노헤초립 산노헤초등학교 | 다네이치 요시타케

## 모두 3으로 나누어떨어질까요?

1부터 5까지 숫자가 있습니다. 이 숫자의 순서를 바꾸지 않고 숫자를 만들어 덧셈을 합니다. 예를 들어 1+2+3+4+5=15, 12+34+5=51, 이런 식으로요. 직접 식을 3개 정도 만들어 보세요. 그런 후 계산한 합을 3으로 나눕니다. 아까 나온 15나 51만 나누어떨어진 것이 아니라 직접 만든 식도 나누어떨어지지 않았나요? 우연이라고 생각하는 친구도 있겠지요. 그래서 이렇게 만들 수 있는 모든 식을 계산했을 때 3으로 나누어떨어지는지 알아봤어요.(그림 1)

## 나머지를 눈여겨봐요

사실 어떤 수가 3으로 나누어떨어지는지 구분할 수 있는 방법이 있습니다.

  '각 자리의 숫자를 더했을 때 그 수가 3으로 나누어떨어지면 원래 숫자도 3으로 나누어떨어진다.'

  이 방법으로 봤을 때, 모든 식에 1+2+3+4+5가 있으며 그 합이 3으로 나누어떨어지기 때문에 전부 3으로 나누어떨어진다는 사실을 알 수 있습니다.(그림 2) 이처럼 나눗셈의 나머지를 눈여겨보고 생각하면 설명이 가능할 때도 있어요.

### 그림 1

- **한 자릿수끼리의 합**
  1+2+3+4+5=15

- **두 자릿수 + 두 자릿수 + 한 자릿수**
  12+34+5=51
  12+3+45=60
  1+23+45=69

- **세 자릿수 + 두 자릿수**
  123+45=168
  12+345=357

- **다섯 자릿수**
  12345

- **두 자릿수 + 한 자릿수 + 한 자릿수 + 한 자릿수**
  12+3+4+5=24
  1+23+4+5=33
  1+2+34+5=42
  1+2+3+45=51

- **세 자릿수 + 한 자릿수 + 한 자릿수**
  123+4+5=132
  1+234+5=240
  1+2+345=348

- **네 자릿수 + 한 자릿수**
  1234+5=1239
  1+2345=2346

### 그림 2

예
12+34+5=51
(1+2+3+4+5)÷3=6

1234+5=1239
(1+2+3+4+5)÷3=6

12345
(1+2+3+4+5)÷3=6

고등 수학에서는 나머지로 분류해서 표현하는 방법을 배워요. 예를 들어 '19≡1(mod3)'이라는 식은 19를 3으로 나누면 1이 남는다는 뜻입니다.

## 경상북도와 서울 크기의 비밀

교과서 6학년 1학기 4단원 비와 비율

쓰쿠바대학 부속초등학교 | 세이야마 다카오

### 경상북도의 면적은?

경상북도가 우리나라 면적을 얼마나 차지하는지 알고 있나요? 다음 중에서 골라 보세요.

① 약 5분의 1
② 약 8분의 1
③ 약 10분의 1

경상북도(약 2만 $km^2$)는 우리나라 면적(약 10만 $km^2$) 가운데 약 5분의 1을 차지합니다. 경상북도가 그만큼 넓다는 뜻이겠지요.

### 서울의 면적은?

다음으로 우리나라에서 가장 작은 행정구역인 서울은 어떨까요? 서울은 우리나라 면적 가운데 약 몇 분의 1일까요? 다음 중에서 골라 보세요.

① 약 50분의 1
② 약 100분의 1
③ 약 150분의 1

서울은 우리나라 면적 가운데 약 150분의 1에 해당하는 크기이며 약 627 $km^2$밖에 되지 않습니다. 전국 행정구역은 8개의 도와 1개의 특별자치도, 1개의 특별시와 1개의 특별자치시, 6개의 광역시로 이루어져 있습니다. 서울시는 면적이 우리나라의 150분의 1인데도 경기도 다음으로 인구수가 많답니다.

### 나도 수학자

**경기도와 강원도 중 어디가 더 클까요?**

경기도에는 수원시, 성남시, 용인시 등 큰 시들이 있습니다.(광역시 제외) 이 시들을 합친 경기도와 동쪽에 있는 강원도의 크기를 비교하겠습니다. 과연 어디가 더 클까요? 정답은 '돋보기'에 있어요.
① 경기도
② 강원도
③ 거의 비슷하다

 '나도 수학자'의 정답은 ② 강원도입니다. 강원도의 면적은 약 1만 6,000 $km^2$, 경기도의 면적은 약 1만 $km^2$입니다.

# 나라마다 건물 층수를 부르는 방법이 달라요

**5 / 20일**

교과서 6학년 1학기 4단원 비와 비율

/ / /

가나가와현 가와사키시립 쓰치하시초등학교 | 야마모토 나오

## 현관은 1층?

우리나라에서는 길에서 건물로 들어가는 현관이 있는 층을 '1층'이라고 부릅니다. 그런데 나라마다 'G층'이나 'L층' 등 다르게 부르고, 계단을 올라간 다음 층을 '1층'이라고 부르기도 해요. 즉 우리나라에서는 '2층'에 해당하는 층이 어떤 나라에서는 '1층'입니다. 'G'라는 말은 ground floor의 앞 글자인데, '지상층'이라는 뜻이에요. 'L'층은 복도, 휴게실을 뜻하는 lobby의 앞 글자를 딴 것입니다.

## 불길한 숫자는 사용하지 않아요?

어떤 나라에서는 숫자 '4'가 불길한 숫자라며 건물에 층수를 매길 때 4를 쓰지 않는대요. 그렇다면 우리나라에서 10층이 그 나라에서는 몇 층이라고 불릴까요? 우리나라의 1층을 G층으로 여기고, 4층을 쓰지 않는다면 그 나라에서도 10층이 되겠지요.

20층은 어떨까요? 우리나라에서는 10층에 10층을 더해 20층이 되는데, 어떤 나라에서는 14층이 없기 때문에 10층이 더해지면 '21층'이 됩니다. 30층이라면 24층이 없기 때문에 32층이 됩니다.

50층은 어떨까요? 34층은 물론 40층에서 49층까지 모두 없어지기 때문에 우리나라로 치면 13층만큼 차이가 납니다. 그래서 63층이어야 하는데 실제로는 54층, 64층도 없기 때문에 우리나라에서 말하는 '50층'이 그 나라에서는 '65층'이겠군요.

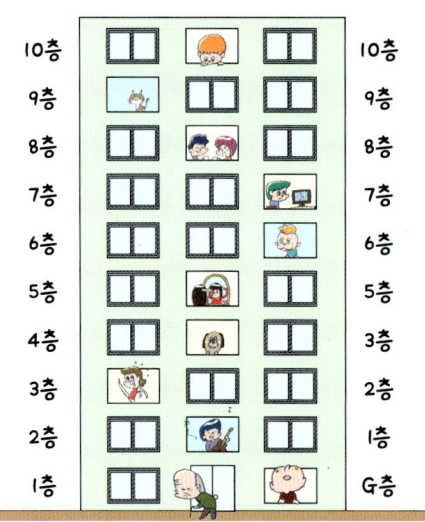

### 나도 수학자

#### 숫자 두 개를 없앤다면?

건물의 층수에서 '4'와 '9', 이렇게 두 가지 숫자를 사용하지 않는다면 '50층'은 몇 층이 될까요? 없어지는 층은 다음과 같이 50층까지 18개가 있지만, 70까지 세면 또 4개가 없어지기 때문에 22층만큼 차이가 나서 72층이 됩니다.

1~10 ➡ 4와 9
11~20 ➡ 14와 19
21~30 ➡ 24와 29
31~40 ➡ 34와 39와 40
41~50 ➡ 50 빼고 전부(9개)
그리고
51~60 ➡ 54와 59
61~70 ➡ 64와 69

 이렇게 특별한 규칙으로 숫자를 셀 때는 빠진 숫자가 없는지 잘 확인하는 것이 중요하겠지요.

# 시력 1.0과 0.1 측정법의 원리

교과서 6학년 1학기 4단원 비와 비율

도쿄학예대학부속 고가네이초등학교 | 다카하시 다케오

## 'C' 마크의 이름은?

시력 검사표에 있는 'C' 마크를 여러분도 본 적이 있겠지요. 시력을 검사할 때 보통 위쪽, 아래쪽, 왼쪽, 오른쪽 등 원 모양에서 뚫린 방향으로 부르는데요. 이 'C' 마크에 이름이 있답니다. 바로 '란돌프 고리'예요.

오른쪽 그림과 같은 크기의 란돌프 고리를 5m 떨어진 거리에서 보고 1.5mm짜리 뚫린 부분을 확인할 수 있으면 시력이 1.0입니다. 5m보다 두 배 떨어진 10m에서 뚫린 부분을 확인할 수 있으면 시력은 2.0, 반대로 절반인 2.5m 위치에서 확인할 수 있다면 시력은 0.5입니다. 시력을 측정할 때 거리를 그때그때 바꾸면 오차도 생기기 쉬우므로 란돌프 고리의 크기를 바꿔서 시력 검사를 해요.

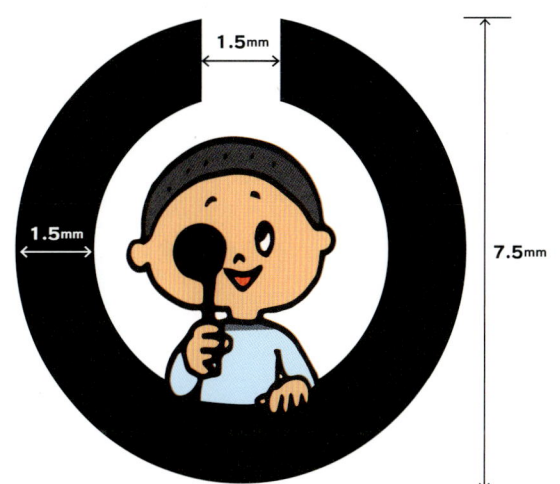

## 시력 5.0도 측정할 수 있어요

시력 2.0일 때는 란돌프 고리 크기가 그림 1 크기의 $\frac{1}{2}$배, 시력 0.5일 때는 란돌프 고리 크기가 2배입니다. 예를 들어 가장 큰 란돌프 고리(시력 0.1용)가 보이지 않을 때는 5m 위치에서 4m 위치까지 다가가는데, 그때 란돌프 고리가 보이면 시력은 0.08입니다. 그러면 시력 5.0도 잴 수 있겠지요. 우리에게 친근한 시력 검사에도 수학이 쓰인다는 사실을 알 수 있어요.

란돌프 고리가 점점 작아지네!

위쪽이요.

시력이 5.0이라면 시력 1.0용 란돌프 고리의 뚫린 부분이 5배 거리인 25m에서 보여야 해요.

# 주사위 모양 그리기

5
22일

교과서 5학년 2학기 2단원 합동과 대칭

/ / /

학습원 초등과 | 오오사와 다카유키

## 그리기 비결을 기억해요

주사위 모양을 잘 그릴 수 있나요? 쉽게 그리는 방법을 알려 줄게요. 첫 번째 방법은 먼저 정사각형을 그립니다. 다음으로 각 꼭짓점에서 비스듬히 오른쪽 위로 같은 길이의 직선 3개를 평행하게 그립니다. 그리고 직선 끝을 직선으로 잇습니다. 이때 앞에서 보이지 않는 선은 그리지 않습니다.(그림 1) 다른 방법도 있어요.

두 번째 방법은 정사각형 2개를 그림 2처럼 겹쳐서 그립니다. 그다음 꼭짓점끼리 직선으로 연결하면 완성!(그림 2)

면의 모양이 직사각형이나 삼각형이 되어도 이 방법을 응용하면 그릴 수 있습니다. 면이 원일 때도 도전해 보세요.

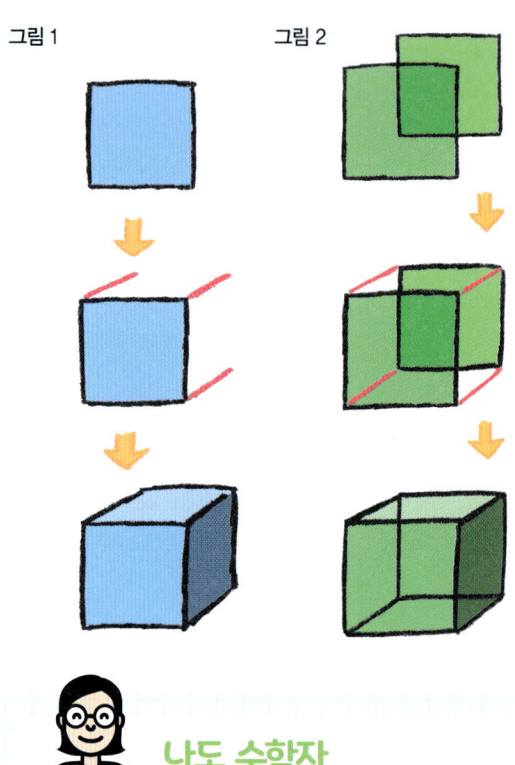

그림 1    그림 2

### 나도 수학자

**원기둥을 그릴 수 있나요?**

다른 모양을 그리는 방법도 생각해 보세요.

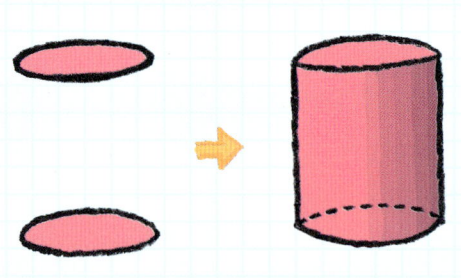

 이 방법을 익히면 평소에 그림을 그릴 때도 도움이 됩니다. 빌딩이나 집뿐만 아니라 사람의 몸도 원기둥이나 각기둥을 기초로 그리면 쉬워요.

# 찐빵을 둘이서 나눠요

**5 / 23일**

교과서 4학년 2학기 6단원 규칙과 대응

홋카이도교육대학부속 삿포로초등학교 | 다키가 히라유시

## 찐빵을 어떻게 나눌까요?

찐빵이 12개 있습니다. 이 찐빵을 지금 형제가 나누려고 해요. 형이 2개 더 많이 가지도록 하려면 형과 동생은 각각 찐빵을 몇 개씩 먹을 수 있을까요?

먼저 12개를 반으로 나눠 볼게요. 한 사람당 6개씩 가졌네요. 형의 찐빵이 더 많도록 동생 찐빵 가운데 2개를 형 쪽으로 옮깁니다. 이렇게 하면 두 사람의 찐빵은 2개 차이가 날까요?(그림 1)

자세히 보니 형의 찐빵이 동생의 찐빵보다 4개가 더 많아졌네요. 왜 이렇게 됐을지 순서대로 되돌아 볼게요. 먼저 동생이 갖고 있던 찐빵 2개를 형에게 줬습니다. 그래서 동생은 6-2=4. 즉 2개가 줄어들어 찐빵은 4개가 남았습니다.

다음으로 형은 동생에게 2개를 받았기 때문에 6+2=8. 처음보다 2개가 늘어서 8개가 되었습니다. 동생 찐빵이 2개 줄어들고 형 찐빵은 2개 늘어난 결과, 모두 합쳐 4개가 차이 나는군요.

## 2개 차이가 나게 하려면?

이렇게 되면 형의 찐빵이 많기 때문에 이번에는 1개를 동생에게 돌려주세요.(그림 2) 형은 1개 줄어들고 동생은 1개 늘었습니다. 두 사람의 찐빵 차이는 2개가 되었습니다.

그림 1

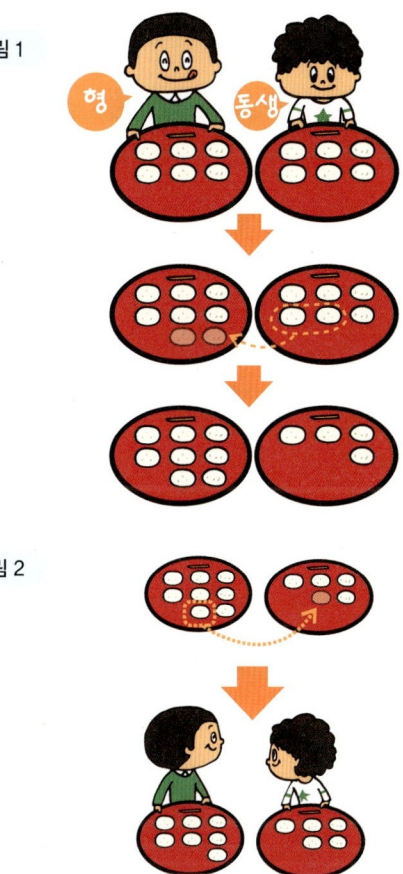

그림 2

### 나도 수학자

**개수 차이를 바꿔 찐빵을 나눠 봐요**

형제의 찐빵 개수 차이를 2개에서 3개, 4개… 이렇게 바꿔서 생각해 보세요. 실제로 찐빵이나 다른 음식을 준비해서 해 보면 이해가 잘됩니다. 그럼 3개 차이, 4개 차이로도 나눌 수 있을까요?

2개 차이로 나눌 수 있는 찐빵 개수는 6개, 8개, 10개… 이렇게 2로 나눌 수 있는 숫자만 가능합니다. 이와 같은 수를 '짝수'라고 부릅니다. 반대로 2로 나눌 수 없는 수를 '홀수'라고 부릅니다.

## 4색으로 모든 지도를 나누어 칠할 수 있어요?

교과서 4학년 2학기 6단원 규칙과 대응

도쿄학예대학부속 고가네이초등학교 | 다카하시 다케오

### 역사가 있는 '4색 정리'

'서로 인접한 두 나라를 다른 색으로 나누어 칠한다면 어떤 지도든 네 가지 색깔로 구분할 수 있을까요?' 여러분은 이런 문제를 들어 본 적 있나요?

이 문제의 역사는 지금부터 약 160년 전인 1852년까지 거슬러 올라갑니다. 런던의 젊은 수학자 프란시스 구드리(1831~1899)는 지도를 색칠할 때, 어떤 지도든 인접한 지역(장소)이 다른 색깔이 되도록 색칠하기 위해서는 4색이면 충분하다는 사실을 깨달았습니다.

### 100년 후에 컴퓨터로 증명했어요

예를 들어 그림 1처럼 지도는 4색으로 나누어 칠할 수 있다는 사실을 바로 알 수 있습니다. 그러나 모든 지도를 4색으로 나누어 칠할 수 있다는 증명은 무척 어려워서 100년 이상이 지난 1976년이 되어서야 드디어 2명의 수학자 케네스 아펠과 볼프강 하켄이 해결했습니다. 현재는 '4색 정리'라고 부릅니다.

이 문제는 컴퓨터를 이용하여 해결했습니다. 생각할 수 있는 모든 지도를 나누어 색칠하기 위해서는 4색만 있으면 된다는 사실을 증명한 것이지요. 이렇게 겨우 풀었을 정도로 어려운 문제였어요.

그림 1

 여러분도 직접 지도를 4색으로 칠해 보세요. 우리나라 백지도나 여러분이 살고 있는 동네 지도로 해도 재미있겠지요?

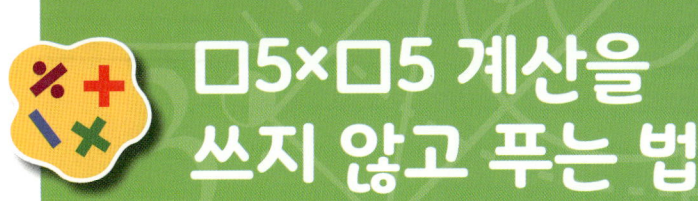

## □5×□5 계산을 쓰지 않고 푸는 법

교과서 3학년 2학기 1단원 곱셈

도쿄학예대학부속 고가네이초등학교 | 다카하시 다케오

### 일의 자리가 5인 수끼리 곱해요

다음 □5×□5(일의 자리가 5인 두 자릿수끼리의 곱)의 계산을 찬찬히 살펴보세요. 어떤 법칙이 보이지 않나요?

```
15 × 15 = 225
25 × 25 = 625
35 × 35 = 1225
45 × 45 = 2025
55 × 55 = 3025
65 × 65 = 4225
75 × 75 = 5625
85 × 85 = 7225
95 × 95 = 9025
```

뒤의 두 자리가 모두 25라는 사실은 금세 알아차렸겠지요? 그런데 백의 자리나 천의 자리에는 어떤 법칙이 숨어 있을까요? 이 계산을 그림으로 나타내어 생각해 보겠습니다.

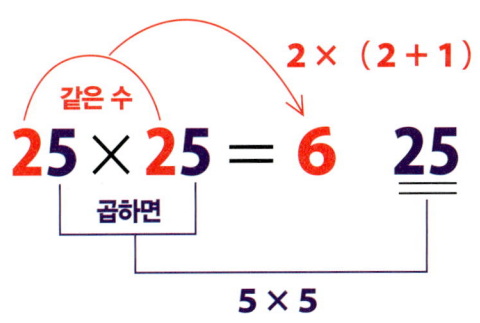

예를 들어 25×25의 계산은 그림 1과 같아요. 이 것을 변형하면 그림 2가 됩니다. ④+②+③의 직사각형 넓이에 ①의 넓이를 더하면 (20+5+5)×20+5×5=625입니다. 즉 십의 자릿수가 서로 같고, 일의 자릿수가 같은 5라면 간단히 정답이 나옵니다. 이처럼 계산은 그림으로 나타내면 그 뜻을 확실히 알 수 있습니다.

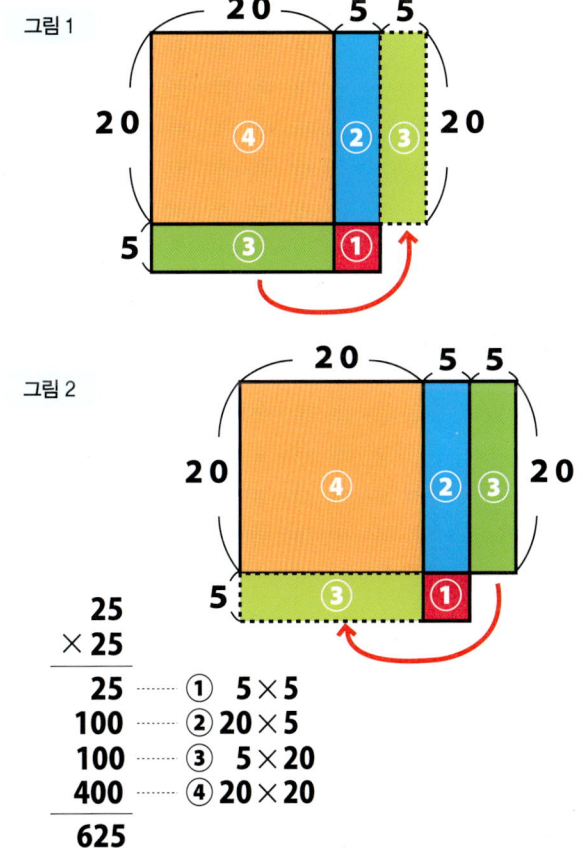

 □5×□5와 같이 일정한 형태의 계산에는 그 밖에도 법칙이 숨어 있을지도 몰라요. 여러분도 꼭 찾아보세요.

# 도형을 사용해서 모양을 그려요

**5월 26일**

교과서 4학년 2학기 3단원 다각형

/ / /

도쿄도 스기나미구립 다카이도 제3초등학교 | 요시다 에이코

## 도형을 합쳐 보세요

그림 1의 모양은 어떻게 그릴까요? 여러 가지 기발한 방법이 있겠지만, 오늘은 도형을 합쳐서 그리는 방법을 소개하겠습니다. 먼저 그림 2처럼 같은 크기로 된 정사각형 종이를 2장 준비합니다. 각각 종이를 접어 '가', '나'와 같이 접는 선을 넣으세요.

그림 3처럼 '나' 종이를 밑에 두고 두 종이의 중심과 접는 선이 서로 같은 위치에 오도록 겹칩니다.

겹친 종이를 놓고 둘레를 그대로 따라 그리면 완성입니다. 둘레를 따라 그릴 때는 꼭짓점만 표시해서 자를 대고 그리면 예쁘게 그릴 수 있습니다. 여러분도 그려 보세요.

그림 2

그림 3

### 나도 수학자

**어떤 모양을 합치면 만들어질까요?**

그림 4 : 열쇠 구멍 모양 → 그림 5 : 원과 이등변삼각형

그림 6 : 하트 → 그림 7 : 정사각형과 원 2개

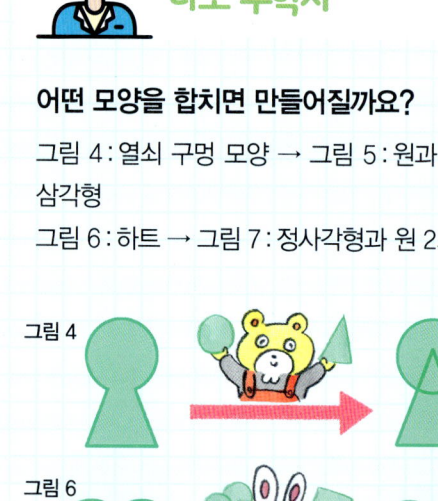

그림 1

우리 주변에는 도형을 활용한 여러 가지 디자인이 있습니다. 어떤 도형을 합쳐서 만들었는지 관찰해 보세요.

# 강의 폭을 헤엄치지 않고 재려면?

**5월 27일**

교과서 4학년 1학기 2단원 각도

시마네현 이이난초립 시시초등학교 | 무라카미 유키토

## 수학을 사용해 강의 폭을 재요

어떤 강에 다리를 놓고 싶은데, 강의 폭을 몰라서 다리를 만들 재료 준비가 어려워요. 어떻게 하면 강의 폭을 잴 수 있을까요? 밧줄을 들고 건너편 강기슭까지 헤엄칠까요? 사고라도 나면 큰일이지요. 이럴 때 우리는 수학을 써야 합니다.

각도기나 삼각자 2개를 준비하세요. 없을 때는 정사각형 종이를 반으로 접어 삼각자와 같은 모양을 만드세요. 제일 처음 강 건너편에 기준이 되는 나무를 찾은 다음, 그 나무에서 이쪽 강기슭이 직각이 되는 지점을 정합니다. 그리고 강변을 옆으로 걸어서 기준이 되는 나무와 강기슭이 45도가 되는 지점을 찾습니다. 이때 강변을 걸어간 거리를 재면 그것이 강의 폭입니다.

## 직각과 45도에 주목하세요

강을 직접 건너지도 않았는데 강의 폭이 얼마인지 어떻게 알 수 있을까요? 삼각자를 잘 보세요. 그렇습니다. 직각으로 만나는 두 변의 길이가 같지요. 또한 뾰족한 두 각은 각도(45도)가 같습니다. 이 성질을 이용하세요. 이쪽 강기슭에 직각과 45도가 되는 지점을 정하고 강 위에 커다란 삼각자를 걸었다고 생각하면 됩니다. 강의 폭에 해당하는 변의 길이와 걸은 거리에 해당하는 변의 길이가 같기 때문에 강의 폭이 얼마인지 잴 수 있어요.

### 나도 수학자

**나무의 높이도 잴 수 있어요**

이 방법을 이용하면 나무의 높이도 잴 수 있어요. 넓게 트인 곳에서 한번 해 보세요.

 여기에서 사용한 삼각자와 같이 한 개의 각이 직각이고 직각으로 만나는 두 변의 길이가 같은 삼각형을 '직각이등변삼각형'이라고 부릅니다.

# 숫자 카드로 덧셈하며 놀아요

**5 28일**

교과서 2학년 1학기 3단원 덧셈과 뺄셈

오차노미즈여자대학 부속초등학교 | 구가야 아키라

## 숫자 카드로 해 봐요

1부터 4까지 숫자 카드가 한 장씩 있습니다.(그림 1) 이 숫자 카드를 사용하여 계산 놀이를 해 볼까요? 문제가 2개 있습니다. 여러분도 생각해 보세요.

그림 1

■ 문제 1

숫자 카드를 점선으로 된 칸에 한 장씩 놓고 두 자릿수끼리 덧셈을 만들려고 합니다. 정답이 가장 큰 수가 되려면 숫자 카드를 어떻게 놓아야 할까요?(그림 2)

그림 2

■ 문제 2

마찬가지로 정답이 가장 작은 수가 되려면 숫자 카드를 어떻게 놓아야 할까요?(그림 3) 숫자 카드를 만들어 실제로 카드를 움직이며 생각해 보세요.

그림 3

## 정답을 확인해 보세요

정답을 확인해 볼까요? 문제 1은 그림 4와 같이 숫자 카드를 놓았을 때 가장 큰 수가 나옵니다. 그런데 다른 방법도 있어요. 예를 들어 4와 3처럼 같은 자리의 숫자 카드는 서로 바꾸어도 정답은 똑같이 73입니다. 2와 1도 마찬가지예요. 따라서 숫자 카드를 놓는 방법은 여러 가지입니다.

문제 2는 그림 5와 같이 숫자 카드를 놓았을 때 가장 작은 수가 나옵니다. 이 문제도 문제 1과 마찬가지로 숫자 카드를 놓는 방법은 여러 가지입니다.

그림 4   그림 5

### 나도 수학자

**새로운 문제를 만들어 보세요**

이번에는 '1~6까지 숫자 카드를 사용해요.', '세 자리 + 세 자리는 어떨까요?', '가장 큰 수가 되려면?', '가장 작은 수가 되려면?' 등으로 문제를 바꿔 생각해 보세요.

 덧셈을 다 했다면, 문제를 뺄셈으로 바꿔 봐도 좋겠네요.(204쪽 참조)

# 신기한 반사판 파라볼라 안테나

**5월 29일**

교과서 6학년 2학기 3단원 원기둥, 원뿔, 구

이와테현 구지시 교육위원회 | 고모리 아쓰시

## 반사판에 공이 떨어지면?

그림 1과 같은 모양을 한 안테나를 파라볼라 안테나라고 부릅니다. 접시처럼 생긴 부분을 반사판이라고 해요. 이 반사판에는 재미난 특징이 있습니다. 그림 2처럼 반사판에 공을 수직으로 떨어뜨렸을 때 공이 튀어요. 이렇게 수직으로 떨어뜨린 공은 둥근 반사판에 닿으면 같은 지점인 초점을 향해 튀어 오릅니다.

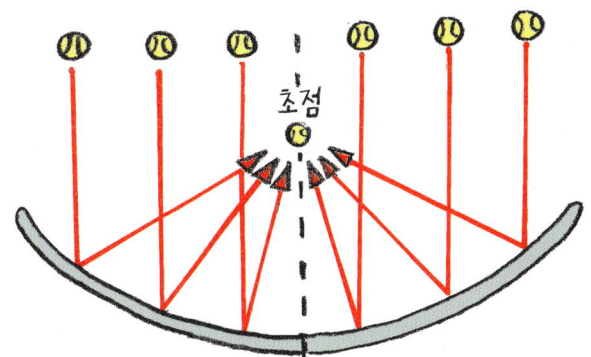

그림 2

## 같은 높이에서 떨어뜨리면?

아주 신기하게도 공 몇 개를 같은 높이에서 동시에 떨어뜨리면 초점을 지나는 타이밍도 같아집니다. 그림 2에서 보면 공 6개가 초점 부분에서 동시에 만나는 것이지요. 파라볼라 안테나는 이와 같은 성질을 이용하여 아주 먼 곳에서 오는 전파를 수신합니다.

그림 1

### 나도 수학자

**공을 던지면?**

파라볼라 안테나의 반사판이 휘어진 모양은 공을 던졌을 때 공이 지난 자리를 선으로 나타낸 모습과 같습니다. 이 선을 '포물선'이라고 불러요.

 '파라볼라'란 '포물선'을 뜻합니다. 집 지붕이나 베란다에 있는 위성 방송용 안테나를 왜 '파라볼라 안테나'라고 부르는지 알겠지요?

# 스피드 계산 게임의 비밀

## 친구와 함께해요

친구와 스피드 계산 게임을 해 보세요. 세 자리 숫자를 친구가 3개, 여러분이 2개, 이렇게 모두 5개 말합니다. 그 5개 숫자의 합을 빨리 계산하는 게임입니다. 게임 방법은 오른쪽 그림을 참고하세요.

그럼 직접 해 볼까요? 예를 들어 친구가 처음에 346이라고 말합니다. 그리고 다음으로 283이라고 말합니다. 이번에는 여러분 차례입니다. 여기에 비밀이 있습니다. 여러분이 말해야 할 숫자는 친구가 두 번째로 말한 숫자인 '283'과 더해서 999가 되는 숫자, 즉 716입니다. 이번에는 친구가 세 번째 숫자로 472라고 말합니다. 또 여러분 차례입니다. 여러분이 말해야 할 숫자는 친구가 말한 '472'와 더해서 999가 되는 숫자, 즉 527입니다.

여러분이 더해서 999가 되는 숫자 2개를 말하면 친구가 두 번째 말한 숫자부터 뒤의 숫자 합은 999+999, 즉 1998로 2000보다 2가 적은 숫자입니다. 따라서 정답은 첫 번째 숫자인 346에서 2를 뺀 다음 2000을 더한 2344가 돼요.

## 마술도 가능해요

친구가 처음 숫자를 말했을 때 ⑥에서 나올 정답을 친구에게 보이지 않도록 종이에 써서 주머니에 넣습니다. 이제 순서에 맞춰 게임을 하세요.

정말 신기해요. 주머니에서 나온 숫자는 계산을 했을 때 나오는 답과 같아요. 숫자를 예언할 수 있는 마술입니다.

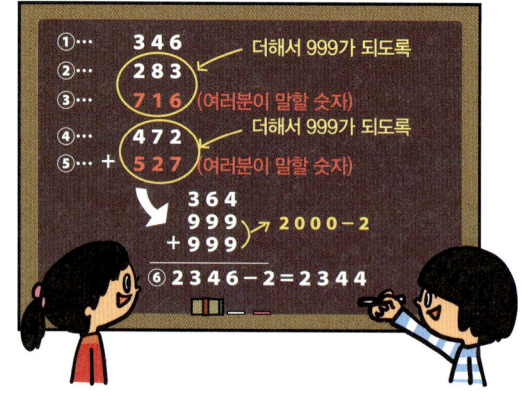

 네 자릿수도 가능해요. 그때는 9999가 되도록 숫자를 내면 됩니다. 도전해 보세요.

# 숨어 있는 사각형을 찾아봐요

교과서 3학년 1학기 2단원 평면도형

5 31일

훗카이도교육대학부속 삿포로초등학교 | 다키가 히라유시

## 사각형은 몇 개일까요?

그림 1을 보세요. 여러 칸으로 나뉜 커다란 사각형이 보이네요. 이 그림 안에 사각형이 몇 개 있을까요? 세어 보세요.

모두 몇 개가 나왔나요? 혹시 '6개'라고 대답한 친구 있나요? 그림 2와 같이 작은 정사각형을 하나씩 세면 6개가 맞습니다. 하지만 이 그림 안에는 더 많은 사각형이 숨어 있어요.

## 겹친 부분까지 생각하면 모두 몇 개?

혹시 눈치챈 친구도 있겠네요. 그림 3과 같이 '세로로 긴 직사각형'이나 '겹쳐 있는 가로로 긴 직사각형'도 숨어 있어요. 이렇게 보면 직사각형이 많이 보이지요? 그림 4와 같이 '가로로 더 긴 직사각형'도 2개 있습니다. 또 그림 5와 같이 '겹쳐 있는 커다란 정사각형'도 2개 있습니다. 물론 '전체를 둘러싸고 있는 커다란 직사각형'도 잊으면 안 되지요.

이렇게 모든 사각형을 찾았습니다. 작은 정사각형이 6개, 세로로 긴 직사각형이 3개, 가로로 길고 겹쳐 있는 직사각형이 4개, 가로로 더 긴 직사각형이 2개, 커다란 정사각형이 2개, 전체를 둘러싸고 있는 커다란 직사각형이 1개이니 모두 합치면 18개나 되네요. '겹친 부분'을 생각하면 그동안 보이지 않았던 게 보여요.

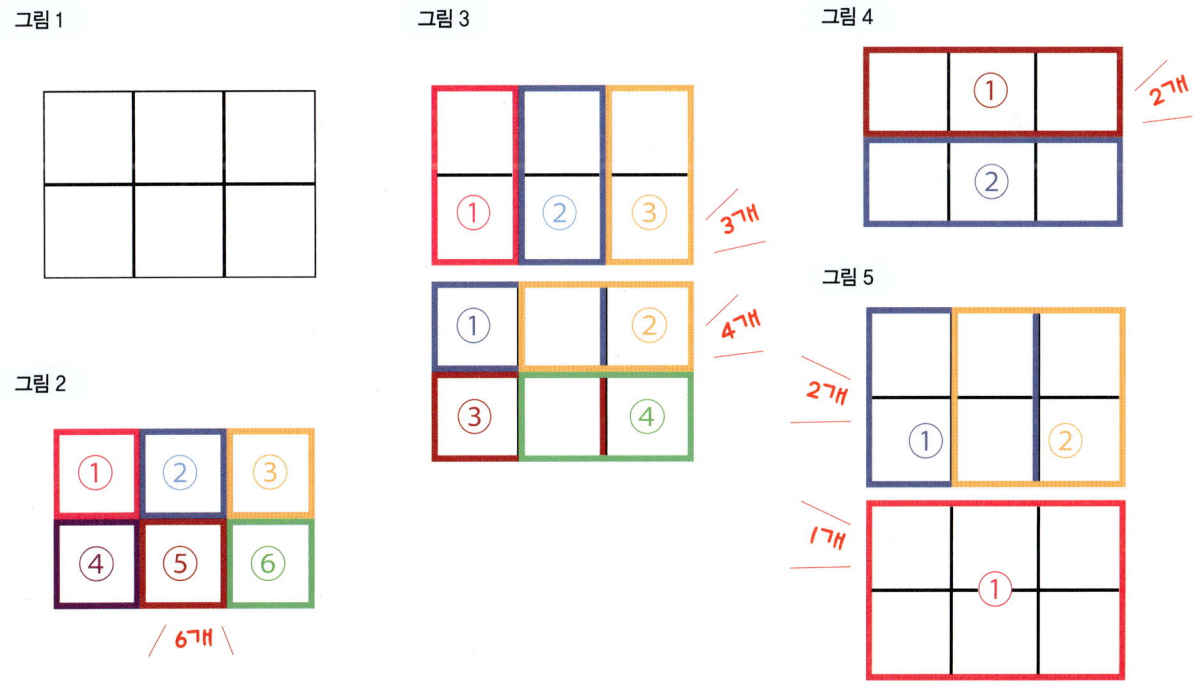

🔍 눈금 수를 늘려서 해 봐도 재미있어요. 위의 그림에서는 세로로 두 칸, 가로로 세 칸이었는데, 세로나 가로로 한 칸 더 늘리면 어떻게 될까요? 한번 해 보세요.

# 여러분의 우산은 몇 각형인가요?

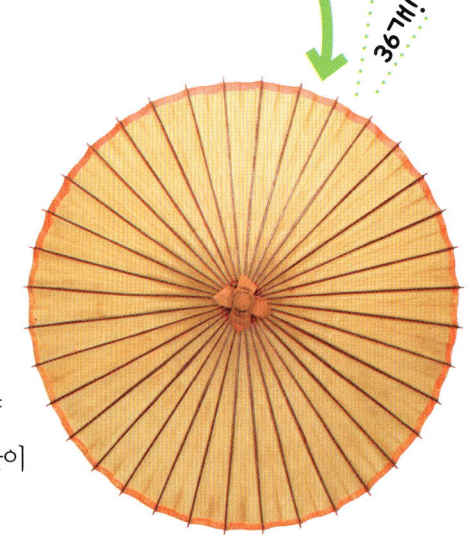

### 살대 개수가 늘어나면
### 우산 모양은 점점 어떻게 변할까요?

우산이 많네요. 사진 위에 5개나 6개라고 쓰여 있는 것은 우산의 살대 수를 말합니다. 살대 수와 변의 개수가 같다는 사실, 눈치 챘나요? 살대가 5개인 우산은 펼치면 오각형으로, 6개인 우산은 육각형이 된다는 사실을 알 수 있지요.

살대 수가 늘어나면 펼쳤을 때 모양도 달라집니다. 점점 모양이 동그랗게 변해요. 오른쪽 우산은 옛날 일본에서 쓰던 지우산이라고 합니다. 살대 수는 모두 36개예요. 마치 원 모양 같지요?

⊙자료 : 요시다 에이코, 아오야나기 도시후미

# 6월

한 근이다!

시장이나 마트에 가서 돼지고기나 상추를 살 때 보통은 킬로그램이나 그램을 기준으로 가격을 계산합니다. 그런데 가끔 이런 얘기를 들어 보았을 거예요. "돼지고기 1근 주세요." 여기서 '근'이란 얼마만큼을 뜻하는 것일까요? 게다가 돼지고기 1근은 상추 1근과 양이 다르다는데, 어떻게 차이 나는지 알아보세요.

➔ 6월 26일 210쪽

# 실제 모양 맞히기

**6 / 1일**

교과서 2학년 1학기 2단원 여러 가지 도형

구마모토현 구마모토시립 이케노우에초등학교 | 후지모토 구니아키

## 공을 위에서 보면 어떻게 보일까요?

공과 같은 모양을 '구'라고 해요. 구는 반원의 지름을 회전축으로 하여 1회전한 입체도형입니다. 그래서 구는 위에서 봐도 옆에서 봐도 똑같은 '원'으로 보인답니다.(그림 1)

오늘은 위뿐만 아니라 옆에서 본 모습을 생각해 볼까요? 위에서 보면 원인데 옆에서 보면 삼각형처럼 보이는 입체도형이 있습니다.(그림 2) 어떤 입체도형일까요?

맞습니다. 고깔모자 모양입니다.(그림 3)

다음 문제도 풀어 보세요. 위에서 보면 정사각형이지만 옆에서 보면 삼각형으로 보이는 입체도형은 무엇일까요?(그림 4)

맞습니다. 그림 5와 같은 모양입니다.

이처럼 하나의 입체도형을 위나 옆에서 보고 평면도형으로 나타내면 그 모양을 잘 알 수 있습니다. 가족이나 친구들과 함께 '모양 맞히기 퀴즈'를 해 보세요.

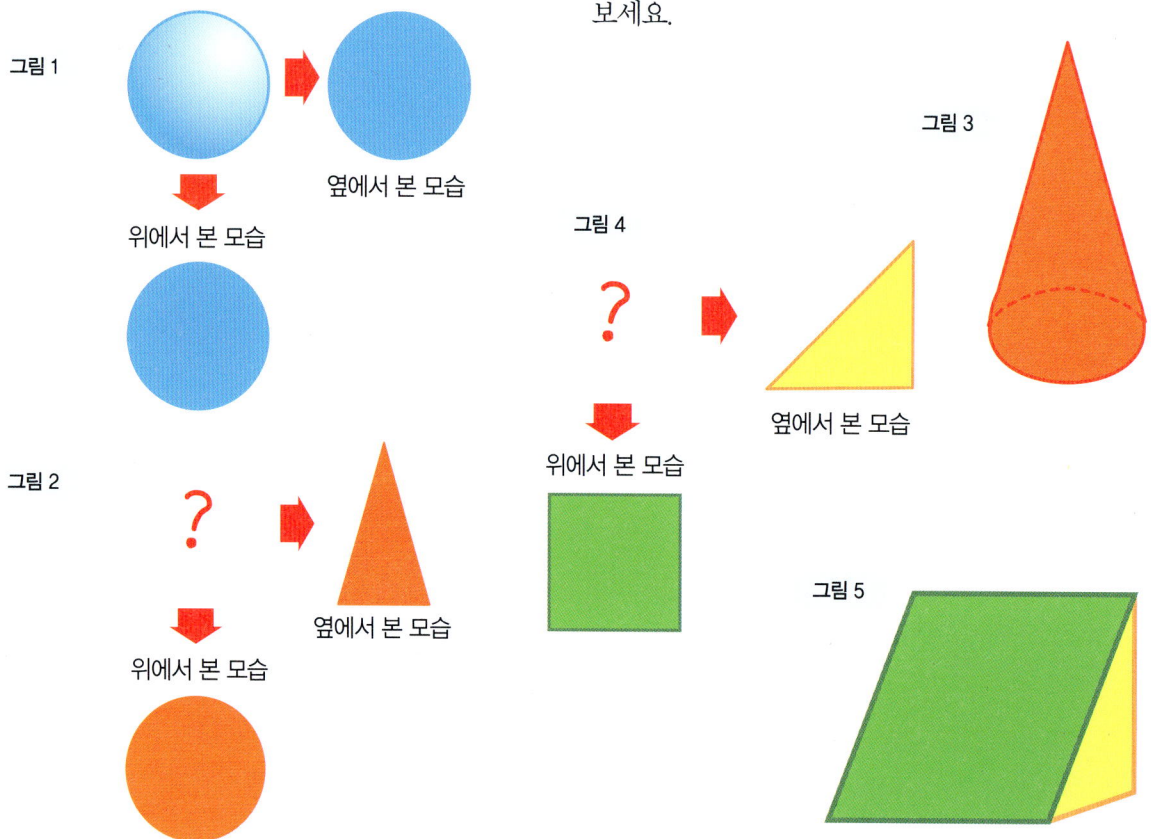

 입체도형을 위에서 본 그림을 '평면도', 옆에서 본 그림을 '측면도'라고 부릅니다.(144쪽, 158쪽 참조)

# 대동여지도의 축척은 얼마일까요?

**교과서** 3학년 1학기 5단원 길이와 시간

메이세이대학 객원교수 | 호소미즈 유스히로

### 지도를 가장 많이 만든 학자

지도를 만들 때는 하늘에서 사진을 찍거나 기계로 거리를 재서 지형을 조사합니다. 이런 기술이 없던 옛날에는 어떻게 지도를 만들었을까요?

조선 후기, 직접 지도책을 연구하고 돌아다니며 지도를 만든 인물이 있습니다. 김정호(1804~1866 추정)는 조선 시대 지도를 가장 많이 제작하고 많은 지리지를 편찬한 학자예요.

### 놀랄 만큼 정확한 김정호의 대동여지도

김정호가 만든 대동여지도는 최신 기술로 만든 오늘날의 지도와 거의 일치할 만큼 정확해요. 우리나라 전체를 남북 120리 간격으로 22층으로 나누고, 층마다 접으면 한 권의 책이 되도록 만들었습니다. 모두 22첩의 책을 전부 펼쳐서 이으면 가로 약 4m, 세로 약 7m 크기로 아주 크답니다. 너무 크니까 22층으로 나누어 접고 펼 수 있게 만든 것이지요.

지도에는 실제 거리를 담을 수 없으니 실제 거리와 지도상의 거리의 비율을 '축척'으로 나타냅니다. 대동여지도에도 축척이 표시되어 있어요. 제1첩에 있는 정사각형 모양의 모눈이 지도의 축척을 알려 줍니다. 김정호는 눈금(2.5cm) 하나를 10리로 표기했습니다. 1리는 2,160척의 거리에 해당하는데, 조선 시대의 1척은 요즘 21cm입니다. 요즘 단위로 환산하면 대동여지도의 눈금 하나는 10×2160× 21=453,600cm, 즉 4.536km를 나타낸다는 것을 알 수 있습니다. 축척이 18만 분의 1로 만들었다는 사실도 알 수 있지요. 10리마다 표시한 눈금을 보고 목적지까지의 거리와 걸리는 시간을 예상할 수 있어요.

대동여지도
자료 : 경기도박물관

### 나도 수학자

**걸어서 거리를 재 봐요**

먼저 자신의 보폭(한 걸음의 길이)이 몇 cm인지 잽니다. 그리고 한 걸음, 두 걸음 하고 세면서 걷습니다. 보폭과 걸음 수를 곱하면 거리를 알 수 있어요. 집 밖에서 할 때는 자동차를 조심하세요.

'지도'로 땅의 모양을 살피고, '지리책'으로 자연과 역사, 경제 같은 지역의 정보를 알 수 있어요.

# 유령의 키는?

**6일 3일**

**교과서** 6학년 2학기 2단원 비례식과 비례배분 심화

도쿄도 스기나미구립 다카이도 제3초등학교 | 요시다 에이코

## 종이접기를 해요

여러분은 종이접기로 유령을 접어 본 적 있나요? 아주 간단히 접는 방법을 알아볼게요.

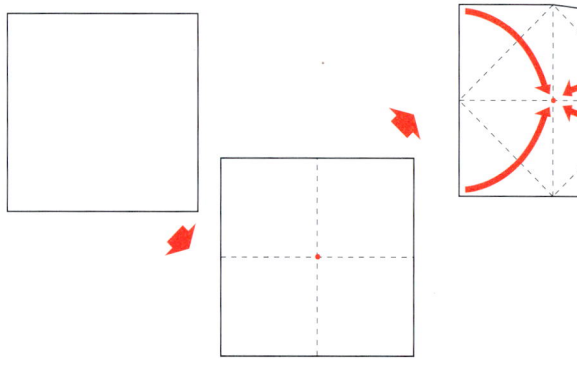

① 먼저 색종이를 두 번 접어서 그림과 같이 접는 선을 만듭니다.

② 다음으로 4개의 꼭짓점이 중심에 오도록 접습니다.

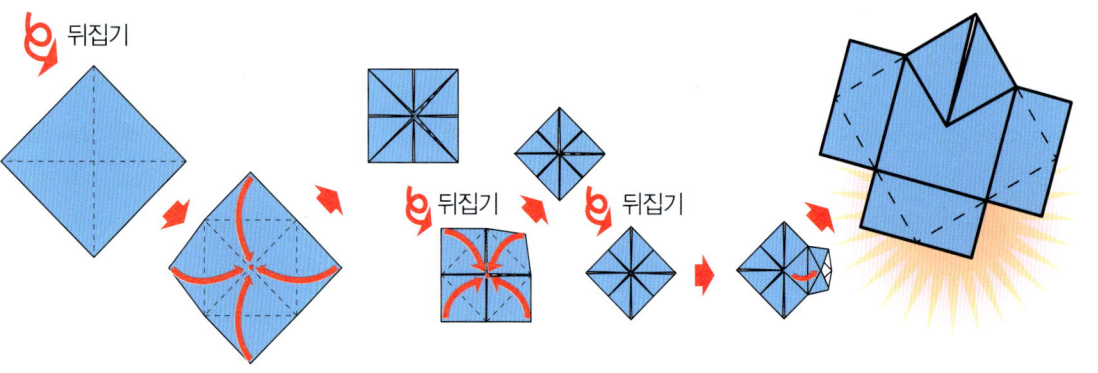

③ 뒤집은 다음 다시 꼭짓점 4개가 중심에 오도록 접습니다.

④ 다시 한 번 뒤집은 다음 꼭짓점 4개가 중심에 오도록 접습니다. 그런 다음 한 번 더 뒤집습니다.

⑤ 이제 삼각형 부분을 펼친 다음 눌러서 양 손과 발 부분을 만들면 완성!

유령이 완성됐습니다. 색종이를 3번이나 중심에 맞춰 접었기 때문에 접을 때마다 정사각형이 작아졌어요. 그런데 잠깐 비교해 보세요. 유령의 키는 접기 전 색종이 크기의 딱 절반입니다. 왜일까요?

자세히 보면 첫 번째와 세 번째에 접었을 때는 꼭짓점 4개를 안쪽으로 접었을 뿐이라 정사각형의 세로 길이는 똑같습니다. 정사각형의 세로 길이가 짧아진 것은 두 번째에 접었을 때뿐이기 때문에 길이가 절반으로 줄어들었네요.

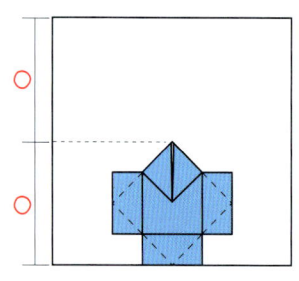

 색종이를 4등분해 정사각형으로 만들어 접으면, 정사각형 면적은 $\frac{1}{4}$로 줄어들지만 변의 길이는 $\frac{1}{2}$이기 때문에 유령의 키는 이때도 마찬가지로 작게 자른 색종이의 절반 크기입니다.

# 우리 주변에서 정다각형을 찾아요

교과서 4학년 2학기 3단원 다각형

오차노미즈여자대학 부속초등학교 | 오카다 히로코

### 정다각형이란?

다각형 중에서 특별히 아름다운 것이 있습니다. 이들은 변의 길이가 모두 같으며 각의 크기도 모두 같아서 아름답게 보이지요. 이와 같은 다각형을 '정다각형'이라고 부릅니다. 우리 주변에는 예쁜 정다각형이 아주 많아요. 한번 찾아볼까요?

### 우리 주변의 정다각형

먼저 자연 속에서 찾아보세요. 벌집의 구멍 모양은 정육각형이지요. 또한 잠자리나 파리의 눈, 거북이 등딱지도 정육각형 모양입니다.

우리 생활 속에서도 정다각형을 찾아볼까요? 대한태권도협회와 세계태권도연맹에서 주관하는 대회에서는 정팔각형 모양으로 생긴 팔각 경기장에서 태권도 경기를 치릅니다. 축구의 골네트를 보세요. 그물코 모양은 정육각형입니다. 또한 연필의 단면도 정육각형이나 정삼각형 모양이 있지요. 축구공도 정오각형과 정육각형을 조합해서 만들었습니다. 그 밖에도 접시나 시계 등 우리 주변에는 정다각형 사물이 아주 많습니다. 여러분도 찾아보세요.

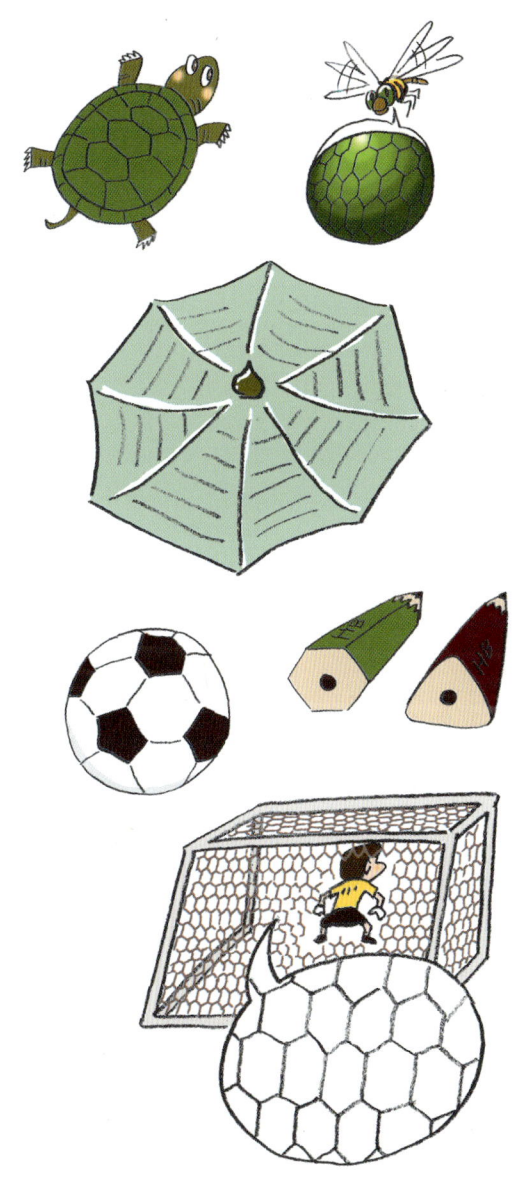

 태권도 경기장을 팔각형으로 만드는 이유는 구석이 없어져 선수들이 경기 진행하는 데 유리하기 때문이래요. 심판 판정에도 도움이 된다고 합니다.

# 받아올림 있는 덧셈을 쉽게 풀어요

**교과서** 2학년 1학기 3단원 덧셈과 뺄셈

도쿄도 스기나미구립 다카이도 제3초등학교 | 요시다 에이코

## 일부러 0으로 만들어요

다음 덧셈 계산을 해 보세요.

$$45 + 20$$

'너무 쉬워요.' 하는 소리가 들릴 것만 같네요. 정답은 65입니다. 그러면 다음 덧셈을 해 볼까요?

$$45 + 38$$

이번에는 조금 시간이 필요했나요? 받아올림이 있기 때문에 어려웠을지도 몰라요. 그런데 이 덧셈도 조금만 머리를 쓰면 계산이 쉬워집니다. 예를 들어 38은 2만 있으면 40이 됩니다. 덧셈을 할 때 더하는 수의 일의 자릿수가 0이면 계산하기가 수월하지요. 그러니 더하는 수를 40으로 만들어 보는 거예요.

$$45 + 40 = 85 \text{입니다.}$$

그런데 40의 원래 숫자는 38이었으니 이 답에서 2를 빼야 올바른 답이 나오겠지요. 정답은 85−2인 83입니다. 같은 문제로 하나 더 생각해 볼까요?

## 뺀 만큼 더해요

45+38에서 더하는 수인 38에 2를 더해서 40으로 만들어 계산하면 마지막에 2를 빼야 하지요. 그렇다면 처음부터 45에서 2를 빼 놓으면 어떨까요?(그림 1)

정답은 똑같네요.

$$45 + 38 = 43 + 40$$

이렇게 됩니다. 양쪽 다 정답은 83이 되므로 '='(등호)로 표현할 수 있어요. 이처럼 덧셈에서는 더해지는 수나 더하는 수 중 한쪽에서 빼는 수만큼 다른 쪽에 더해도 정답은 변하지 않습니다.

그림 1

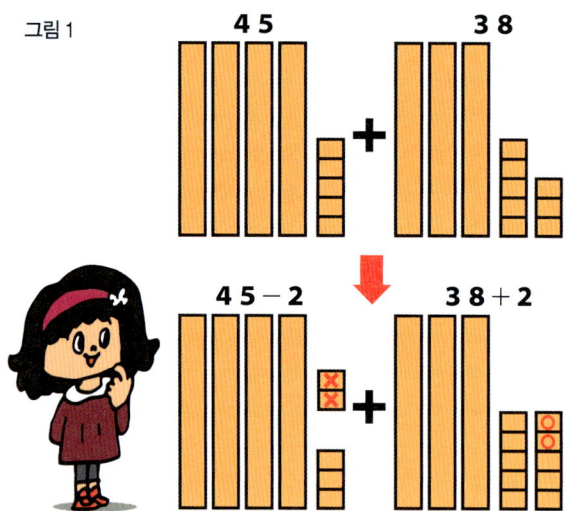

 위에서 배운 방법대로 29 + 67도 풀어 보세요.

# 옛날 길이 단위를 아나요?

**교과서** 3학년 1학기 5단원 길이와 시간

도쿄도 도시마구립 다카마쓰초등학교 | 호소가야 유코

### 퉁소의 옛날 이름 '척팔'의 유래

'척팔'이라는 악기 이름을 들어본 적 있나요? 전통 목관악기 중 하나입니다. 우리나라에서는 고려 시대 이후 '퉁소'라는 이름으로 전해져 왔어요. 옛날에 중국 당나라에서 건너와 아악 악기로 쓰였습니다. 본래 척팔이라는 이름은 길이가 1척 8촌(약 54cm)이라는 점에서 유래했다고 합니다.

척이나 촌은 중국에서 사용하던 길이 단위인데, 옛 조상들도 썼어요. 1척은 약 30.3cm, 1촌은 1척의 $\frac{1}{10}$인 약 3cm입니다. 즉 척팔의 길이는 1척=약 30cm와 8촌=3×8=약 24cm를 합친 약 54cm입니다.

### 큰부처님은 얼마나 클까요?

큰 불상을 본 적이 있나요? 현재 우리나라에서 가장 큰 석불은 관촉사에 있는 석조미륵보살입상입니다. 높이는 7m를 넘습니다. 커다란 불상을 큰부처라고도 부릅니다. '커다란'이란 얼마나 큰 것을 말할까요? 정확한 규칙은 없지만, 보통 장육 이상 되는 불상을 큰부처라고 한대요. 장육이란 1장 6척을 말하는데, 약 4.85m입니다. 입상(일어서 있는 불상) 중에서는 장육(1장 6척. 약 4.85m)보다, 좌상(앉아 있는 불상) 중에서는 8척(약 2.5m)보다 큰 불상을 큰부처님이라 부른대요. 옛 단위들이 여기저기 남아 있네요.

척팔의 길이는?

### 나도 수학자

**여러 가지 옛날 길이 단위를 알아볼까요?**

작은 것부터 큰 것까지 여러 가지 길이 단위가 있습니다.

1푼=$\frac{1}{10}$촌=약 0.303cm

1촌=$\frac{1}{10}$척=약 3.03cm

1척(자)=10촌=약 30.3cm

1간=6척=약 1.8m

1장=10척=약 3m

1정=360척=약 110m

(24쪽 참조)

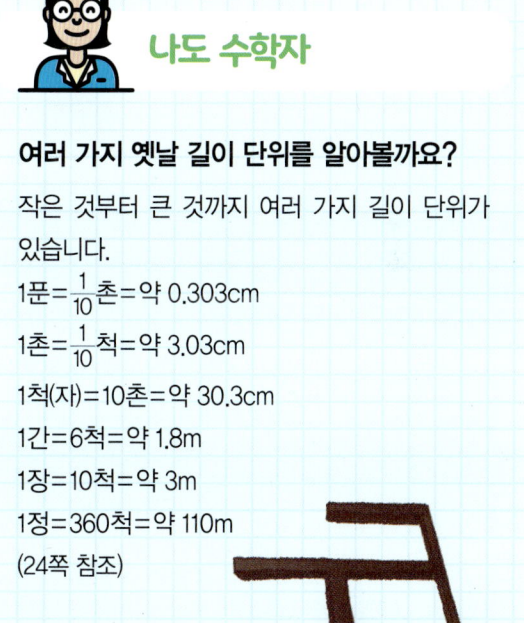

곱척(곱자)

 직각자인 '곱척'이라는 이름은 '자가 휘었다', 즉 '곱았다'는 뜻에서 붙여졌어요. 보통 긴 변의 길이가 1자 또는 1자 5치였습니다.

# 어떤 상자가 싸여 있었을까요?

교과서 5학년 1학기 2단원 직육면체

가나가와현 가와사키시립 쓰치하시초등학교 | 야마모토 나오

## 포장지에 남은 흔적을 봐요

선물을 사거나 선물을 보낼 때는 물건을 종이로 예쁘게 쌉니다. 이 종이를 포장지라고 하지요. 대부분은 상자에 물건을 넣은 다음 그 상자를 종이로 싸는데, 직접 해 보면 생각보다 어렵습니다. 가게에서 포장해 주는 사람은 익숙한 손놀림으로 예쁘게 싸 주니 대단하지요.

그런데 이 포장지를 펼쳤을 때, 접은 부분에는 당연히 자국이 남습니다. A 그림은 어떤 상자를 포장했다 펼쳤을 때 접은 자국이 남은 포장지 모습입니다. 이 자국을 보고 무엇을 알 수 있을까요?

## 상자 크기나 모양을 알 수 있어요?

자세히 관찰해 보면 상자의 6개 면 가운데 4개 면이 그대로 남아 있다는 사실을 알 수 있지요.(B의 노란색 부분) 그러면 나머지 두 면은 어디에 있을까요? 사실 두 면은 C의 빨간색 부분인데, 비스듬히 접었기 때문에 원래 모습 그대로 남지는 않았군요.

상자를 종이로 포장하는 방법은 여러 가지 있는데, 같은 상자를 포장하더라도 접는 방법이 다르면 접은 자국의 모습도 달라집니다. 가게에서는 처음에 상자를 비스듬히 두고 포장하는 사람도 많은 듯합니다. 그때는 접은 자국이 어떻게 남을까요?

A
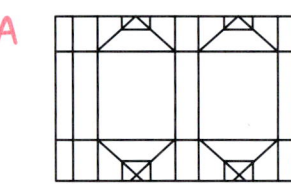

B
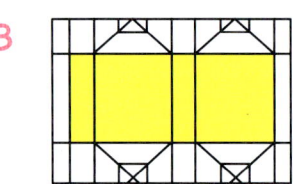

C
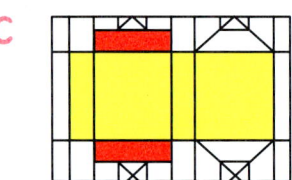

 **나도 수학자**

### 실제로 포장한 후에 펼쳐 보세요

우리 주변에 있는 여러 가지 상자나 물건을 포장한 다음 펼쳐 보세요. 접은 자국이 어떻게 남을까요? 포장지를 접은 자국에 따라 똑같이 접어서 상자를 만들어도 재미있겠네요. 접은 자국에서 알 수 있는 선(변)이나 면에 주목해서 생각하면 어떤 상자를 포장했는지 확실히 알 수 있어요.

 도형의 특징은 변, 면, 꼭짓점, 각의 크기 등으로 알 수 있어요. 포장지의 접은 자국에서 도형을 찾아봐도 재미있어요.

# 왜 '몫'이라고 할까요?

교과서 3학년 1학기 3단원 나눗셈

아오모리현 산노헤조립 신노헤초등학교 | 다네이치 요시타케

## 나눗셈의 정답은 '몫'

덧셈의 정답은 '합', 뺄셈의 정답은 '차', 곱셈의 정답은 '곱', 나눗셈의 정답은 '몫'이라고 합니다. '합', '차'는 평소에도 사용하고 '곱'도 자장면 곱빼기처럼 '배'로 늘어난다고 생각하면 쉽지요. 하지만 '몫'이라는 말에서는 나눗셈을 떠올리기 어렵습니다. 왜 나눗셈 정답을 '몫'이라고 할까요?

중국의 옛 수학서 《구장산술》이라는 책에는 '상공'(商功)이라는 말이 나옵니다. 이는 토목공사의 업무량이나 일하는 사람 수를 계산해서 구한다는 것을 뜻하는데, 이 계산에 나눗셈을 사용합니다. '상'(商)에는 '장사하다'라는 뜻 외에도 '측정하다'라는 의미가 있기 때문에 이 나눗셈 계산과 의미가 통해 사용했대요. 한번 한자사전에서 '상'(商)을 찾아보세요. '몫, 어떤 수를 다른 수로 나누어서 얻은 수'라는 의미가 있답니다.

## 몫을 활용한 여러 표현

여러분은 "한몫을 챙기다."라거나 "네 몫이야.", "내 모가치는 찾아서 먹어야지."라는 말을 들어 본 적 있나요? 이때 '몫'은 여럿으로 나누어 '한 사람 앞에 돌아가는 배분'을 뜻합니다. 나눗셈의 의미가 우리가 흔히 쓰는 말에도 들어 있음을 알 수 있어요.

몫을 알아냈소이다!

딸깍!

'가감승제'라는 말도 있습니다. '가'는 덧셈, '감'은 뺄셈, '승'은 곱셈, '제'는 나눗셈을 뜻합니다.

# 정삼각형으로 입체도형을 만들어요

**6** **9**일

교과서 5학년 1학기 2단원 직육면체 심화

/ / /

시마네현 이이난초립 시시초등학교 | 무라카미 유키토

4장의 정삼각형 종이를 붙이면 입체도형이 완성됩니다. 정삼각형을 8장, 20장으로 늘리면 더 복잡한 입체도형을 만들 수 있어요.

**준비물**
- 색종이
- 가위
- 투명 테이프

## 정사면체를 만들어요

① 먼저 같은 크기로 된 정삼각형 종이 4장을 준비합니다.

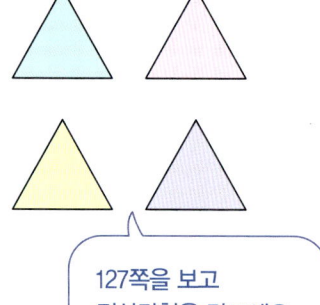

127쪽을 보고 정삼각형을 만드세요.

② 정삼각형의 변과 변을 그림과 같이 투명 테이프로 붙이면,

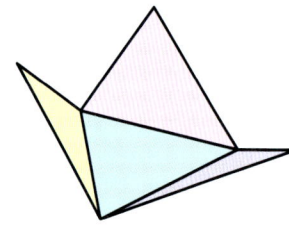

4개의 면에 1~4까지 숫자를 적으면 주사위로도 사용할 수 있어요.

③ 이런 입체도형이 만들어졌어요. 이렇게 정삼각형 4개를 합쳐서 만든 입체도형을 '정사면체'라고 부릅니다.

## 정사면체를 펼치면 어떤 모양이 나올까요?

① 이번에는 완성한 정사면체를 모서리를 따라 가위로 잘라 펼쳐 보세요. 어떤 모양이 될까요?

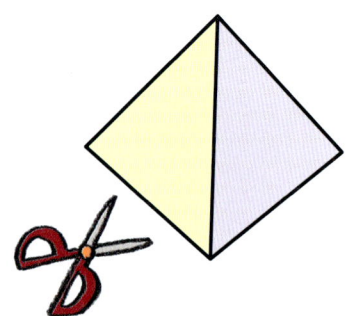

② 다음 두 가지 모양 중 하나가 될 거예요. 이처럼 정사면체에는 전개도가 두 종류 있습니다.

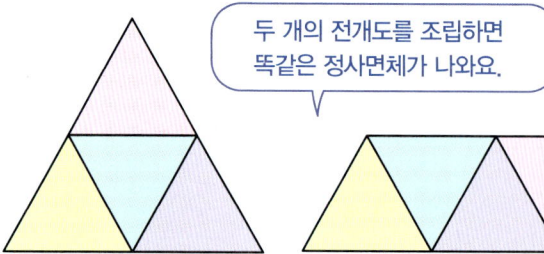

두 개의 전개도를 조립하면 똑같은 정사면체가 나와요.

정사면체, 정팔면체, 정이십면체는 정삼각형으로 만들 수 있어요. 그와 마찬가지로 정육면체는 정사각형으로, 정십이면체는 정오각형으로 만들 수 있어요.

## 정팔면체를 만들어요

① 이번에는 정팔면체에 도전해 보세요. 정팔면체는 정삼각형을 8장 합쳐서 만들 수 있는 입체도형입니다. 먼저 정삼각형 종이를 8장 준비해요.

② 정삼각형 종이를 4장씩 붙여서 그림과 같은 모양을 2개 만듭니다.

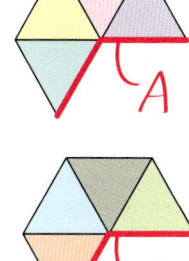

③ 붙인 종이를 정삼각형에 맞춰 접고, A 부분을 투명 테이프로 붙여서 입체도형을 만듭니다.

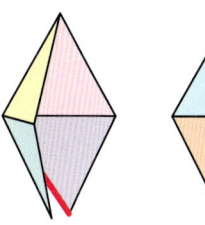

④ 두 입체도형을 붙였더니,

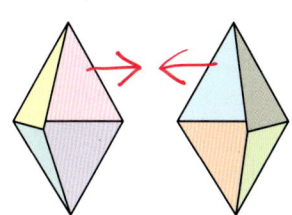

⑤ 정팔면체가 완성됐습니다.

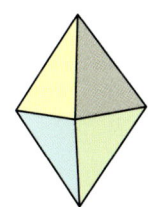

### 정팔면체의 전개도는 어떤 모양일까요?

정팔면체도 모서리를 따라 가위로 잘라서 펼치면 어떤 모양이 될까요?

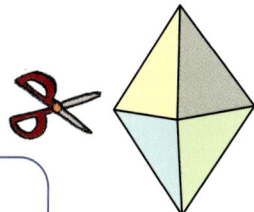

다음 중 한 가지 전개도가 나왔나요? 정팔면체는 이 밖에도 일곱 가지 전개도가 있습니다.

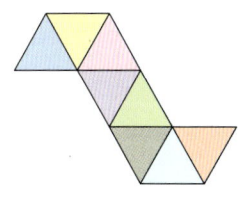 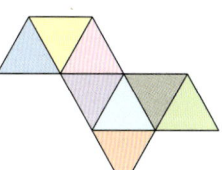  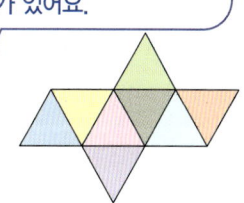

정팔면체는 모두 열한 가지 전개도가 있어요.

### 나도 수학자

정삼각형을 20장 합쳐서 만든 입체도형을 '정이십면체'라고 합니다. 전개도는 오른쪽과 같아요. 이 전개도를 조합해서 정이십면체를 만들어 보세요.

완성!

전개도

 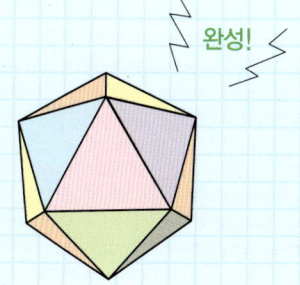

## 시계는 어떻게 생겨났을까요?

교과서 1학년 2학기 4단원 시계 보기

시마네현 이이난초립 시시초등학교 | 무라카미 유키토

### 옛 조상들의 지혜 '해시계'

"지금 몇 시야?"라는 질문을 받았을 때 시계가 있으면 시간을 대답할 수 있어요. 현대에는 시계가 없어도 텔레비전이나 휴대전화로 시간을 알 수 있습니다. 그러면 시계가 없던 시절에 사람들은 어떻게 시간을 알아냈을까요?

여러분도 알다시피 태양의 움직임을 보면 대략적인 시간은 알 수 있습니다. 원래 하루의 길이는 태양이 낮에 가장 높이 떴을 때(정오)부터 다음 날 정오까지로 정해져 있어요. 그런데 태양을 직접 바라보면 눈이 부셔서 다치기 때문에 그림자 길이를 이용하여 '해시계'를 만들었습니다.

그러나 날씨가 흐리거나 비가 내려 그림자가 생기지 않는 날 또는 밤에는 해시계를 사용할 수 없어요. 여기서 사람들의 고민이 시작되었지요.

### 여러 가지 시계를 만들었어요

시간은 끊임없이 흘러갑니다. 사람은 같은 간격으로 반복해서 시간을 새기는 '장치'를 만들어 냈어요. 물이 넘치는 양으로 시간을 재는 물시계나 모래가 떨어져 내리는 양으로 시간을 측정하는 모래시계, 양초나 기름을 태워 줄어드는 양으로 시간을 재는 도구 등이 있지요.

1582년경, 갈릴레오는 추가 항상 일정한 시간으로 흔들리는 것을 발견했어요. 그리고 추를 이용해 톱니바퀴나 태엽을 조립한 '추시계'를 개발했습니다. 그 후 여러 시계가 만들어졌고, 1969년에는 수정을 사용해서 1개월 동안 겨우 몇 초밖에 어긋나지 않으며 전지로 장시간 움직이는 '쿼츠 시계'가 만들어졌습니다.

해시계

물시계

추시계

지금은 표준 전파 송신소가 생겼고, 전국에서 정확한 시간을 수신할 수 있는 전파시계도 보급되었어요.

# 시곗바늘의 길이가 같다면?

**교과서** 2학년 2학기 4단원 시각과 시간

오차노미즈여자대학 부속초등학교 | 구가야 아키라

## 이런 시계가 있다면 어떨까요?

오늘은 시계를 활용한 문제를 풀어 볼게요. 그림 1의 시계는 몇 시를 가리킬까요? 짧은 바늘이 7시와 8시 사이를 가리키고, 긴 바늘이 정확히 6, 즉 30분 눈금에 있습니다. 따라서 7시 30분이라고 읽을 수 있지요. 같은 방법으로 짧은 바늘과 긴 바늘을 각각 읽으면 몇 시인지 알 수 있습니다. 그런데 만약 두 시곗바늘의 길이가 같아도 시각을 알 수 있을까요?

예를 들어 길이가 같은 두 바늘이 9와 12를 가리키고 있다면 시계는 몇 시를 나타낼까요? 생각해 보세요.(그림 2)

## 순서대로 생각하면 알 수 있어요

다음과 같이 생각하면 바늘 길이가 같아도 시계를 읽을 수 있어요.

① 만약 12를 가리키는 바늘이 짧은 바늘이라면…?

➡ 긴 바늘이 9를 가리키므로 12시 45분일까요? 12시 45분이라면 짧은 바늘이 12와 1 사이에 와야 하기 때문에 아무래도 어색한 그림이 되지요.

② 9를 가리키는 바늘이 짧은 바늘이라면…?

➡ 정각 9시라고 읽을 수 있습니다.

이렇게 생각했을 때, 이때는 9시라는 사실을 알 수 있습니다. 이렇게 풀어 나가면 시곗바늘 길이가 같아도 시계를 읽을 수 있겠네요. 연습 문제를 낼 테니 풀어 보세요. 그림 3의 시곗바늘은 몇 시를 나타낼까요? 정답은 '돋보기'에 있어요.

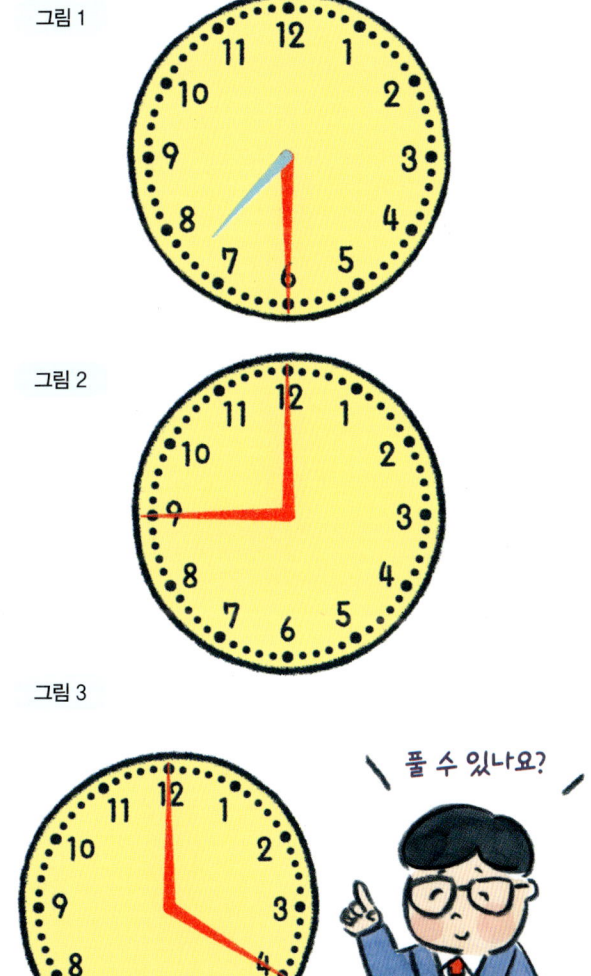

그림 1

그림 2

그림 3

풀 수 있나요?

 그림 3 문제의 정답은 4시입니다. 직접 문제를 만들어서 친구나 가족에게 내 보세요.

# 무게 단위 킬로그램의 탄생

**6월 12일**

교과서 3학년 2학기 5단원 들이와 무게

이와테현 구지시 교육위원회 | 고모리 아쓰시

## 옛날에는 돌이나 곡식이 무게 기준

옛날에는 작물의 양을 나타내는 무게 단위가 아주 중요했습니다. 무게 단위의 기준으로 돌이나 곡식을 삼을 정도였어요. 예를 들어 서양에서는 보리 한 알의 무게를 기준으로 '그레인'이라는 단위가 생겼대요. 더 나아가 '파운드'라는 단위를 썼대요. 이 무게 단위에서 '파운드케이크'가 유래했지요. 영국에서는 '파운드'를 화폐 단위로도 사용해요.

오곡밥에 들어가는 곡식 '기장'을 본 적 있나요? 옛날 중국에서는 기장을 기준으로 무게 단위를 나타냈대요. 이렇게 생겨 난 단위가 '관'입니다. 이것을 받아들여 옛날 우리나라에서도 같은 단위를 썼대요. 그리고 관이라는 단위에서 '근', '냥', '돈'이라는 단위가 생겼습니다.(210쪽 참조) '근'은 지금도 야채나 고기 무게를 나타낼 때 사용합니다. 또한 '냥'은 옛 조상들이 화폐 단위로 썼습니다. 1문(푼)의 10배가 1전, 1전의 10배가 1냥, 1냥의 10배가 1관의 가치였답니다.(그림 1)

## 미터를 정한 후 다른 단위도 정했어요

세월이 흘러 외국과 거래가 왕성해지면서 나라에 따라 길이나 무게 등의 단위가 달라 불편함을 느끼기 시작했습니다. 그래서 18세기 말 무렵, 모든 나라에서 공통으로 사용할 수 있는 단위 기준으로서 '1미터'를 정했습니다.(88쪽 참조) 길이 단위인 1미터를 정한 다음에는 다른 양을 나타내는 단위도 하나둘 정해졌어요. 이 가운데 무게 단위인 '킬로그램'이 탄생했습니다.(그림 2)

이후 1kg이라고 정한 원기둥 모양의 물체인 '킬로그램 원기'를 1889년에 세계 각국에 배포했고, 이로써 단위가 통일되었습니다. 현재는 과학 기술이 점점 진보하면서 더 정확한 '1킬로그램'의 무게가 정해졌습니다.

**그림 1**

조선 시대에 쓰던 상평통보
자료 : Lawinc82, Wikimedia Commons

**그림 2**

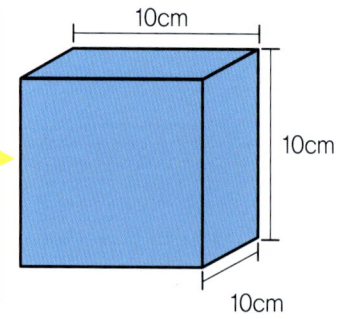

① 1m를 정한 다음 10cm를 정했습니다.
② 이 정육면체에 들어가는 물의 부피를 1L라고 정했습니다.
③ 1L인 물의 무게를 1kg으로 정했습니다.

 우리나라에서는 1964년부터 미터법 사용을 실시하기 시작했어요. 그러면서 복잡했던 단위가 통일되었습니다.

# 기호에 숨은 알쏭달쏭 규칙을 찾아봐요

**6월 13일**

교과서 4학년 2학기 6단원 규칙과 대응

가나가와현 가와사키시립 쓰치하시초등학교 | 야마모토 나오

## 어떤 계산을 하나요?

여러분은 계산할 때 기호를 사용합니다. 덧셈할 때는 '+', 뺄셈할 때는 '−', 곱셈할 때는 '×'를 쓰고 나눗셈을 할 때는 '÷'를 씁니다. 그럼 아래 그림 A의 ☆는 어떤 계산을 해야 할까요? 사실 이것은 만든 사람이 마음대로 '☆일 때는 이렇게 계산한다'고 정한 규칙입니다. 어떤 규칙인지 알 수 있나요?

## 숫자가 어떻게 바뀌었는지 알아봐요

그림 A에 적힌 식을 서로 비교해 보세요. 2☆3=7 다음에는 3☆3=9입니다. 즉 ☆의 왼쪽 수가 1 늘어나면 답이 2 늘어납니다. 다른 식은 어떨까요? 7☆5=19 다음에는 8☆5=21, 똑같이 2가 늘어났네요. 한편 2☆2=6 다음에는 2☆3=7로 ☆의 오른쪽 수가 1 늘어났을 때는 답도 1만큼만 늘어났어요.

왜 이렇게 될까요? 하나의 식 안에 있는 숫자 3개를 비교해 보세요. 어떤 규칙이 보입니다. 답에서 ☆의 오른쪽 수를 빼면 크기의 단서가 보일 거예요. 2☆3=7은 4, 7☆5=19는 14, 9☆5=23은 18입니다. ☆의 왼쪽 수는 모두 2배가 되었습니다. ☆의 계산에는 '왼쪽 수를 2배한 다음 오른쪽 수를 더한다'는 규칙이 숨어 있는 것이지요.

그림 B의 ♡는 어떨까요? 여기에는 '♡의 왼쪽 수에서 오른쪽 수를 뺀 다음 2배한다'는 규칙이 있습니다. ☆도 ♡도 만든 사람이 마음대로 정한 규칙입니다. 여러분도 좋아하는 규칙을 만들어 보세요.

### 나도 수학자

**직접 규칙을 정해 보세요**

어떤 계산이든 상관없습니다. 자신이 좋아하는 기호를 정해서 어떤 계산을 할지 생각해 보세요. 정했으면 가족이나 친구에게 풀어 보게 해도 좋습니다. 친구와 각자 규칙을 만들어서 서로 맞히기 놀이를 해도 재미있겠네요. 규칙이 너무 어려울 것 같으면 힌트도 생각해 보세요.

**A**

2 ☆ 2 = 6
2 ☆ 3 = 7
3 ☆ 3 = 9
7 ☆ 5 = 19
8 ☆ 5 = 21
9 ☆ 5 = 23

**B**

2 ♡ 1 = 2
3 ♡ 1 = 4
10 ♡ 1 = 18
2 ♡ 2 = 0
3 ♡ 2 = 2
10 ♡ 2 = 16

 +, −, ×, ÷와 같은 기호를 '연산 기호'라고 부릅니다. 이 네 가지 계산 기호를 통틀어 '사칙 연산 기호'라고도 하지요.

# 막대로 각도를 만들어요

**6 14일**

교과서 4학년 1학기 2단원 각도

아오모리현 산노헤초립 산노헤초등학교 | 다네이치 요시타케

## 60도와 30도를 만들어요

각도기 없이 막대 6개만 가지고 여러 가지 각도를 만들 수 있습니다. 먼저 60도입니다. 그림 1과 같이 막대를 놓습니다. 60도가 생기는 이유는 바로 정삼각형의 한 각 크기가 모두 60도이기 때문입니다.

이번에는 30도입니다. 그림 2와 같이 오른쪽 아래의 60도를 그대로 둔 상태에서 막대를 가운데로 옮겨 보세요. 30도가 생깁니다. 30도가 생기는 이유는 바로 정삼각형의 한 각 크기를 정확히 절반으로 나눴기 때문입니다.

## 75도를 만들 수 있을까요?

이번에는 75도를 만들어 보세요. 그림 3과 같이 아까 그림 2에서 만든 30도가 위로 온 상태에서 30도는 움직이지 않은 채 밑변만 아래쪽으로 움직여 이등변삼각형을 만듭니다. 75도가 두 개나 생겨요. 이렇게 만든 밑변이 이루는 양쪽 각이 75도인 이유는 바로 이등변삼각형의 아래 양쪽의 각은 서로 크기가 같기 때문에 180−30=150, 150÷2=75도가 되는 것입니다.

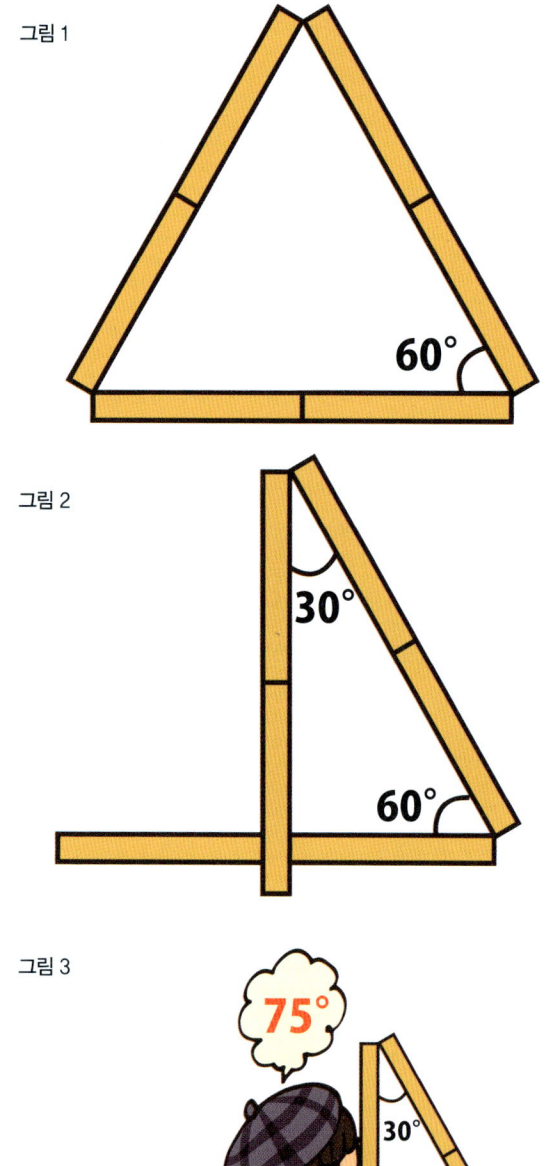

그림 1

그림 2

그림 3

막대로 여러 가지 각도를 만들어 봤는데, 옛날에 이집트에서는 밧줄을 사용해서 여러 가지 각도를 만들었다고 합니다. 그런 사람들을 '밧줄 측량사'(131쪽 참조)라고 불렀습니다.

# 무거운 것을 들어 올리는 지렛대의 균형 원리

**6 15일**

교과서 6학년 2학기 2단원 비례식과 비례배분

／ ／ ／

구마모토현 구마모토시립 이케노우에초등학교 | 후지모토 구니아키

## 100kg을 들어 올려요

100kg짜리 추를 몸무게가 20kg인 초등학생이 들어 올릴 수 있을까요?(그림 1)

안아서 들어 올리는 것은 버겁겠지요. 그런데 시소처럼 긴 널빤지와 지지대가 있으면 100kg짜리 추를 들어 올릴 수 있습니다.

## 지렛대가 균형을 이루려면?

그림 2와 같이 지지대 위에 긴 널빤지를 놓고, 지지대에서 1m 떨어진 위치에 100kg짜리 추를 올립니다. 그리고 반대편에 몸무게가 20kg인 초등학생이 올라탑니다. 단, 지지대에서 똑같이 1m 떨어진 위치가 아니라 5m 떨어진 위치에 올라탑니다. 그러면 정확히 균형을 이룹니다. 즉 지지대 높이까지 100kg짜리 추를 들어 올릴 수 있습니다. 이런 상태를 '균형'이라고 부릅니다.

추가 80kg이면 몸무게 20kg인 초등학생이 4m 위치에 올라탔을 때 균형을 이루고, 추가 60kg이면 3m 위치에 올라탔을 때 균형을 이룹니다.(그림 3) 어떤 규칙이 있을까요? 정답은 '돋보기'에 있어요.

그림 2
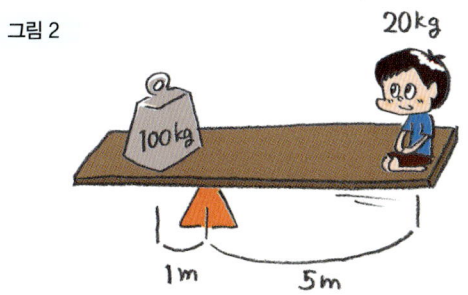

그림 3
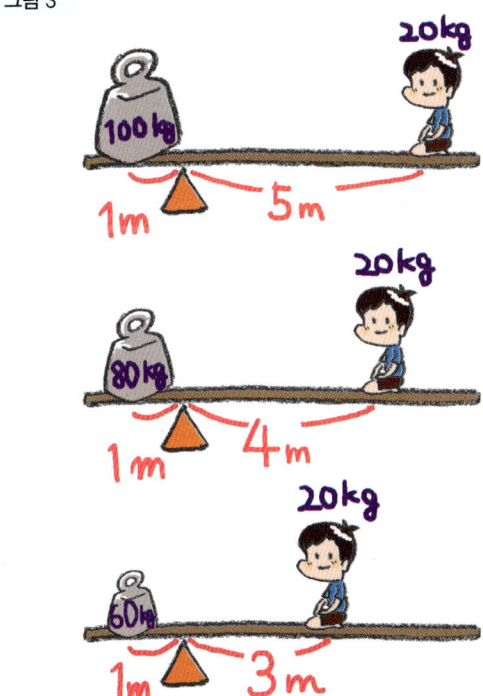

그림 1

 지렛대는 (무게)×(받침점부터의 거리)의 값이 좌우 똑같을 때 균형을 이룹니다. 위의 이야기에서는 100(kg)×1(m)=100, 20(kg)×5(m)=100으로 균형을 이뤘습니다. 마찬가지로 80×1=20×4, 60×1=20×3이 됩니다.

# 0보다 크고 1보다 작은 소수는 왜 필요할까요?

교과서 4학년 2학기 1단원 소수의 덧셈과 뺄셈

시마네현 이이난초립 시시초등학교 | 무라카미 유키토

## 분수와 소수의 사고법

소수는 어떻게 생겼을까요? 중국이나 우리나라에서는 예부터 소수 사고법에 익숙했지만, 유럽에서는 분수에 더 익숙했다고 합니다. 예를 들어 우리나라에서는 서로 비슷하다고 이야기할 때 '고만고만하다'고 말하는데 영어로는 직역하면 $\frac{1}{2}$과 $\frac{1}{2}$을 뜻하는 'half and half'(half란 절반을 뜻해요.)로 표현합니다.

고대 이집트인들은 '1을 2로 나눈다'는 것을 '1개를 둘이서 나눈다'는 식으로 생각하며 생활했대요. 1개를 $\frac{1}{2}$로 나누면 되기 때문에 0.5개라고 생각할 필요가 없었던 것이지요. 그 분수를 그리스에서 이어받았고, 그 후 유럽으로 전파되었습니다.

## 빚의 이자를 계산하다가 생겨났대요

그러나 지금으로부터 약 400년 전, 군대에서 회계를 담당하던 벨기에인 시몬 스테빈은 돈을 빌렸을 때 이자를 지불하는 계산을 분수로 하다가 애를 먹었습니다.

예를 들어 돈을 24,790원 빌리고 이자를 1년 동안 $\frac{2}{11}$만큼 지불한다면 이자는 $\frac{49580}{11}$이 됩니다. 금액이 커지거나 2년, 3년 계속 빌리면 분자나 분모 수가 점점 커져서 더 복잡해져요. 그래서 분모를 11이나 12가 아닌 그림처럼 10, 100, 1000과 같이 딱 떨어지는 숫자로 하여 분자와 분모를 없애자고 생각했습니다. 예를 들어 3.659는 스테빈의 방법으로 나타내면 그림과 같이 '36①5②9③'이 됩니다. 이것이 소수의 시초입니다.

소수의 창시자 시몬 스테빈

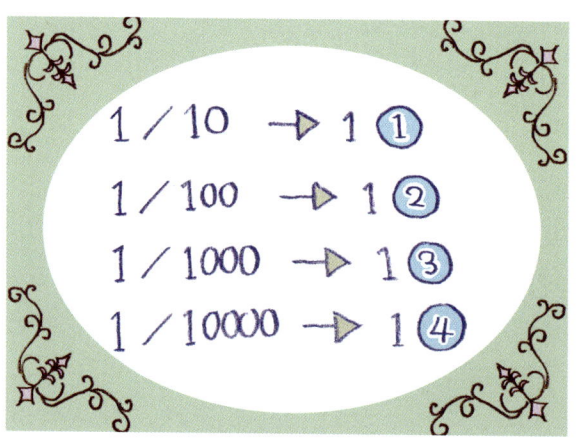

그 후 많은 수학자가 연구하여 정수와 소수 사이에 구분을 지으면 그림 속의 ① 같은 표시를 하지 않아도 된다는 사실을 깨달았고, 현재와 같이 소수점을 붙이는 형태로 바뀌었어요. 우리나라에서는 3.14라고 나타내지만, 나라에 따라서는 3·14나 3,14라고 표시합니다.

# 어떻게 계산해도 반드시 495가 된대요

**교과서** 3학년 1학기 1단원 덧셈과 뺄셈

도쿄학예대학부속 고가네이초등학교 | 다카하시 다케오

## 신기한 세 자릿수 계산

오늘은 세 자릿수 계산의 결과가 모두 495가 되는 신기한 이야기를 준비했습니다.

① 먼저 세 자릿수를 떠올리되, 각 자리의 숫자가 모두 같지 않아야 합니다. 예를 들면 1110나 222는 안 돼요. 숫자가 하나만 달라도 되니 여기에서는 355를 예로 들겠습니다.

② 다음으로 각 자리의 수로 만들 수 있는 가장 큰 수에서 가장 작은 수를 뺍니다. 그러면 그 답을 이루는 각 자리의 수로 또 다시 가장 큰 수와 가장 작은 수를 만들어 그 차를 구합니다. 이 계산을 반복하세요. 그러면 빼지는 수와 빼는 수 그리고 그 답까지 세 자릿수를 이루는 각 자리의 수가 모두 같은 수의 경우가 나옵니다. 그 수가 바로 '495'입니다.

## 정말 그렇게 될까요?

355로 만들 수 있는 가장 큰 수는 553이고 가장 작은 수는 355이므로 553-355=198, 198로 만들 수 있는 가장 큰 수는 981이고 가장 작은 수는 189이므로 981-189=792, 792로 만들 수 있는 가장 큰 수는 972이고 가장 작은 수는 279이므로 972-279=693, 693으로 만들 수 있는 가장 큰 수는 963이고 가장 작은 수는 369이므로 963-369=594, 594로 만들 수 있는 가장 큰 수는 954이고 가장 작은 수는 459이므로 954-459=495입니다.

495로 만들 수 있는 가장 큰 수는 954이고 가장 작은 수는 459이므로 954-459=495이며 답까지 세 자릿수가 모두 같기 때문에 이 수에서 끝이 납니다. 계산을 계속해도 다른 답이 나오지 않아요. 여러분도 꼭 여러 가지 수로 친구와 함께 풀어 보세요.

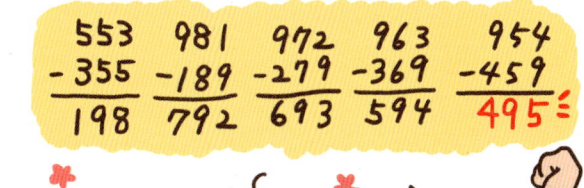

수를 더하거나 빼면 숨어 있는 규칙을 발견할 수도 있어요. 더 큰 수 또는 더 작은 수를 사용해 시험해 보세요.

# 숨어 있는 정삼각형을 찾아보세요

**교과서** 2학년 1학기 2단원 여러 가지 도형

후쿠오카현 다가와군 가와사키초립 가와사키초등학교 | 다카세 다이스케

## 정삼각형은 모두 몇 개?

그림 1 안에 보이는 정삼각형을 손으로 따라 그려 보세요. 아마 지금 작은 정삼각형을 따라 그린 친구도 있고 커다란 정삼각형을 따라 그린 친구도 있겠지요. 이 그림 안에는 다양한 크기의 정삼각형이 숨어 있는 듯합니다. 대체 이 그림 안에는 정삼각형이 모두 몇 개 숨어 있을까요?

예를 들면 크기가 같은 정삼각형이 몇 개 있는지 순서대로 세는 방법이 있습니다. 먼저 가장 작은 정삼각형이 몇 개인지 알아보세요. 방향이 다른 정삼각형도 있으니 잊지 말고 세야 합니다. 그림 2에서 그림 4까지 각 도형의 개수를 세어 합치면, 12+6+2=20입니다. 다 해서 정삼각형이 20개 숨어 있네요.

**그림 1**

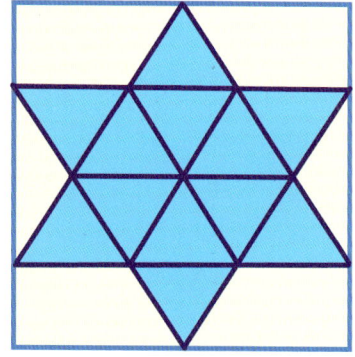

**그림 4**
**가장 큰 정삼각형**

모두 2개
이것도 선으로 그리면 간단하지요.

**그림 2**
**가장 작은 정삼각형**

모두 12개
순서대로 세면 간단하지요.

**그림 3**
**중간 크기 정삼각형**

모두 6개
세기가 조금 어렵지요. 별 모양 그림 안에 선을 하나씩 그려 나가면 빠짐없이 찾을 수 있어요.

### 나도 수학자

**이 그림에서는 정삼각형이 몇 개?**

다음 그림에는 정삼각형이 과연 몇 개 숨어 있을까요? 이번에는 모두 네 가지 서로 다른 크기의 정삼각형이 숨어 있는 듯합니다. 빠짐없이 모두 찾아보세요.

 같은 방법으로 그림 1에서 사각형 개수도 세어 보세요.

# 태어난 달이 같은 사람은 반드시 있어요

**교과서** 6학년 2학기 6단원 여러 가지 문제

오차노미즈여자대학 부속초등학교 | 오카다 히로코

### 당연해 보이지만 중요한 사고법

어린이가 13명 있습니다. 이 중 태어난 달이 같은 사람이 있을까요? 없을까요? 정답은 '태어난 달이 같은 사람은 반드시 있다'입니다. 1년은 모두 12개월입니다. 13명이 있으면 반드시 두 사람은 태어난 달이 겹치겠지요. 당연한 이야기라고 생각할 친구도 있겠지만, 이것은 '비둘기 집 원리'라고 해서 수학에서는 아주 중요한 사고법입니다.

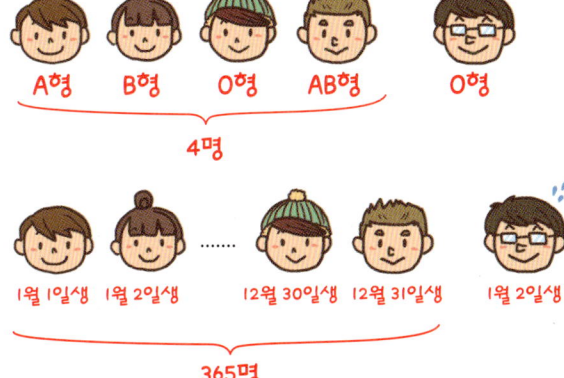

### 비둘기 집 원리를 사용해요

그 밖에도 비둘기 집 원리를 사용하면 여러 가지 사실을 알 수 있습니다.

① 5명 이상 있으면 반드시 혈액형이 같은 사람이 있다.
② 367명 이상 있으면 반드시 생일이 같은 사람이 있다.
③ 서울 사람이 26명 이상 있으면 반드시 같은 구에 사는 사람이 있다.

마치 비둘기 집에 더 많은 비둘기가 들어갈 때처럼 분류된 가짓수보다 할당량이 하나라도 더 많으면 반드시 겹친다는 뜻이군요.

집보다 비둘기가 더 많으면 그중 한 비둘기 집에는 반드시 비둘기가 두 마리 이상 있어요!

 여러분 학교의 어린이 수가 367명 이상(2월 29일생인 친구도 포함)이라면 생일이 같은 친구가 반드시 2명은 있다는 뜻이에요.

# 숫자 카드로 뺄셈하며 놀아요

**6월 20일**

교과서 2학년 1학기 3단원 덧셈과 뺄셈

오차노미즈여자대학 부속초등학교 | 구가야 아키라

## 숫자 카드로 해 봐요

5월 28일(178쪽 참조) 이야기인 '숫자 카드로 덧셈하며 놀아요'는 어땠나요? 그 이야기에서는 덧셈 문제를 풀어 봤으니 오늘은 뺄셈 문제 놀이를 해 볼 거예요. 1부터 4까지 숫자 카드가 1장씩 있습니다.(그림 1) 이 숫자 카드를 사용할게요.

■ 문제 1

숫자 카드를 점선 안에 1장씩 놓아서 두 자릿수끼리의 뺄셈을 만듭니다. 답이 가장 크게 나오려면 숫자 카드를 어떻게 놓아야 할까요?(그림 2)

■ 문제 2

마찬가지로 답이 가장 작게 나오려면 어떻게 숫자 카드를 놓아야 할까요?(그림 3) 덧셈을 했을 때와 마찬가지로 숫자 카드를 만들어서 실제로 카드를 움직이며 생각해도 좋아요. 어떤가요?

## 정답을 확인해 보세요

문제 1은 그림 4와 같이 숫자 카드를 놓았을 때 답이 가장 커집니다. 뺄셈으로 답을 최대한 크게 만들어야 하기 때문에 '가장 큰 수'에서 '가장 작은 수'를 빼면 답이 커지겠지요.

문제 2는 그림 5와 같이 숫자 카드를 놓았을 때 답이 가장 작아집니다. 받아내림을 생각해야 한다는 점이 핵심이에요.

### 나도 수학자

**세 자리와 세 자리의 뺄셈은?**

이번에는 1부터 6까지의 숫자 카드를 사용해서 세 자릿수끼리의 뺄셈 문제의 정답이 '가장 커질 때'와 '가장 작아질 때'는 어떤 수끼리의 차이인지 풀어 보세요.

네 자릿수끼리 뺄셈을 하면 어떻게 될지, 다섯 자릿수끼리 뺄셈을 하면 어떻게 될지 꼭 생각해 보세요.

# 몇 가지 방법으로 색칠할 수 있을까요?

**교과서** 6학년 2학기 6단원 여러 가지 문제

6월 21일

홋카이도교육대학부속 삿포로초등학교 | 다키가 히라유시

## 국기가 닮았어요

그림 1이 무엇인지 아나요? 이 그림들은 가장 위부터 네덜란드, 불가리아, 헝가리, 마다가스카르라는 나라의 국기입니다. 불가리아와 헝가리는 모양이 비슷한데 색깔 순서가 다르지요. 이처럼 세계에는 비슷하지만 다른 국기가 여러 가지 있답니다.

여러분도 직접 깃발을 만들어 보세요. 깃발 모양은 마다가스카르 국기처럼 그림 2와 같이 그려 보고, 색깔은 빨강, 파랑, 노랑을 씁니다. 어디에 어떤 색깔을 쓰는지는 여러분 마음이에요.

예를 들어 ①에 파랑, ②에 노랑, ③에 빨강을 쓰면 그림 3의 위에 있는 깃발이 완성됩니다. 그 밖에 색깔을 어디에 칠하느냐에 따라 여러 깃발이 완성되지요. 모두 몇 가지 깃발을 만들 수 있을까요?

## 몇 가지 깃발을 만들 수 있을까요?

먼저 방금 했던 것과 마찬가지로 파랑을 ①에 칠했을 때를 생각해 보세요. 이때는 ②가 노랑이고 ③이 빨강인 경우와 ②가 빨강이고 ③이 노랑인 경우가 있습니다. 즉 파랑이 ①일 때는 두 가지 깃발을 만들 수 있습니다. 마찬가지로 노랑이나 빨강을 ①에 칠했을 때는 그림 4와 같이 각각 2가지씩 깃발이 만들어집니다. 즉 모두 다 합쳐서 6가지의 깃발을 만들 수 있어요.(그림 5)

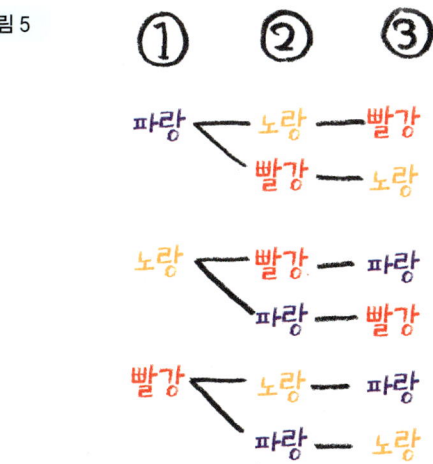

🔍 그림 5처럼 '파랑-노랑-빨강'과 같이 몇 가지 방법으로 칠할 수 있는지 나타낸 그림을 '수형도', 즉 '나뭇가지 그림'이라고 합니다. 마치 나뭇가지처럼 뻗어 있다고 해서 그렇게 불러요.

# 계단처럼 이어지는 연속된 수의 덧셈

교과서 2학년 2학기 6단원 규칙 찾기

도쿄도 스기나미구립 다카이도 제3초등학교 | 요시다 에이코

그림 1
① $1 + 2 = 3$
② $4 + 5 + 6 = 7 + 8$
③ $9 + 10 + 11 + 12 = 13 + 14 + 15$
④ $16 + 17 + 18 + 19 + 20 = 21 + 22 + 23 + 24$

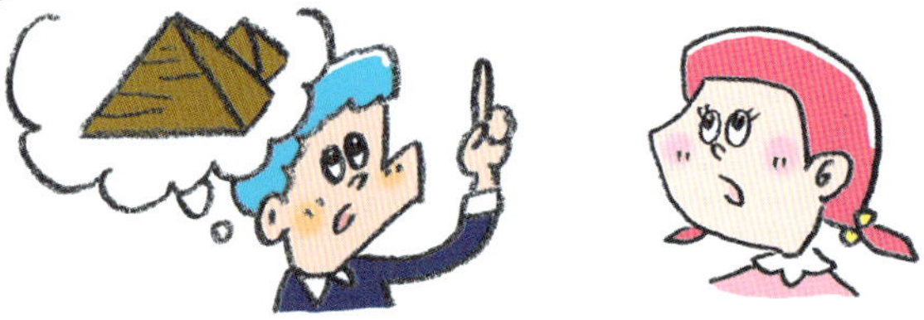

### 신기한 덧셈 발견

다음 문제를 풀어 보세요. 1+2의 답은 얼마일까요? 3이지요. 그럼 4+5+6의 답은 얼마일까요? 15지요. 이 덧셈식을 4+5+6=15라고 쓰지 않고 답을 7+8이라고 쓰도록 하겠습니다. 이 두 가지 식을 나열해 보세요.(그림 1의 ①과 ②)

좀 특이하지 않나요? 숫자가 일의 자리부터 쭉 차례대로네요. 그리고 왼쪽 식은 수가 2개, 3개… 로 늘어나고, 오른쪽 식은 1개, 2개…로 늘어나서 양쪽 다 계단 모양을 이루어요. ② 다음에 식을 만들면 그림 1의 ③이 될 것입니다. 오른쪽 식과 왼쪽 식의 답은 같을까요? 계산해서 알아보세요.(그림 2)

### 이 규칙은 계속될까요?

그림 1의 ③에서 오른쪽과 왼쪽 식의 답은 서로 같습니다. 그러면 ④번 식도 성립할까요? 계산해서 확인해 보세요. 이 식도 성립합니다.

아무래도 계속 그림 1의 규칙대로 갈 수 있을 것 같네요. 이대로 식을 계속 쓰면 10단에 오는 식은 어떻게 될까요? 여기서 식의 왼쪽 첫 수를 잘 보세요. 1, 4, 9, 16… 이렇게 되어 있습니다. 이 수들은 모두 같은 수를 두 번 곱한 것들입니다. 예를 들어 2단에는 2×2=4, 3단에는 3×3=9이지요. 따라서 10단에는 10×10이므로 100부터 시작하겠네요. 첫 수가 100이고 왼쪽 식에 수가 11개, 오른쪽 식에 수가 10개 연속될 때도 계산이 맞는지 확인해 보세요.

그림 2

 2×2=4, 3×3=9와 같이 같은 수를 두 번 곱한 수를 '제곱수'라고 부릅니다.

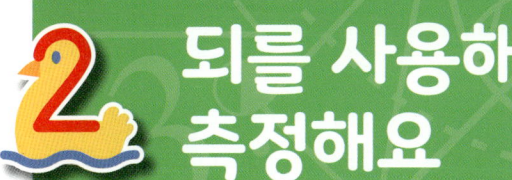

# 되를 사용해서 측정해요

**교과서** 6학년 2학기 6단원 여러 가지 문제

오오이타현 오오이타시립대 니시초등학교 | 니노미야 다카아키

## 되는 예부터 내려오는 측량 도구

옛 조상들은 '되'라는 도구를 사용해서 술이나 기름의 양을 측정했습니다. 되는 나무로 만들어진 상자인데, 위에서 보면 정사각형 모양입니다.(그림 1)

지금 눈앞에 물이 가득 찬 커다란 물통이 있다고 생각해 보세요. 여러분 옆에는 가득 찼을 때 6dL(데시리터)가 되는 되가 있습니다. 이 되를 사용하여 물통의 물을 측정해서 다른 용기에 옮겨 넣겠습니다. 자, 몇 dL의 물을 측정할 수 있을까요? 제일 간단한 방법은 되에 가득 넣어 6dL를 재는 것입니다. 나머지 양은 어떨까요?

## 한 되를 잘 이용해 보세요

그림 2를 보세요. 되에 물을 가득 넣어 그림과 같이 비스듬히 기울입니다. 그러면 6dL의 절반인 3dL를 측정할 수 있습니다. 다음에는 그대로 그림 3과 같이 기울입니다. 이렇게 하면 되 안에는 1dL가 남습니다. 만약 2dL를 재고 싶을 때는 되를 기울일 때 흘러넘치는 물을 다른 용기에 받으면 됩니다. 그 다른 용기에 2dL의 물이 담기니까요.

4dL와 5dL는 어떨까요? 먼저 되에 물을 가득 넣습니다. 다음으로 1dL가 남도록 기울입니다. 이때 흘러넘치는 물을 다른 용기에 옮겨 담으면 5dL입니다. 한 번 더 물을 가득 넣은 다음 되를 기울여서 3dL만 다른 용기에 옮깁니다. 그리고 더 기울여서 1dL가 됐을 때 3dL를 담아 둔 용기에 넣으면 4dL가 됩니다.

그림 1

그림 2

옆에서 봤을 때 수면이 한 면의 대각선이 되도록 기울이면 3dL를 잴 수 있어요.

3dL 남아요.
3dL 따라 내요.

그림 3

수면이 되의 꼭짓점을 포함해 삼각형이 되도록 기울이면 되 안의 물은 1dL예요.

1dL 남아요.

🔍 이 문제에서 3dL를 잴 때 물은 삼각기둥 모양입니다. 또한 1dL를 잴 때 물은 삼각뿔 모양입니다. 삼각뿔의 부피는 삼각기둥의 $\frac{1}{3}$입니다.

# 가장 멀리 돌아가는 길은?

**6월 24일**

교과서 6학년 2학기 6단원 여러 가지 문제

학습원 초등과 | 오오사와 다카유키

## 여러 가지 길 찾기

버스가 '늘푸른 역'에서 '무궁화 시청 역'까지 갑니다. 어느 곳을 어떻게 지나가야 가장 가까울까요? 그림 1과 같이 화살표 5개를 따라 지나가야 가장 가깝습니다. 그리고 그 밖에도 여러 가지 방법이 있습니다.

그런데 노선버스는 여기저기에 사는 사람들이 이용합니다. 따라서 이번에는 가장 멀리 돌아가는 방법을 생각해 보세요. 화살표를 몇 개 지나가야 가장 먼 길이 될까요?(그림 2)

같은 교차점은 여러 번 지나가도 좋아요. 하지만 같은 길은 지나가면 안 돼요. 정답은 '돋보기'에 있어요.

그림 1

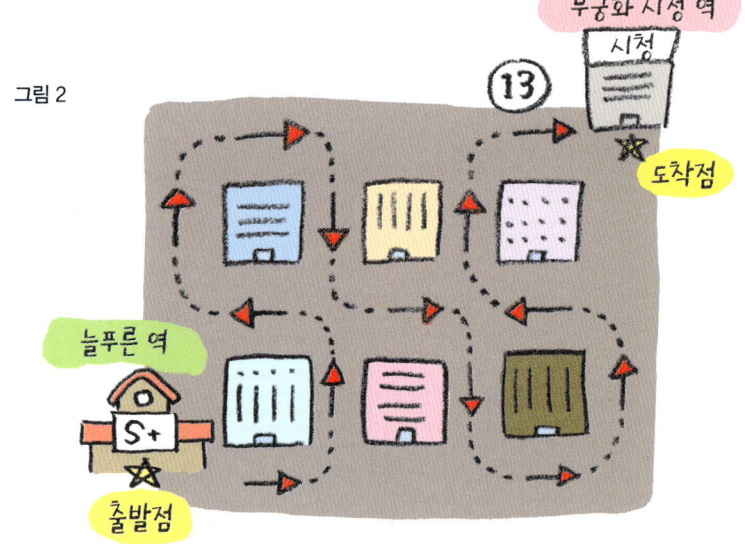

그림 2

 가는 방법은 화살표 5개, 7개, 9개 … 11개, 13개, 이렇게 2개씩 늘어나는 가짓수가 있답니다. 왜일까요? 먼 길로 돌아갈 때는 '같은 건물 둘레를 돌아 제자리로 돌아오는' 화살표가 2개씩 짝이 되기 때문입니다.(그림 2 문제 정답 : 13개)

# 최소한 몇 표를 얻으면 당선될까요?

**교과서** 6학년 1학기 4단원 비와 비율

오차노미즈여자대학 부속초등학교 | 오카다 히로코

## 입후보자가 2명이라면?

동물 마을에서 선거를 앞두고 있습니다. 동물 마을에는 모두 200마리가 살고 있고, 한 마리당 한 표씩 투표할 수 있습니다. 먼저 동물 마을의 촌장을 뽑아 볼까요? 후보로 나선 동물은 곰과 여우입니다. 여기서 문제 나갑니다. 곰이 당선되려면 몇 표를 얻어야 할까요?

예를 들어 곰이 195표를 획득하면 반드시 당선되지요. 그러나 표수가 더 적어도 당선될 수 있습니다. 최소한 몇 표를 얻으면 당선될까요? 이를테면 곰이 100표, 여우가 100표를 얻은 경우에는 표수가 같습니다. 따라서 100표보다 1표라도 더 많이 표를 얻어야 하니까 101표 이상을 얻으면 당선되겠네요.(그림 1)

## 입후보자가 2명 이상이라면?

이번에는 마을의 임원을 3명 뽑으려고 합니다. 임원 후보로 나선 동물은 토끼, 오리, 고양이, 판다, 다람쥐, 이렇게 다섯입니다. 이 중에서 토끼가 당선되려면 200표 가운데 최소한 몇 표를 얻어야 할까요?(그림 2)

토끼가 당선되려면 투표수가 3위 안에 들면 됩니다. 4위인 동물에게 이기면 당선된다는 뜻이지요. 4위인 동물보다 1표라도 더 표를 얻어야 하니,

$$200 \div 4 = 50 \quad 50 + 1 = 51$$

즉 51표 이상 얻으면 당선됩니다.(그림 3) 후보자가 몇 명이든 상관없이 4위인 동물보다 표를 많이 얻으면 되므로 51표만 얻으면 당선됩니다.

그림 1

그림 2

그림 3

모든 표를 세지 않아도 누가 당선되는지 따질 수 있습니다. '출구 조사'라고 해서 투표한 사람에게 '누구에게 투표했나요?' 하고 설문 조사를 하면 모든 표를 일일이 세지 않아도 누가 당선될지 예상할 수 있어요.

# 돼지고기 1근과 상추 1근의 무게는 같을까요?

**6월 26일**

교과서 3학년 2학기 5단원 들이와 무게

도쿄도 도시마구립 다카마쓰초등학교 | 호소가야 유코

### 옛날에는 금을 무게 단위로 팔았어요

금은방에서는 금이나 은으로 된 귀걸이, 목걸이 등을 팔지요. 이러한 가게에서는 장신구로 가공되지 않은 금을 사고팔기도 합니다. 이때 금의 단위를 말할 때 금 한 돈, 금 열 돈…. 이렇게 부른답니다. 그런데 금 한 돈은 얼마만큼을 말하는 걸까요? '돈'이라는 것은 옛날에 쓰던 무게 단위인데, 1돈=3.75g입니다. 즉 금 한 돈은 금이 3.75g이라는 뜻이지요.

### 금 10돈은 1냥

옛날에는 무게 단위를 어떻게 표현했는지 알아볼까요? 이 중에는 요즘에도 여러분이 들어 본 적 있는 말이 있을 거예요.

"돌 반지 1돈짜리 주세요."
"대추 5냥과 인삼 2냥 주세요."
"돼지고기 2근, 상추 1근 주세요."
"고구마 2관 주세요."

돈, 냥, 근, 관은 그램 또는 킬로그램으로 각각 얼마만큼의 무게를 나타내는지 '나도 수학자'에서 알아보세요.

### 나도 수학자

**여러 가지 무게 단위는 몇 g, 몇 kg일까요?**

1돈=3.75g
1냥=10돈=37.5g
1근=100돈=375g(과일이나 채소의 무게를 잴 때)
1근=160돈=600g(고기나 한약재의 무게를 잴 때)
1관=1000돈=3.75kg

 우리나라에서는 일찍이 삼국 시대부터 저울을 사용했어요. 《삼국사기》나 《삼국유사》 등의 기록을 보면 알 수 있어요.

# 뉴턴을 어깨에 올린 거인 케플러

**교과서** 4학년 1학기 6단원 규칙 찾기 심화

메이세이대학 객원교수 | 호소미즈 야스히로

## '지동설'을 지지해요

여러분은 '케플러 망원경'이라는 천체 망원경을 알고 있나요? 볼록 렌즈 2개를 사용해서 먼 곳을 볼 수 있는 망원경인데, 현재 쓰고 있는 굴절망원경은 대부분 이렇게 만들어졌습니다. 이 원리를 생각해 낸 사람이 독일의 천문학자인 요하네스 케플러(1571~1630)입니다.

케플러가 살던 시대에 사람들이 생각한 우주 모습은 지금과 전혀 달랐습니다. 우주 중심에는 지구가 있고, 모든 천체는 지구 주위를 돈다고 생각했지요. 그런데 16세기 중기에 폴란드의 코페르니쿠스가 "우주의 중심은 태양이고 지구나 다른 행성들은 태양 주위를 돈다."라고 주장했습니다.

케플러는 이탈리아의 젊은 수학자 갈릴레오 갈릴레이에게 편지를 써서 이 '지동설'을 함께 지지하자고 부탁했습니다. 그러나 갈릴레이는 코페르니쿠스를 지지한다고 발표하면 사람들에게 웃음거리가 될까 봐 두려웠어요. 갈릴레이는 10년이나 더 지나서야 지동설을 인정했습니다.

## 뉴턴이 케플러의 법칙을 증명했어요

그 후 케플러는 프라하(현재 체코의 수도)에 가서 황제를 섬기는 신분 높은 학자가 되었어요. 그곳에서 케플러는 방대한 천체 관측 데이터를 손에 넣고 행성의 움직임에 관한 연구를 시작했습니다. 드디어 행성이 그리는 궤도는 완전한 원이 아니라 타원형이라는 사실을 발견했어요. 게다가 행성이 태양 주변을 도는 속도는 태양에 가까워질수록 빨라지고, 멀어질수록 느려진다는 것도 밝혀냈습니다. 이는 '케플러의 법칙'이라고 부릅니다.

아이작 뉴턴은 직접 행성의 궤도를 계산하여 그 사실들이 맞다는 것을 증명했습니다. 케플러의 법칙을 바탕으로 그 유명한 '만유인력의 법칙'도 이끌어 냈습니다. 나중에 어떻게 그런 대단한 발견을 했냐는 질문에 뉴턴은 이렇게 대답했대요.

"제가 먼 곳을 볼 수 있었던 것은 거인들의 어깨에 올라탔기 때문입니다."

거인이란 코페르니쿠스나 갈릴레이, 케플러를 가리킵니다. 그들의 위대한 발견이 없었다면 뉴턴의 법칙도 탄생하지 않았을지도 몰라요.

 케플러는 세계에서 처음으로 SF 소설을 썼다고 알려져 있습니다. 책의 제목은 《꿈》이에요. 천문학을 좋아하는 소년이 달로 여행을 떠난다는 이야기인데, 그 당시의 최첨단 과학 지식이 가득 담겨 있습니다.

# 피타고라스학파가 이름 붙인 완전수의 정체는?

교과서 5학년 1학기 1단원 약수와 배수

오차노미즈여자대학 부속초등학교 | 구가야 아키라

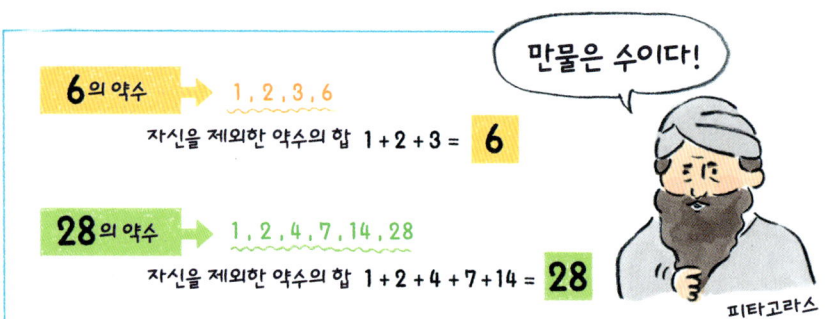

## 세상 모든 것은 수로 설명할 수 있다

여러분은 위대한 수학자이자 철학자인 피타고라스를 알고 있나요? 중학생이 되면 '피타고라스의 정리'를 배울 거예요. 피타고라스는 '만물은 수'라고 하여 세상 모든 것은 수로 설명할 수 있다고 생각했습니다. 그리고 피타고라스학파라 불린 피타고라스와 그 동료들은 수 중에서 6이나 28 등을 완전한 수, '완전수'라고 불렀습니다. 이 수들은 어떤 면에서 완전할까요?

## 완전수가 뭐예요?

어떤 수를 나누어떨어지게 할 수 있는 수를 그 수의 '약수'라고 합니다. 6이나 28은 자신을 제외한 약수들의 합이 자신이라는 특징을 가졌습니다. 이런 수를 피타고라스학파 사람들은 '완전수'라고 불렀습니다. 6이나 28 다음 완전수는 496이에요. 단, 완전수가 모두 몇 개인지는 아직 밝혀지지 않았어요.

### 나도 수학자

**서로 완전함을 나타내는 친화수는?**

수에는 혼자서 자신의 완전함을 나타낼 수는 없지만 둘이서 서로 완전함을 나타내 주는 수가 있습니다. 그렇게 짝꿍이 되는 수를 '친화수'라고 합니다. 가장 작은 친화수에는 220과 284가 있어요. 이 둘은 피타고라스 시대부터 알려졌습니다. 두 수가 어떻게 서로 완전함을 나타내는지 살펴보세요.

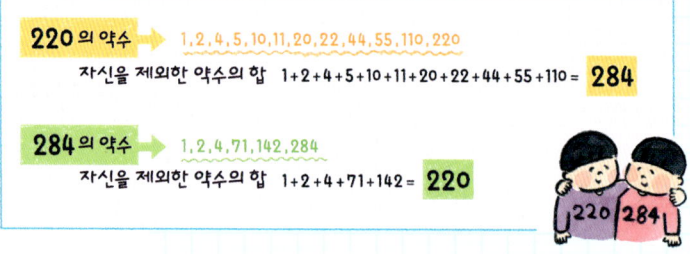

 현재 알려진 완전수는 짝수(2로 나누어떨어지는 정수)뿐입니다. 홀수의 완전수는 존재할까요? 완전수에는 아직도 수수께끼가 많이 남아 있습니다.

# 어떻게 합체할까요? 변신하는 폴리오미노

**6월 29일**

**교과서** 4학년 1학기 4단원 평면도형의 이동

홋카이도교육대학부속 삿포로초등학교 | 다키가 히라유시

## 정사각형이 모여 만드는 다양한 모양

네 변의 길이가 모두 같고, 네 각이 모두 직각인 도형은 '정사각형'이지요. 이 정사각형 여러 개를 한 변이 겹치도록 연결하면 어떤 모양이 생길지 생각해 볼까요? 그림 1을 보세요. 따로 떨어져 있는 정사각형이 6개 있습니다. 이들의 변을 연결해 보았더니 한 가지 모양으로 합체되었어요. 이와 같은 모양을 '폴리오미노'라고 합니다.

'폴리오미노'의 모습은 아주 다양해요. 그중에서도 그림 2처럼 정사각형을 4개 이어서 만든 모양을 '테트로미노'라고 합니다.

## 테트로미노는 몇 종류일까요?

정사각형 4개를 변에 맞춰 이어서 만들면 어떻게 이어 붙이든 '테트로미노'랍니다. 실제로 정사각형 4개를 연결해서 몇 종류의 테트로미노를 만들 수 있는지 알아볼게요. 정사각형 4개를 한데 모은 그림 3의 '가' 모양, 옆으로 일렬로 늘어선 '마' 모양 등 여러 가지 모양이 '테트로미노' 친구입니다. 그림 3을 보고 알 수 있듯이 다 합쳐 다섯 종류랍니다. '다', '라'는 뒤집으면 다른 모양이 되니, 이것을 다른 것으로 치면 일곱 종류가 되겠네요.

### 나도 수학자

**펜토미노와 헥소미노**

정사각형의 변에 맞춰 5개를 이은 모양을 '펜토미노', 6개 이은 모양을 '헥소미노'라고 합니다. '테트로미노'와 마찬가지로 직접 만들어서 몇 종류인지 찾아보세요.

**펜토미노 12종류**

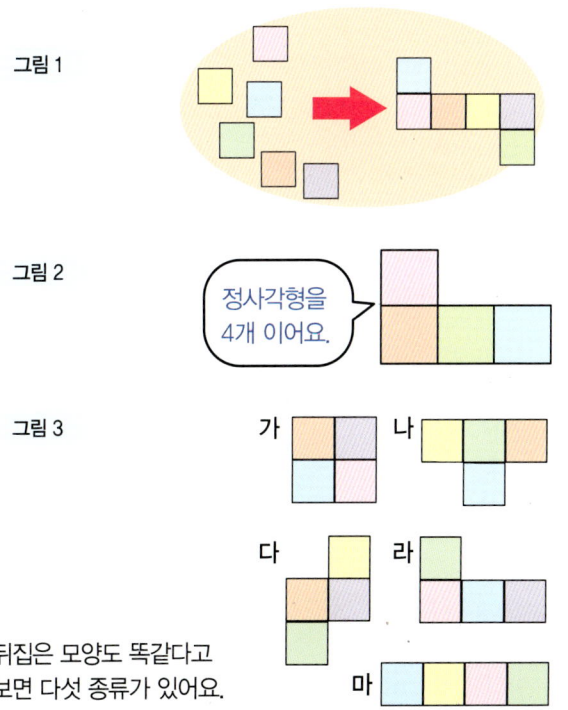

그림 1

그림 2 — 정사각형을 4개 이어요.

그림 3 — 가, 나, 다, 라, 마

뒤집은 모양도 똑같다고 보면 다섯 종류가 있어요.

 '폴리오미노'라는 이름에서 '폴리'는 '많은', '오미노'는 '정사각형'이라는 뜻입니다. 그리고 '테트라', '펜타', '헥사'는 라틴어로, 각각 숫자 4, 5, 6을 나타냅니다.

# 방향을 바꿔서 생각해 봐요

**6 30일**

교과서 5학년 2학기 2단원 합동과 대칭

가나가와현 가와사키시립 쓰치하시초등학교 | 야마모토 나오

## 완전히 포개지는 모양은?

그림 1의 삼각형 4개를 보세요. 이 중에는 모양도 크기도 같아서 완전히 포개지는 도형이 있습니다. 보는 것만으로 어떤 도형과 어떤 도형이 완전히 포개지는지 알겠나요? 사실 도형 4개가 모두 완전히 포개진답니다. 이 삼각형 4개는 모두 방향만 바꾸고 있을 뿐이지, 같은 삼각형이거든요. A를 기준으로 볼까요?

B는 A를 위아래로 뒤집은 모양입니다. 밑변을 잡고 아래로 벌렁 뒤집으면 A와 같아집니다. C는 A를 좌우로 뒤집은 모양입니다. D는 A를 왼쪽 방향으로 빙글 돌리면 됩니다.

방향만 다르게 해도 다른 모양으로 보여서 헷갈릴 수 있지만, 마찬가지로 방향을 바꾸어 생각하며 같은 모양을 구분할 수 있으면 좋겠네요.

## 눈의 착각을 이용해요

그림 2 중에도 완전히 포개지는 모양이 있습니다. 이번에는 어떤 모양끼리 포개질까요? '가'와 '다', '나'와 '라'가 완전히 포개지지 않을까 생각하는 친구가 많은 듯한데, 여러분은 어떻게 보이나요?

정답은 '가'와 '다'와 '라'가 완전히 포개지는 모양입니다. '나'만 완전히 포개지지 않아요. 이 책을 옆으로 돌려서 보면 '나'만 높이가 더 높다는 사실을 알 수 있습니다. 보는 방향에 따라 다르게 보이네요.

그림 1

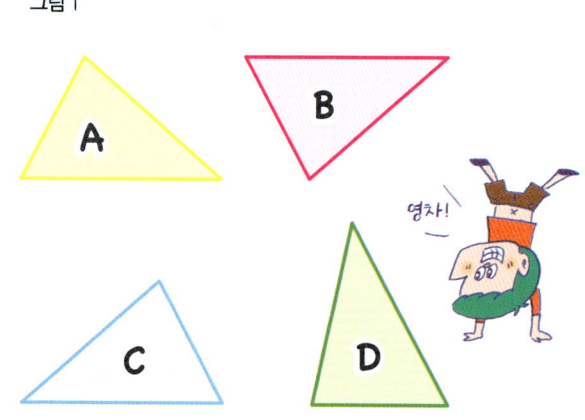

그림 2

 이렇게 완전히 포개지는 도형을 '합동'인 도형이라고 합니다.

# 찾아보기

### 숫자

4색 정리  174

### ㄱ

갈릴레이  106, 194, 211
결합 법칙  43
곱자(곱척)  189
교점  38, 39
교환 법칙  54
구(球)  184
구고현의 정리  145
구드리  174
구장산술  191

### ㄷ

대동여지도  185
도량형  24, 165
되  160
두름  42
등분  122

### ㄹ

란돌프 고리  171
로마 숫자  139

### ㅁ

마방진  147
말  160

뫼비우스의 띠  26
무게 중심  145

### ㅂ

받아내림  46, 204
밧줄 측량사  131, 198
변  162
브로큰 하트  72
비둘기 집 원리  203

### ㅅ

사면체  116
산학  71, 78, 145
삼각형  162
삼잎 무늬  111
상평통보  196
선대칭도형  85
섬  160
소수(小數)  82, 98, 122, 151, 200
소수(素數)  122
수직  138
시몬 스테빈  200
십이지  91
쌓기나무  158

### ㅇ

약수  122, 212
오일러  38
오일러 그래프  39
완전수  212
원  132
원주율  63, 78, 98

위도  86
윤년  81
윤달  81
입면도  144
입체 도형  192

### ㅈ

전개도  64, 65, 192, 193
정다각형  187
정사각형  213
정삼각형  162
제곱수  206
중앙값  59
지혜의 판  72
직각이등변삼각형  177
짝수  25, 35, 173
짝수점  38
쪽매맞춤  45

### ㅊ

척팔  189
친화수  212
칠교놀이  72
칠보 무늬  111
칠정산  81

### ㅋ

칼레이도 사이클  116
케플러  211
쿠르타 계산기  104
킬로그램 원기  196

### ㅌ

탱그램  72
테셀레이션  45, 111
테트로미노  213
톳  42

### ㅍ

파라볼라 안테나  179
파스칼  104
평면도  144, 158
평행  138
평행사변형  146
포물선  179
폴리오미노  213
피타고라스의 정리  145, 163, 212

### ㅎ

한붓그리기  38, 39
합동  47, 214
헥소미노  213
홀수  25, 35, 173
홀수점  38
홉  160
홍정하  78
확률  152
황금 비율  77
황금 직사각형  77
히트 앤드 블로  76

## 초등학생을 위한 수학실험 365 1학기
개념과 원리를 바로잡는 수학 사전

1판 5쇄 펴낸 날 2023년 8월 16일

지은이 | 수학교육학회연구부
옮긴이 | 김소영
감　수 | 천성훈

펴낸이 | 박윤태
펴낸곳 | 보누스
등　록 | 2001년 8월 17일 제313-2002-179호
주　소 | 서울시 마포구 동교로12안길 31 보누스 4층
전　화 | 02-333-3114
팩　스 | 02-3143-3254
E-mail | bonus@bonusbook.co.kr

ISBN 978-89-6494-326-7  74410

**바이킹**은 도서출판 보누스의 어린이책 브랜드입니다.

- 책값은 뒤표지에 있습니다.
- 이 도서의 국립중앙도서관 출판예정도서목록(CIP)은 서지정보유통지원시스템 홈페이지(http://seoji.nl.go.kr)와 국가자료공동목록시스템(http://www.nl.go.kr/kolisnet)에서 이용하실 수 있습니다.(CIP제어번호: CIP2017033284)

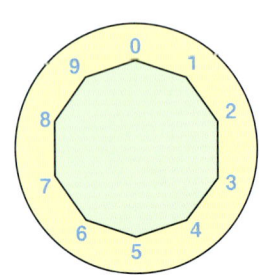
곱셈구구에서 여러 가지 모양 찾기 · 60쪽

강수량은 밀리미터로 표현해요 · 61쪽

컴퍼스로 동그랗게 원을 그려요 · 132쪽

용돈을 전날보다 2배씩 더 받는다면? · 84쪽

강의 폭을 헤엄치지 않고 재려면? · 177쪽

우리 주변에서 정다각형을 찾아요 · 187쪽

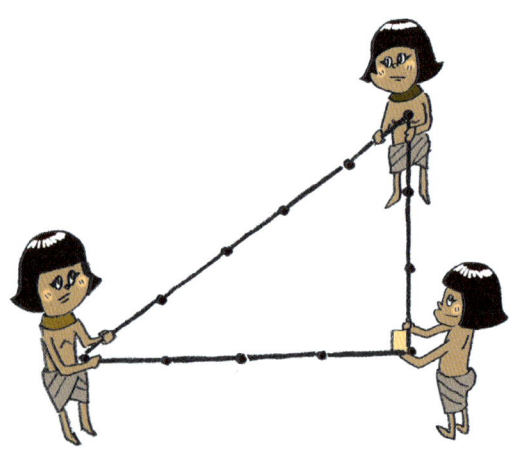
이집트의 밧줄 측량사 · 131쪽

뻥 뚫린 축구공을 만들어요 • 126쪽

신호등 크기는 얼마만 할까요? • 107쪽

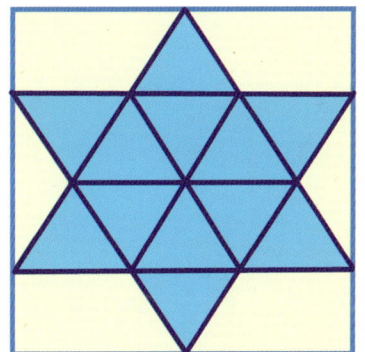
숨어 있는 정삼각형을 찾아보세요 • 202쪽

옛날에는 수학을 다르게 불렀대요 • 71쪽

사다리 타기를 어떻게 만들까요? • 120쪽

4색으로 모든 지도를 나누어 칠할 수 있어요? • 174쪽

수학으로 많은 사람을 구한 나이팅게일 • 129쪽

초등학생을 위한 탐구활동 교과서

# 교과서 잡는 바이킹 시리즈

교과서가 재밌어진다! 공부가 쉬워진다!

초등 교과 연계 도서

초등학생 필독서

어린이 베스트셀러

**STEAM 초등 과학 실험 캠프**
조건호 지음 | 민재회 그림

**초등학생을 위한 과학실험 380**
E. 리처드 처칠 외 지음 | 천성훈 감수

**초등학생을 위한 수학실험 365 1학기**
수학교육학회연구부 지음 | 천성훈 감수

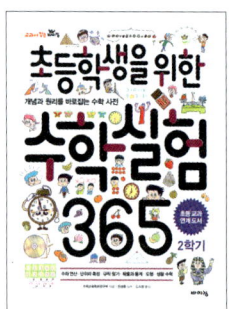
**초등학생을 위한 수학실험 365 2학기**
수학교육학회연구부 지음 | 천성훈 감수

**초등학생을 위한 요리 과학실험 365**
주부와 생활사 지음 | 천성훈 감수

**초등학생을 위한 요리 과학실험실**
정주현, 달달샘 김해진 감수

**초등학생을 위한 개념 과학 150**
정윤선 지음 | 정주현 감수

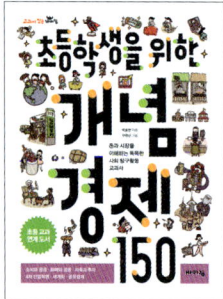
**초등학생을 위한 개념 경제 150**
박효연 지음 | 구연산 그림

**초등학생을 위한 자연과학 365 1학기**
자연사학회연합 지음 | 정주현 감수

**초등학생을 위한 자연과학 365 2학기**
자연사학회연합 지음 | 정주현 감수

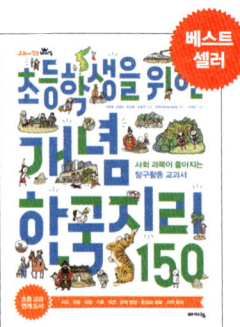
**초등학생을 위한 개념 한국지리 150**
고은애 외 지음 | 전국지리교사모임 감수

**초등학생을 위한 개념 정치 150**
박효연 지음 | 구연산 그림

**초등학생을 위한 개념 국어: 고사성어**
최지희 지음 | 김도연 그림

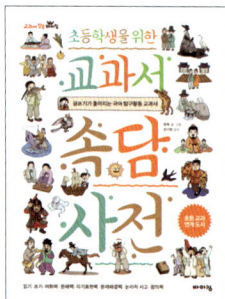
**초등학생을 위한 교과서 속담 사전**
은옥 글·그림 | 전기현 감수